哲学社会科学
学术动态扫描

ZHEXUE SHEHUI KEXUE
XUESHU DONGTAI SAOMIAO

胡　键　主编

学林出版社

图书在版编目(CIP)数据

哲学社会科学学术动态扫描/胡键主编.—上海：
学林出版社，2013.10
　ISBN 978-7-5486-0559-1

Ⅰ.①哲… Ⅱ.①胡… Ⅲ.①哲学社会科学－文集
Ⅳ.①C53

中国版本图书馆CIP数据核字(2013)第215393号

哲学社会科学学术动态扫描

主　　编——胡　键
责任编辑——乐惟清　陈翔燕
封面设计——周剑峰

出　　版——上海世纪出版股份有限公司　学林出版社
　　　　　　地址：上海钦州南路81号　　电话/传真：64515005
发　　行——中国图书进出口上海公司
　　　　　　地址：上海市广中路88号　　电话：36357888
排　　版——南京展望文化发展有限公司
字　　数——20万
书　　号——ISBN 978-7-5486-0559-1/B·30

（如发生印刷、装订质量问题，读者可向工厂调换。）

目 录

前言 ·· 1

第一章 软实力建设：中国和平发展的战略路径 ·· 1
    第一节 关于软实力概念和内涵的研究 ··· 2
    第二节 关于软实力构成的研究 ·· 7
    第三节 关于软实力国际比较及中国软实力评估的研究 ······················ 9
    第四节 关于文化软实力的研究 ·· 11
    第五节 关于如何提升中国软实力的研究 ······································· 15
    第六节 关于文化竞争力的研究 ·· 18

第二章 文化创意产业：一种新兴产业的发展趋势 ································· 20
    第一节 文化创意产业·理论综述 ·· 21
    第二节 文化创意产业·实践探索 ·· 26
    第三节 文化创意产业·发展趋势 ·· 34

第三章 计划生育政策：在争议中前行 ··· 36
    第一节 反复与摇摆：人口政策发展历程 ······································· 36
    第二节 成就或误区：生育政策影响下的中国人口 ··························· 41
    第三节 调整不调整？学术界有关的争论 ······································· 48

第四章 公司债券投资者的法律保护：多视角的透视 ………… 53
- 第一节 问题的提出 ………… 53
- 第二节 研究现状 ………… 55
- 第三节 公司债券投资者的法律地位与特征 ………… 61
- 第四节 公司债券投资者保护的理论基础 ………… 64

第五章 追踪与扫描：近十年来马克思主义哲学研究的历史回顾 ………… 74
- 第一节 历史唯物主义的新阐释 ………… 75
- 第二节 马克思主义哲学的文本研究 ………… 78
- 第三节 国外马克思主义研究的第三次浪潮 ………… 84
- 第四节 马克思主义政治哲学研究的新趋势 ………… 89

第六章 近代文学：一个尚无定论的研究话题 ………… 94
- 引言 ………… 94
- 第一节 "近代文学"概念的缘起 ………… 96
- 第二节 "近代文学"的求实路 ………… 99
- 第三节 "近代文学"之现当代研究现状 ………… 102

第七章 让历史告诉未来：中国电影类型研究的思考 ………… 108
- 第一节 中国电影类型研究的历史回顾 ………… 108
- 第二节 中国电影类型研究的演进 ………… 114
- 第三节 中国电影类型研究的未来趋势 ………… 118

第八章 戏曲电影意境：关于国民的一种独特审美 ………… 121
- 第一节 何为"戏曲电影" ………… 121
- 第二节 戏曲电影史研究现状 ………… 122
- 第三节 戏曲电影理论史上的四次探索 ………… 124
- 第四节 戏曲电影创作衰落时期的理论探索 ………… 127

目 录

  第五节 电影意境理论研究现状························· 128
  第六节 戏曲电影意境研究有待深化························· 133

第九章 从各取所需到整体解构：族谱研究的新进展················· 135
  第一节 一般的谱牒学研究····························· 135
  第二节 作为史料利用的族谱研究························· 138
  第三节 族谱研究利用的新视野··························· 140
  第四节 简要述评································· 147

第十章 出土简牍研究：先秦秦汉史研究的新机遇················· 149
  引言····································· 149
  第一节 从古代到20世纪以前为第一阶段····················· 152
  第二节 第二阶段即20世纪初至1949年······················· 153
  第三节 第三阶段即1949年至今·························· 156

第十一章 "进村找庙"之外：中国水利社会史研究的勃兴············· 170
  第一节 问题的提出································ 170
  第二节 水利社会史研究的历史··························· 172
  第三节 水利社会史研究的现状··························· 176
  第四节 结语···································· 187

前　言

　　《社会科学》杂志创刊于1979年,是由上海社会科学院主管主办的一份综合性学术刊物。1980年1月,《社会科学》杂志开始以双月刊形式出版。1982年1月,《社会科学》杂志改为月刊。1985年1月,《社会科学》杂志编辑部在人员基本不变的情况下,克服重重困难,创办了《上海社会科学院学术季刊》,主要定位于反映院内外社会科学高层次的最新研究成果,致力于鼓励学术争鸣,扶植理论新秀,倡导新兴学派。1986年8月经上海市委宣传部批准,上海社会科学杂志社正式成立,负责编辑出版《社会科学》和《上海社会科学院学术季刊》。

　　1994年9月,《社会科学》杂志荣获首届华东地区优秀期刊;1997年10月,《社会科学》杂志荣获第二届华东地区优秀期刊奖,及全国综合性社会科学核心期刊称号;自1998年起,《社会科学》和《学术季刊》均被南京大学中国社会科学研究评价中心主办的《中文社会科学引文索引(CSSCI)》选为来源期刊。随着形势的变化,社会科学研究不能停留在书斋之中,必须要为社会服务,因此社会科学走向社会的呼声日高。在这种情形下,社会科学杂志社两份刊物也于2002年开始了改革。根据上海社会科学院党委的指示,《上海社会科学院学术季刊》的刊名改为《社会观察》,但内容并入《社会科学》。新的刊物《社会观察》则承担起社会科学走向社会、向社会传播社会科学思想的功能。

　　《上海社会科学院学术季刊》的内容融入以后,给《社会科学》的发展带来了新的机遇。2013年正好是杂志改革10周年。经过10年的努力，《社会科学》已经成为一份在国内学术界各项指标都名列前茅的知名学术刊物。这表现在：其一，《社会科学》连续获得华东地区第三、四、五届优秀期刊奖，第三届国家期刊百家重点期刊；其二，《社会科学》是全国中文核心期刊、中国人文社会科学核心期刊、中文社会科学引文索引(CSS-CI)来源刊；第三，《社会学科》是首批国家社科基金资助期刊；第四，在三大转载排名中，近年来在综合类社科期刊转载排名中一直保持在前三名。同样，《社会观察》创刊10周年，虽然发展困难重重，特别是同类刊物竞争激烈，市场化一直步履艰难，但这几年也正在走上正轨，社会影响力不断提升，所发的文章不但仅被《新华文摘》、人大复印资料、《求是》、《新华月报》转载，而且众多的大众媒体和网络媒体都有转载。也就是说，《社会观察》作为一本普及类的社科刊物，有较高的社会影响力，同时也有较大的学术影响力。

两份刊物之所以保持良好的发展态势，这跟近年来社会科学杂志社强调"练内功"、加强内部建设有着直接的关系。其中包括：一是紧跟学术热点和理论前沿进行研讨。编辑部历来重视学术动态和理论前沿，一直倡导加强研讨，并把这一举措制度化，使之成为责任编辑组稿、发稿的一个重要依据。近年来，编辑部定期地举办此类研讨会，提高了编辑、组稿水平，同时也提升了编辑队伍的研究能力。二是推行三级审稿与专家匿名评审相结合的制度。2010年又实行"专家匿名评审、公开推荐制度"，将文章交由同行专家匿名评审或点评，实名专家意见随文刊出，这一举措在国内学术期刊尚属首例。此举的目的在于，一方面让学术界的专家学者帮助《社会科学》把质量关；另一方面，也促进学术交流和学术自律，推荐专家与作者和期刊对文章承担共同但有区别的责任。此举收到了良好的效果，受到了国内外学术界的充分肯定。三是坚持三审三校三读制度，切实做到每篇稿件由责任编辑初审、副主编复审和总编终审；同时，严格执行"三校三读"的校对制度。另外，严格执行"三读"的通读制度,即在每个校次后分别由相应人员通读,每期刊物的付印样,由总编进行签字并附有"对红备忘录"。四是注重对热点话题的冷思考,关注"新闻背后的新闻"和"新闻背后的思想",从而使问题的分析更加具有学理性和学术的深度。五是加强编辑人才的培养。杂志社非常重视对编辑的培养,为鼓励年轻编辑攻读博士学位,杂志社推行了攻读博士学位的激励制度;积极支持编辑参加学术会议,为他们提供考察学习交流的机会;同时,杂志社尽力优化青年编辑的成长环境,积极为他们的学习、提高、成才、提供实质性的支持。正是这样,杂志社虽然人少但富有战斗力。

一名好的编辑,应该也是一名好的研究人员;但一名好的研究人员,未必是一名好的编辑。这里绝对不是轻视研究人员而抬高编辑人员,这是由所从事的工作性质决定的。研究人员观察问题的视角与编辑人员观察的视角不完全一样。研究人员考虑更多的是一篇文章的立意、布局、逻辑、证据等,主要考虑这篇文章是否具有说服力。但作为编辑人员同样来考虑这篇文章,除了上述问题之外,编辑人员还要考虑这篇文章所论述的问题是否处在学术前沿,是否会在学术界产生学术影响。在这一方面,编辑人员往往要比研究人员站得更高一些,看问题的眼界更宽一些,这是编辑必要的眼光。这样就要求编辑也应该有研究人员的眼界,看问题要更深一些。所以,编辑与研究实际上是不分家的。

社会科学杂志社下辖的两份刊物《社会科学》和《社会观察》,虽然风格迥异,《社会科学》是纯学术刊物,主要追求学术的创新;《社会观察》是思想性较强的评论性刊物,主要是贴近当前热点,追求更大的社会效应。不过,《社会观察》从内容来看是"新闻背后的新闻",因而有深度。在这方面,两份刊物是一致的。这样的定位就需要编辑人员在做好编辑工作的同时要强调从事必要的研究。也正因为如此,杂志社近年来一直强调编辑人员要走编研结合的发展道路。不过,编辑人员所从事的研究,肯定跟研究人员所从事的研究不一样。编辑人员所从事的研究主要是对学术动态的把握,对学术热点的追踪。近年来,社会科学杂志社一直注重把握学术动态,紧盯学术前沿,引领学术发展,坚持学术创新,倡导学术争鸣,目的就是要打造学术展示的品牌。

杂志社每周开一次选题研讨会,每月举办一次学术动态报告会,每名编辑都要撰写一份学术动态分析报告。这些报告和研讨会包括"文化创意产业:一种新兴产业的发展趋势"、"莫言获'诺奖'对当代中国文学之影响"、"中国能否跳出大国兴衰的历史周期律学术报告"等。为此,我们将这些报告汇集成册。具体分工如下:前言、第一章作者为胡键;第二章为梁新华、李申;第三章为薛立勇;第四章为刘迎霜;第五、七章为周小玲;第六章为李亦婷;第八章为范风琴;第九、十一章为张爱华;第十章为陈炜棋。最后全书由胡键统稿。

第一章 软实力建设：中国和平发展的战略路径

自从约瑟夫·奈提出软实力这一概念之后，不仅引起了许多国家、政府决策者的高度重视，也引起了国际关系学界和文化学界的普遍关注，并形成了一系列的研究成果。例如：有关软实力概念与国际关系研究的著作有约瑟夫·奈的《美国定能领导世界吗》《美国霸权的困惑》《软实力：世界政治中的成功之道》等；有关文化软实力与美国文化霸权研究的有泰勒·考恩（Tyler Cowen）所著的《创造性破坏：全球化与文化多样性》、马修·弗雷泽（Mathew Fraser）的《软实力：美国电影、流行乐、电视和快餐的全球统治》、约翰·汤姆林森（John Tomlison）的《全球化与文化》等；有关中国软实力研究的有柯兰齐克（Joshua Kurlantzick）的《魅力攻势——中国的软实力如何改变世界》、李明江（Mingjiang Li）的《软实力：国际政治中的中国崛起战略》等著作。虽然软实力概念是奈首先提出来的，但在此之前早就有学者对这一问题进行了比较深入的研究，只是没有使用这一概念而已。例如，1946年美国驻苏联大使乔治·凯南（George Kennan）长达5 000字的电报就提出要增加政治和外交方面的遏制而减少军事斗争，道出了美国将在文化、意识形态等领域加强对苏联渗透的意图。这实际上是凯南最早提出来的"和平演变"概念，其实就是软实力。美国现实主义大师汉斯·摩根索就指出，民族性格、国民士气、外交质量和政府质量等五项权利也将决定国家实力。他在《国家间政治》的序言中这样写道："为防止对权力中心要素的误解，这些要素一直被过低地估计到完全被忽视的地步，现在必须使它和物质的力量同等重要，特别是和军事一样重要，我必须比以前更加强调非物质的因素，特别是领袖人物超凡的魅力，并且要对政治意识形态进行详细讨论。"①美国乔治敦大学教授克莱因提出综合国力方程式,即"克莱因公式":国家力量＝[(人口＋领土)＋经济能力＋军事能力]×(战略意图＋贯彻国家战略的意志),其中"贯彻国家战略意志"与摩根索所说的非物质因素,其实都属于软实力因素。甚至有学者认为,霍布斯在1651年发表的《利维坦》一书中说权力有财富、知识和荣誉等,其中就包含了软实力的内涵。② 著名政治学家彼得·巴克莱奇(Peter Bachrach)和摩尔顿·拜拉茨(Morton Baratz)早在1962年在美国的《政治学评论》(Political Science Review)上发表的《权力的两张面孔》及1963年在同一家杂志上发表的《决定与非决定:一种分析框架》,提出和分析了权力的"同化"(co-optive)属性问题。此外,丹尼斯·朗在1988年出版的《权力论》中将权力划分为武力、操纵和说服三种形式,并提出了"说服的力量"。这些研究无疑对奈的"软实力"的提出产生了重要的启发性作用。也就是说,从理论体系来说,约瑟夫·奈的软实力概念源于西方理论界的权力概念,是基于对权力概念的一种解构性理解而提出来的。自奈提出这一概念之后的20多年中,这一概念在理论上得到了深化,在内容上也不断丰富。

国内关于软实力的研究始于20世纪90年代初。1993年,王沪宁教授在《复旦学报》发表的《作为国家实力的文化:软实力》一文,是国内第一篇关于软实力研究的论文,揭开了中国学术界软实力研究的序幕。从那时起,国内学术界在软实力研究方面进一步深化,并有不少成果面世。不过需要指出的是,虽然国内学术界一直在使用奈的软实力概念,但内涵和外延都远远超过了奈的软实力内容。换言之,国内学术界只是借用了奈"软实力"的"外壳",而里面的内容却完全是"中国化"了的东西。

自奈提出软实力这一概念以来,国内外学术界的研究主要围绕以下几个方面的内容展开:

第一节 关于软实力概念和内涵的研究

从约瑟夫·奈的论述可以看出,软实力是"一国通过吸引和说服别国服从本

---

① [美]汉斯·摩根索:《国家间政治:权力斗争与和平》,徐昕等译,北京大学出版社2006年版,第3页。
② 贾海涛:《试析文化软实力的概念和理论框架》,载《岭南学刊》2008年第2期。

国的目标，从而使本国得到自己想要的东西的能力"。① 在西方学术界基本上是沿用奈的软实力概念来分析问题，很少有学者对"软实力"的元概念、元理论进行研究。即便是使用软实力这一概念，也是在奈提出这一概念10余年之后的事，最初其实应者寥寥。在对软实力有所关注的这少数的学者中，也是否定的居多，持肯定的较少。不过，或许真的是如奈所说，美国的实力发生了转移，从传统的军事实力转移到了非军事实力的领域，尤其是文化、信息等领域内，所以进入21世纪以后，在美国乃至美国以外的学术界越来越多的学者开始关注和研究软实力以及与之相关的问题。有赞同者，也有质疑者。但可以肯定的是，软实力作为一个重要的学术概念和政策问题都已经成为研究的重要领域。

不过，对于软实力概念研究的热度，美国之外的学者要远远超过提出软实力概念的奈所在的美国。在奈提出这一概念不久，中国学者王沪宁就把这一概念介绍到中国并加以拓展。他指出，政治体系、民族士气、经济体制、科学技术、意识形态等因素的发散性力量都表现为一种软实力。② 张小明认为软实力就是"吸引力"。③ 李希光等认为软实力是"说服别人的能力"。④ 阎学通认为，国家软实力是一个国家内部和外部的政治动员能力，是一个国家对物质实力资源的使用能力，而不是物质资源本身。⑤ 苏长和延续了奈所说的"权力是一种关系，其含义包含着某种情势"⑥的观点，认为软实力是指主客体之间的一种关系性权力。但他也增加了某些内容，认为国家软实力是指在国家间交往中因为知识、沟通、信息等因素而产生的彼此关系中的影响与被影响，支配与依附的状态。⑦ 郑永年认为，奈提出的软力量概念具有很强烈的政策针对性，是面向美国外交所面临的难题，提醒美国决策者重新注重使用软力量，强调软实力在国际政治中的重要性。但从学术角度看，在软力量的概念和范畴等方面，奈这一概念存在着自相

---

① Joseph S. Nye, Jr., The Changing Nature of World Power, *Political Science Quarterly*, Vol. 105, No. 2, 1990, pp. 177 – 192.
② 王沪宁：《作为国家实力的文化：软权力》，载《复旦学报》（社会科学版）1993年第3期。
③ 张小明：《约瑟夫·奈的"软权力"思想分析》，载《美国研究》2005年第1期。
④ 李希光、周庆安主编：《软力量与全球传播》，清华大学出版社2005年版，第26页。
⑤ 阎学通：《中国软实力有待提高》，载《中国与世界观察》2006年第1期；阎学通、徐进：《中美软实力比较》，载《现代国际关系》2008年第1期。
⑥ Joseph S. Nye, Jr., "Soft Power", *Foreign Policy*, No. 80, Autumn, 1990, p. 160.
⑦ 苏长和：《中国的软权力——以国际制度与中国的关系为例》，载《国际观察》2007年第2期。

矛盾之处，即把软实力与硬实力的性质分开，但基于国际政治的现实又认为两者之间相互联系、相互加强。① 陈玉刚认为，软实力概念中包含价值意义和工具意义。② 新加坡学者李明江在2009年出版的《软实力：国际政治中的中国崛起战略》一书中认为，"软实力"这一概念理论上的欠缺导致了一个模糊的概念框架。他认为从权利的来源来对实力进行软硬的分类存在着逻辑上的混淆，把某些实力来源在性质上界定为"软"或"硬"是不科学的，事实上文化、意识形态和价值观也可以是强迫性的，而军事和经济力量也可以具有吸引力。任何实力来源都不具有"软"或"硬"的内在属性，其之所以变成一种或者另外一种实力，仅仅取决于一国（或者其他行为主体）如何发挥和运用这种实力。③

近年来，国内学术界对奈的软实力的研究进行了拓展。继王沪宁之后，国内学术界对软实力进行反思并把研究进一步深化。庞中英认为，"不同历史传统、发展道路和地缘环境下的民族国家其软力量结构和内容有很大差别"，而奈提出的软实力理论其实是维持美国霸权的一种新的力量。④ 王佐书所著的《构建社会主义和谐社会的软实力》一书，就什么是软实力、我国构建社会主义和谐社会应当从哪些方面提高软实力以及在此过程中应当注意的问题等内容展开论述。⑤ 这本书不是从理论上来阐释软实力的，是从时间的层面来认识问题，具有很强的操作性。韩勃、江庆勇所著的《软实力：中国视角》一书则从理论上重新界定了三个主要的衍生概念"国家软实力"、"区域（城市）软实力"和"企业软实力"，分别从国家、区域（城市）和企业三个层面阐述了当代软实力实践的特点。⑥ 郑彪所著的《中国软实力》认为，自亨廷顿提出"文明冲突"论以来，软实力成为国际热点，成为西方地缘政治学的内容和研究对象，也成为国际政治经济学的一个分支。该书还就当前中国改革开放的国际环境迅速复杂化的背景，从国际政治

---

① 郑永年、张弛：《国际政治中的软力量以及对中国软力量的观察》，载《世界经济与政治》2007年第7期。
② 陈玉刚：《试论全球化背景下中国软实力的构建》，载《国际观察》2007年第2期。
③ 参见 Li Mingjiang, ed. *Soft Power: China's Emerging Strategy in International Politics*, Lanham: Lexington Books, 2009。
④ 庞中英：《国际关系中的软力量及其他——评美国学者约瑟夫·奈〈注定领导〉》，载《战略与管理》1997年第2期。
⑤ 王佐书：《构建社会主义和谐社会的软实力》，人民出版社2007年版。
⑥ 韩勃、江庆勇：《软实力：中国视角》，人民出版社2009年版。

经济学的角度考察了近代以来中西方历史性角力背后的思想文化冲突。① 赵刚、肖欢所著的《国家软实力：超越经济和军事的第三种力量》认为,在当前正处于全球经济危机的时代,软实力这一超越了传统的经济和军事的力量,更凸显其独特的作用,已经成为世界各国追逐和争夺的新坐标、新高地。②

国内学术界在奈的软实力基础上又引申出了"文化软实力"的概念,与软实力研究相比,国内学术界更为关注文化软实力,并进行广泛的研究。王沪宁指出,"文化不仅是一个国家政策的背景,而且是一种权力,或者一种实力,可以影响他国的行为"。③ 这可以说是国内关于"文化软实力"概念的最早版本。不过,真正开始研究文化软实力则是最近几年来的学术现象。特别是在中国共产党第十七次代表大会提出"提高国家文化软实力"的目标以后,国内学术界更加重视文化软实力的研究。这一方面的研究不断有新的成果推出。比较有代表性的著作有童世骏所著的《文化软实力》,书中阐释了"文化软实力"的含义,分析了"提高国家文化软实力"任务提出的国际国内背景,并阐述了这个任务的具体内容,彰显中华民族的国际自信力,提高国家形象的国际亲和力,扩大中华文化的国际影响力,提高文化产业的国际竞争力;④唐代兴所著的《文化软实力战略研究》,书中阐述了文化软实力的性质,分析了发展文化软实力的目标定位、基本原理,剖析了文化软实力的要素构成、精神结构和动力结构,并挑选了科学、经济、政治、公民、伦理、教育等六个维度的文化软实力,逐一从结构、精神动力和发展战略等角度进行了详尽的论述;⑤高占强在《文化力》一书中则明确提出了"文化力是软实力的核心";⑥张国祚主编的《中国文化软实力研究报告》(2010)是国内第一部关于文化软实力的蓝皮书,概述对国内近年来关于文化软实力的研究进行了总结,基本上展现了国内文化软实力研究的基本状况。⑦ 此外,在各类学术期刊上也有不少论文,并提出不少有见地的观点。例如,童世骏认为,国家文化软

---

① 郑彪:《中国软实力》,中央编译出版社2010年版。
② 赵刚、肖欢:《国家软实力：超越经济和军事的第三种力量》,新世界出版社2010年版。
③ 王沪宁:《作为国家实力的文化：软权力》,《复旦学报》(社会科学版),1993年第3期。
④ 童世骏:《文化软实力》,重庆出版社2008年版。
⑤ 唐代兴:《文化软实力战略研究》,人民出版社2008年版。
⑥ 高占强:《文化力》,北京大学出版社2008年版。
⑦ 参见张国祚主编《中国文化软实力研究报告》(2010年),社会科学文献出版社2011年版。

实力是"软实力"的一个方面,是以文化为基础的国家软实力。① 韩振峰认为,政治、外交、意识形态、价值体系、哲学、法律、语言、宗教和艺术等所产生的综合影响力,构成一个国家的"文化软实力"。韩振峰和贾海涛都认为,在中国多数学者的"话语"体系里,文化软实力概念是文化力和软实力概念的延伸,其理论也属于综合国力理论的一个分支。文化软实力概念的内涵和理论可以认为是文化力与软实力的内涵和理论的有机结合。② 孙波将文化软实力作为综合国力的重要标志,认为国家文化软实力包括精神文化的生产力、制度文化的生产力和物质文化的生产力三个基本形态。国家软实力中的第一要素即文化和文化力。③ 福建省社科联课题组认为,国家文化软实力首先体现为民族凝聚力,而这种凝聚力主要来自于人们对于社会主义核心价值的认同,其次是民族的创造力。④ 何增科认为,文化软实力是软实力的重要内容,主要借助文化生产、文化交流、文化教育和信息传播等手段,使本国所倡导和奉行的价值理念被国内外受众所认可,借以赢得国际声誉与影响力,其核心是思想、观念、原则等价值理念。⑤ 胡键认为,中国语境下的文化软实力是奈的软实力概念的"中国化"表达,但两者之间又存在着很大的差别。中国的文化软实力来源于中国的传统文化特别是传统的人文精神,传统的人文精神既是"中国品格"所在,也是世界普存的"中国元素",它们不仅能够彰显中国文化软实力的柔性,而且作为资源要素也为中国文化软实力提供源源不断的动力。⑥ 李维武则从"国学"与"软实力"的关系阐述了文化软实力的相关理论问题。⑦ 王一川分析了中国"国家文化软实力"内涵,认为国家文化软实力是指特定国家的各种价值系统及其象征形式向外部释放的那种柔性而又厚实的吸引力和感染力。中国文化软实力的具体内涵表现为:第一是核心价值系统的吸引力;第二是社会行为模式的凝聚力;第三是传统典范及遗产的影响力;第四是文化传播机制的感染力。⑧

---

① 童世骏:《提高国家文化软实力:内涵、背景和任务》,载《毛泽东邓小平理论研究》2008年第4期。
② 韩振峰:《提高国家文化软实力的十大举措》,载《理论导报》2008年第4期;贾海涛:《"文化软实力"理论的严谨与新突破》,载《社会科学》2011年第5期。
③ 孙波:《文化软实力及我国文化软实力建设》,载《科学社会主义》2008年第4期。
④ 福建省社科联课题组:《论提高国家文化软实力》,载《东南学术》2008年第2期。
⑤ 何增科:《国际社会提高文化软实力的做法和经验》,载《毛泽东邓小平理论研究》2010年第1期。
⑥ 胡键:《文化软实力研究:中国的视角》,载《社会科学》2011年第5期。
⑦ 李维武:《关于国学与软实力关系若干问题思考》,载《社会科学》2011年第5期。
⑧ 王一川:《理解中国国家文化软实力》,载《艺术评论》2009年第10期。

第二节　关于软实力构成的研究

关于国家软实力的构成要素,国内外学者的认识也有较大差异。在奈看来,一个国家"确立预期目标的能力往往与无形的实力资源相关,如有吸引力的文化、政治价值观和政治制度、被视为合法的或有道义威信的政策等"。① 2007年,美国国会战略和国际研究中心将政治合法性(legitimacy)作为国家软实力的核心要素。② 2009年,奈和王缉思合作撰文指出,国家软实力主要有三个来源:文化(在很多方面对他国具有吸引力)、政治价值观(在内外事务中遵守并实践这些观念),以及对外政策(正当合理,并具有道德上的权威)。③ 2008年,芝加哥全球事务委员会在针对东亚国家软实力的一份调研报告提出,经济(体制)、文化、人力资本、外交和政治作为国家软实力的五大指标,共同构成国家软实力指数(index)。④ 美国参议院外交关系委员会也采用了外延更为丰富的国家软实力概念,他们认为,国家软实力的构成要素包括国际贸易、海外投资、发展援助、外交倡议、文化影响力、人道主义援助和灾难救济、教育以及旅游等内容。⑤ 国内学术界在研究过程中,不断拓展了国家软实力的构成要素。黄硕风构建了一个综合国力模型。在该模型中,软实力包括三个要素:政治力、文教力和外交力。⑥ 但是,胡键认为,这三种要素很显然不能真正体现国家软实力的主要内涵。从当前的国际环境来看,国家软实力的要素至少应该包括政治力,主要是指一个国家的政治体制、国家战略、政府素质、国民凝聚力等综合能力;外交力,主要是指国家利益的实现能力、国家战略的贯彻能力、全球公共品的提供能力和全球公共品

---

① Joseph S. Nye,Jr. ,Think Again:Soft Power, *Foreign Policy*, 1 March 2006.
② Center for Strategic & International Studies, A smarter, More Secure American, 2007.
③ [美]约瑟夫·奈,王缉思:《中国软实力的兴起及其对美国的影响》,《世界经济与政治》2009年第6期。
④ The Chicago Council on Global Affairs, East Asia Institute, Soft Power in Asia:Results of a 2008 Multinational Survey of Public Opinion. See http://www. thechicagocouncil. org/dynamic_page. php?!d=75.
⑤ Committee on Foreign Relations, China's Foreign Policy and "Soft Power" in South America, Asia, and Africa, April 2008.
⑥ 黄硕风:《综合国力新论——兼论新中国综合国力》,中国社会科学出版社1999年版,第98页。

的运用能力等；文化力，包括文化竞争力、文化投射力和文化信息力；社会力，主要是指社会和谐程度、社会可持续发展能力、社会发展水平。① 倪世雄认为，国家软实力包括三方面的要素：即价值标准，尤其是西方的自由、民主和人权；市场经济，特别是市场经济体制；西方文明、文化和宗教。② 刘德斌在梳理概念后认为，"软实力"是价值观念、生活方式、社会制度的吸引力和感召力，是建立在此基础上的同化力与规制力。③ 贺颖等认为，软实力是由"价值观念、生活方式和社会制度所产生的一种吸引力和感召力，以及以此为基础的同化力与规制力"。④ 周桂银等认为，它是"一国影响他国意愿的能力和无形的力量资源"。⑤ 刘杰认为，软实力是"由核心价值、政治制度、文化理念和民族精神等要素蕴涵的力量资源及其内化于国家行为而产生的影响力和驱动力"。⑥ 龚铁鹰从制度性权力、认同性权力和同化性权力三个维度阐述了软实力的构成要素和理论框架，并探讨了不同国家在维护和运用软实力的举措与特点。⑦

关于软实力构成的研究，国内学术界也涉及到究竟什么是软实力的核心部分的争论。阎学通认为，国家软实力的核心是政治实力，⑧主要包括国际吸引力、国际动员力、国内动员力等三个二级要素，具体分解为国家模式吸引力、文化吸引力、战略友好关系、国际规则制定权、对社会上层的动员力和对社会下层的动员能力等六个三级要素；并且这些构成要素还被赋予了相应的赋值用以评估软实力的大小。⑨ 陆钢不赞同他的观点，认为，文化软实力的作用不可替代。⑩ 俞新天也认为国家软实力的核心是文化，而且主要是作为文化核心内容的价值观，主要包括政府提倡或人民认同的思想、观念、原则、战略和策略，以及制度等

---

① 胡键：《中国软力量：要素、资源、能力》，载上海社会科学院世界经济与政治研究院编《国际体系与中国的软力量》，时事出版社2006年版。
② 倪世雄等：《当代西方国际关系理论》，复旦大学出版社2001年版，第392—394页。
③ 刘德斌：《软权力说的由来与发展》，载《吉林大学社会科学学报》2004年第4期。
④ 贺颖、周际翔、项玫：《浅析国家"软权力"理论》，载《国际关系学院学报》2005年第2期。
⑤ 周桂银、严雷：《从软实力理论看美国霸权地位的变化》，载《解放军国际关系学院学报》2005年第1期。
⑥ 刘杰：《中国软力量建设的几个基本问题》，载上海社会科学院世界经济与政治研究院编《国际体系与中国的软力量》，时事出版社2006年版，第102—103页。
⑦ 龚铁鹰：《软权力的系统分析》，天津人民出版社2008年版。
⑧ 阎学通：《软实力的核心是政治实力》，载《环球时报》2007年5月22日。
⑨ 阎学通、徐进：《中美软实力》，载《现代国际关系》2008年第1期。
⑩ 陆钢：《文化实力弱让中国失分》，载《环球时报》2007年6月19日。

三个方面的构成要素。① 蒋英州等人将政治文化视为国家软实力的核心要素。② 北京大学中国软实力研究课题组认为,国家软实力的资源主要包括文化、政治价值观(体现为国内政策)、制度、外交政策,以及国民素质等五个方面的内容。③ 一些学者进一步明确地将软实力构成要素界定为对内和对外两个方面。郭学堂认为,从国内来看,国家软实力主要来源于先进的政治经济体制和良好的国民素质;从国外来看,国家软实力来源于一国文化和价值观的传播力量。④ 门洪华提出,中国软实力包含文化、观念、发展模式、国际制度、国家形象等核心要素,文化、观念、发展模式为"内功",国际形象为"外功",而国际制度则联结并跨越两者,成为中国展示和构建软实力的主渠道。⑤

第三节 关于软实力国际比较及中国软实力评估的研究

中国软实力发展状况究竟如何?由于软实力很难进行定量分析,尽管有不少学者进行了这方面的探讨,但很难得到学界的共识,因而单独就中国软实力本身来分析其发展状况和水平,很难作出客观的评价。大多数情况下,学术界对中国软实力的评估是放在一个国际比较的框架中来分析的。这些成果主要发表在一些期刊上,并没有专门的论著来综合研究中国的软实力状况。例如,《世界经济与政治》2007年第7期发表了方长平的《中美软实力比较及其对我国的启示》、王京滨的《中日软实力实证分析——对打扮产业大学大学生问卷调查结果的考证》;《国际观察》2007年第2、3期发表了门洪华的《中国软实力评估报告》(上、下);《当代世界》2007年第3期发表了国林霞的《中国软实力现状分析》;《现代国际关系》2008年第1期发表了阎学通和徐进的《中美软实力比较》;《社会科学》2009年第2期发表了胡键的《软实力新论:构成、功能和发展规律——

---

① 俞新天:《软实力建设与中国对外战略》,《载国际问题研究》2008年第2期。
② 蒋英州、叶娟丽:《国家软实力研究述评》,载《武汉大学学报》(哲学社会科学版)2009年第2期。
③ 北京大学中国软实力研究课题组:《软实力在中国的实践》,载北京大学"中国软实力"网。
④ 郭学堂:《中国软实力建设中的理论和对策新思考》,载《社会科学》2009年第2期。
⑤ 门洪华:《中国软实力评估报告》(上、下),载《国际观察》2007第2、3期。

兼论中美软实力的比较》等。不过,有一些论著从软实力的不同方面探讨了中国软实力某一方面的状况。例如,周浩然所著的《文化国力论》(辽宁人民出版社2000年版)、彭新良所著的《文化外交与中国软实力:一种全球化的视角》(外语教学与研究出版社2008年版)等,探讨了中国的文化软实力发展战略与体制问题。也有国内学者的论著专门研究其他国家或国际组织的软实力。例如秦亚青主编的《观念、制度与政策——欧洲软权力研究》(世界知识出版社2008年版),不仅分析了软实力的要素及其测量问题,而且从观念、制度和政策三个维度探讨了软实力与欧洲一体化的关系问题。

  相比之下,境外学者对中国软实力现状的研究成果比较多。在这方面,奈仍然是走在其他学者前面的人。他比较早地关注到中国软实力的发展,并认为伴随着硬实力崛起的同时,中国软实力也在迅速提升。① 随后,对中国软实力研究比较多的是柯兰齐克(Joshua Kurlantzick)。他发表的一系列文章认为,中国的软实力正在改变世界;中国正在向东南亚国家发动"魅力攻势",或者说是向整个世界打出了"软实力牌"。② 在此基础上,他还出版了一本专著,阐述了"中国发起魅力攻势"的观点,甚至认为中国的迅速崛起促使一个以中国为中心的亚洲新秩序正在生产,同时美国在亚洲的领导地位正在下降。③ 不过,也有一些学者,如季北滋(Bates Gill)等认为,中国软实力——文化、价值观念、外交等——正在快速提升的同时,中国软力量资源配置不均、外交政策的不连贯等问题导致其软实力实施过程大打折扣。④ 黄严中等也认为,"作为世界上唯一延续的最古老的文明,中国具有其文化遗产的基础……而这正是中国软实力的一种潜在的重要

---

  ① Joseph S. Nye, "The Rise of China's Soft Power", *The Wall Street Journal Asia*, December 29, 2005.

  ② Joshua Kurlantzick, "China Buys the Soft Sell", *Washington Post*, October 15, 2006; Joshua Kurlantzick, "China's Charm: Implications of Chinese Soft power", Carnegie Endowment for International Peace, *Policy Brief*, 47, June 2006; Joshua Kurlantzick, "China's Charm Offensive in Southeast Asia", *Current History*, Vol. 105, Issue 692, September 2006, pp. 270 - 276;此外,美国外交关系协会专门出了一个关于《中国在东南亚的软实力》的报告并提交给美国国会,该报告认为,中国利用自己的传统文化、外交政策等向东南亚国家逐步扩张其软实力。参见 Thomas Lum, Wayne M. Morrison and Bruce Vaughn, " 'China's soft Power' in Southeast Asia ", *CRS Report for Congress*, January 4, 2008.

  ③ Joshua Kurlantzick, *Charm Offensive: How China's Soft Power is Transforming the World*, Yale University Press, 2007.

  ④ Bates Gill and Yanzhong Huang, "Sources and Limits of Chinese 'Soft Power'," *Survival*, Vol. 48, No. 2, 2006, pp. 17 - 35.

第一章 软实力建设：中国和平发展的战略路径

资源"。然而"其软实力在海外拓展的不平衡"使得"软实力仍然是中国的一个软肋，而它离真正成为全球的领导还有很长一段距离"。① 2008年初，美国芝加哥全球事务委员会（The Chicago Council on Global Affairs）发表了题为"亚洲软实力，2008"的报告，该研究也表明中国软实力的影响即使是在被认为其最具影响力的东亚，仍然比美国要"低得多"。② 当然，也不排除一些学者对中国软实力保持谨慎乐观的看法。例如，美国普林斯顿大学教授伊肯贝雷（G. John Ikenberry）在美国《外交事务》杂志发表的一篇标题为"中国的崛起和西方的未来"的文章就表达了对中国崛起的趋势以及其国际影响力的肯定，并声称："中国的崛起将是21世纪的大事之一。中国出色的经济增长和积极的外交，已经在改变着东亚，而未来几十年间中国的实力和影响将会有更大的增强。"③ 李明江也认为，中国在世界上软的影响力之所以增强，实质上正是由于北京几十年来在对外政策方面的实力的软运用：包括融入到现有国际体系的努力、维护本地区和平稳定环境的努力和积极地参与多边活动并在国际经济活动中谋求共赢的努力等。在西方研究者看来，中国以一种谨慎和考虑周全的方式发挥了自己的威力。④

第四节　关于文化软实力的研究

什么是文化软实力？这一概念既源于奈的软实力概念，又有中国特色，是中国话语中的一个全新概念。从奈提出软实力概念以来，国内学者首先是从研究奈的软实力理论开始，后来越来越关注文化软实力这一概念。学术界关注点的

---

① Yanzhong Huang & Sheng Ding, "Dragon's Underbelly: An Analysis of China's Soft Power", *East Asia*, Vol. 23, No. 4, 2006, pp. 22-44.
② The Chicago Council on Global Affairs, East Asia Institute, Soft Power in Asia: Results of a 2008 Multinational Survey of Public Opinion. See http://www.thechicagocouncil.org/dynamic_page.php?! d=75.
③ G. John Ikenberry, "The Rise of China and the Future of the West: Can the Liberal System Survive?", *Foreign Affairs*, January/February 2008.
④ Li Mingjiang, "Soft Power and the Chinese Approach", *China Security*, Summer, 2008.

转移表明，文化力的确是软实力的核心要素。① 10多年来，国内学者对文化软实力的理解大致有以下几种观点：

第一种观点是直接把文化作为软实力来看待，或者说是从文化的角度来解释软实力这一概念。这种观点在20世纪90年代初引入奈的软实力概念时比较流行，而在这方面作出学术上的贡献的是王沪宁教授。他在《作为国家实力的文化：软实力》一文中就表示，"文化不仅是一个国家政策的背景，而且是一种权力，或者一种实力，可以影响他国的行为"。② 在他看来，文化就等于软实力。后来也有不少学者沿袭了这一观点并将它进一步阐发。③ 不过，把文化直接视为软实力的一部分，就很容易让人觉得文化资源越丰富的国家，其文化软实力就越强大。然而事实并非如此。文化自身发展的历史长河，并非完全是一个优胜劣汰的过程，留下来的并非都是精华，文化糟粕同样可以在历史长河中乃至在当今时代滥竽充数，并在相当大程度上影响社会发展的历史进程。这样的文化糟粕无论如何也不能转化为一个国家的文化软实力，相反它还会对国家文化软实力产生负面作用。正因为如此，王沪宁教授也承认，只有把优秀的文化遗产激活成为文化创新的原动力，并使之通过跨国界传播，成为其他国家和国际社会的基本价值观或主流文化，那么发源这种文化的社会才能获得巨大的软实力。④ 由此可见，文化并不都是文化软实力，或者说，并不是所有文化都能直接转化为软实力，丰富的文化资源和文化传统只是为软实力提供了必要的物质基础和前提条件。

第二种观点把政治价值观视为文化的一部分，进而认为政治价值观也可以

---

① 在这一问题上，国内学者有不少争论，一种观点认为，苏联的文化实力在1991年远大于1951年，但增强的文化实力却未能维持国家的生存；古巴、朝鲜、越南和许多非洲国家的文化实力都远小于苏联，但这些国家却能在冷战后生存下来。原因就在于苏联的政治变得弱小而亡国，古巴、朝鲜、越南等国虽然文化力弱小但政治力在增强，从而国家得以生存。所以说，政治力才是软实力的核心。另一种观点认为，软实力的本质就是指国家的对外吸引力、劝说能力，其源头是传统文化、价值观和具有正统性（即合法性）的政策。而这一切归结起来都是文化层面的东西，所以，文化力是软实力的基础性要素和动力性要素，因而更是软实力的核心。参见阎学通：《软实力的核心是政治力》，《环球时报》2007年5月22日；陆钢：《文化实力弱让这个失分》，《环球时报》2007年6月19日；吴旭：《中国软实力不能吃老本》，《环球时报》2007年10月29日；高占祥著：《文化力》，北京大学出版社2008年版；唐代兴著：《文化软实力战略研究》，人民出版社2008年版。
② 王沪宁：《作为国家实力的文化：软实力》，《复旦学报》（社会科学版），1993年第3期。
③ 参见单世联：《在全球竞争中实现中国文化的复兴》，《哲学研究》，2008年第7期。
④ 王沪宁：《作为国家实力的文化：软实力》，《复旦学报》（社会科学版），1993年第3期。

直接转化为文化软实力。这样,文化软实力就带有鲜明的国家意识形态属性。[1] 问题在于,文化具有可分享性,任何民族所创造的文化成果,一方面为整个人类文化的多重复合体增添了色彩,另一方面也为其他民族的成员贡献了可以分享的财富。[2] 所谓文化的可分享性,是指文化具有非竞争性和非排他性的特点。一个民族、一个国家所创造的文化,该民族、该国家可以享用,同时并不排斥世界其他民族、其他国家进行享用。从这一角度来看,文化具有公共物品的特性。而政治价值观却不一样。政治价值观是社会成员对政治世界的看法,包括社会成员看待、评价某种政治系统及其政治活动的标准,以及由此形成的政治主体的价值观念和行为模式的选择标准。在某种政治文化的影响下,社会成员在总体上都存在着基本一致的政治价值观念,它直接影响着政治行为主体的政治信念、信仰和态度。可见,不同政治文化影响下的社会成员其政治价值观是不同的。政治价值观的核心是政治意识形态,而政治意识形态又具有明显的阶级性。在一定社会中占统治地位的政治意识形态,必然是该社会经济上占统治地位的阶级的政治体系。因为,"一个阶级是社会上占统治地位的物质力量,同时也是社会上占统治地位的精神力量。支配着物质生产资料的阶级,同时也支配着精神生产的资料。因此,那些没有精神生产资料的人的思想,一般地也是受统治阶级支配的"。[3] 可见,政治价值观特别是其核心——政治意识形态——是绝不会具有可分享的特性。一种政治价值观只能为一个国家或一个政党所拥有,其他国家、其他政党绝不会与之分享同一种政治价值观,更不可能与之分享同一种意识形态。假如说某一个国家的政治价值观具有可分享性,那么就意味着该国的价值观具有普适性,而这恰恰是西方国家凭借着自身强大硬实力对世界进行"价值观改造"的关键所在,即把自己的政治价值观作为普适性的"福音"推广到全世界。文化是可分享的,而政治价值观却不能,因而,政治价值观不应包含在文化的框架之内。

第三种观点是把文化软实力简单地视为文化竞争力,或者说是把文化竞争

---

[1] 贾磊磊:《国家文化软实力的主要构成》,《光明日报》2007年12月7日;福建省社科联课题组:《提高国家文化软实力》,《东南学术》,2008年第2期。
[2] 童世骏:《文化软实力》,重庆出版社2008年版,第17页。
[3] 《马克思恩格斯选集》第1卷,人民出版社1995年版,第52页。

力等同于文化软实力。① 把文化软实力当成文化竞争力,在发展国家文化软实力的时候,其必然的政策取向是大力发展文化产业、培育新的文化业态、抢占国际文化市场、大力推进文化产品的出口贸易等,而所有这一切都为提高文化竞争力服务。诚然,面对西方的强势文化,包括中国在内的所有发展中国家都非常有必要提升本国的文化竞争力,以抵御西方的文化霸权。特别是中国,虽然拥有雄厚的文化资源,但中国文化在国际文化竞争中并不占据优势。相反,中国在文化产品的进出口贸易中一直就存在着巨大的逆差。② 这种现象不仅与中国巨大的经济贸易顺差形成巨大的反差,而且与中国世界贸易大国的地位也不相符。更重要的是,这一现象反映出一个现实问题,即世界文化传播格局仍然处于"西强我弱"的境地。在这种情形下,增强中国文化竞争力非常紧迫。但是,过分强调文化竞争力在文化软实力中的地位,实际上就使国家软实力建设陷入权力政治学的泥潭,不仅会把文化软实力明显"硬化",还必然会使国际社会认为,中国发展文化软实力就是为了抢占国际文化市场。这在很大程度上将成为外部"中国文化威胁论"或者"中国文明威胁论"的重要依据。③

综上所述,有关文化软实力概念大致可以表述为:文化软实力是以文化为基础的一种软实力,这种软实力不是强制施加的影响,而是受动者主动接受或者说是主动分享而产生的一种影响力、吸引力。文化软实力应该是一种完全意义上的柔性力量。

---

① 这方面的研究大多来自于从事文化产业研究的学者之中,他们认为,建设中国的文化软实力主要就是要通过发展中国的文化产业来提升中国的文化竞争力。这方面的研究成果见于花建等著《文化力:先进文化的内涵与 21 世纪中国和平发展的文化动力》,上海文艺出版社、百家出版社 2006 年版;田丰、肖海鹏、夏辉著《文化竞争力研究》,中国社会科学出版社 2007 年版,等等。
② 关于中国文化产品对外贸易巨大逆差的详细数据可参见中华人民共和国新闻出版总署发布的相关各年的"全国新闻出版业基本情况"报告。
③ 塞缪尔·亨廷顿(Samuel Huntington)最初认为,不同文明间的冲突将取代国家利益和意识形态冲突而成为未来国家间战争的根源,中国将与伊斯兰国家联合起来,对以美国为首的西方基督教世界形成挑战。全球政治的主要冲突将在不同文明的国家和国家集团之间发生,即"文化冲突是沿着文明的断层线发生的"([美]塞缪尔·亨廷顿著:《文明的冲突与世界秩序的重建》,周琪等译,新华出版社 2002 年版,第 7 页)。后来,西方一些学者沿用了他有关"文明冲突论"的观点,但换了一个视角认为,中国文化向世界的扩张特别是在亚非拉地区的扩张构成了对西方文化的威胁(如 David Shambaugh, "Beijing Charms Its neighbors," *International Herald Tribune*, May 14, 2005; Joshua Kurlantzick, "China Buys the Soft Sell", *The Washington Post*, Oct. 15, 2006 等)。

第五节 关于如何提升中国软实力的研究

中国学术界已经注意到软实力对中国和平发展的重要性,因此近年来就如何提升中国软实力的问题进行了不少研究,而且成果也颇丰。这些成果可以见诸一些专业期刊上。郭树勇指出,中国软实力建设应在以下方面加大力度:一是继续推动以融入现有基本国际制度为主要内容的国际社会行动;二是加大内化世界政治文明的速度与力度;三是重点塑造大国形象;四是加强有利于软实力建设的全国性外交应急等级协调机制与非等级协调机制。① 陈玉刚认为,改革开放以来,我国形成了三大具有普世意义的价值,即发展、稳定与和谐。加强软实力建设,需要对这三种价值做学理化和制度化的努力。② 蒋英州、叶娟丽认为,进一步推进我国软实力建设,特别是要深化政治体制改革与执政党能力建设;培育与形成新的政治文化,促进公民法律道德素质与政府能力的提升;凝聚民族精神与激发创新意识;积极向世界推介中国软实力;促进国内软硬实力的建设。③ 黄金辉、丁忠毅认为,进一步提升我国软实力水平,在对外关系方面,应充分利用双边、多边关系,发挥多边外交的优势,强化我国外交的国际关系伦理关怀度,逐步消除国际社会对中国的猜疑,从而获取国际社会的广泛认同和支持,为中国和平发展提供更加充足的合法性资源;④同时,也应避免我国软实力建设的"短板效应",有效抵制他国软实力对我国的渗透。⑤ 农小龙认为,外交构想力是形成国家软实力的重要途径,创造性的国际秩序构想若被国际社会广泛接受,就可能转化为国际组织或制度机制,而构想必然会受到提出国价值、利益的浸染,同时构想国会积极参与构想的落实工作,参与国际游戏规则的制定,从而树

---

① 郭树勇:《新国际主义与中国软实力外交》,载《国际观察》2007 年第 2 期。
② 陈玉刚:《试论全球化背景下中国软实力的构建》,载《国际观察》2007 年第 2 期。
③ 蒋英州、叶娟丽:《国家软实力研究述评》,载《武汉大学学报》(哲学社会科学版)2009 年第 2 期。
④ 黄金辉、丁忠毅:《当代国际关系伦理视阈中的和谐外交理念分析》,载《社会科学研究》2009 年第 6 期。
⑤ 黄金辉、丁忠毅:《"他者"视域下的中国软实力分析及其启示》,载《西南民族大学学报》(人文社科版)2009 年第 8 期。

立自己的国际形象,扩大影响力,赢得利用构想的主动权。① 关于文化软实力的建设问题,童世骏认为,当前中国主要面临四大主要任务:一是同步发展物质文明和精神文明,彰显中华民族的国际自信力;二是统筹国内发展和对外开放,提升国家形象的国际亲和力;三是结合传统智慧和现代文明,扩大民族文化的国际影响力;四是推进文化创新和产品升级,提高文化产业的国际竞争力。② 韩振峰认为,提升国家文化软实力,应推进以下10项措施:发展文化生产力、增强文化凝聚力、强化文化感染力、增进文化传承力、拓展文化吸引力、激发文化创造力、提高文化竞争力、提升文化传播力、扩大文化影响力,以及加大文化保障力等。③ 孙波认为,提升国家文化软实力应注重建设社会主义核心价值体系,形成全民族奋发向上的精神力量和团结和睦的精神纽带;注重和谐文化建设,巩固社会和谐的思想道德基础;大力弘扬中华民族优秀文化传统,推动中华文化走向世界。④ 陈正良认为,国家文化软实力日益成为国家综合实力的战略性、基础性因素,对国家发展发挥着愈来愈重要的作用,必须继承弘扬中华优秀传统文化,荟萃世界多元文化精华,凝练民族文化精华,建设生机勃勃的当代中国新文化,为国家发展提供强大精神动力;大力发展文化事业,重视文化创新,奠定文化强国基础;树立"文化国力"观念,整合利用中国深厚悠久的文化资源,大力推动文化产业的发展,让中国产品成为中国特色文化的结晶和载体;增强中国文化价值观的全球辐射、对外亲和力与感召力。⑤ 除此之外,也有一些著作对中国软实力建设提出了一些有建树的观点。例如,门洪华主编的《中国:软实力方略》一书认为,随着软实力越来越成为一个国家国际地位的核心成分,把发展软实力置于战略高度成为实现国家总体目标的根本要求,将软实力纳入国家实力的总体评估并对其基本要素进行整合,这已经成为中国战略思考的一个着眼点。本书不但较为全面地对中国软实力进行了评估,而且从国际比较和国内发展等角度提出了提升中国软实力的具体建议。该书是对过去已有研究成果的综合。⑥ 陈正良所著的

---

① 农小龙:《外交构想力与软权力的形成》,载《国际观察》2005 年第 5 期。
② 童世骏:《提高国家文化软实力:内涵、背景和任务》,载《毛泽东邓小平理论研究》2008 年第 4 期。
③ 韩振峰:《提高国家文化软实力的十大举措》,载《理论导报》2008 年第 4 期。
④ 孙波:《文化软实力及我国文化软实力建设》,载《科学社会主义》2008 年第 2 期。
⑤ 陈正良:《增强中国文化软实力论要》,载《浙江社会科学》2008 年第 2 期。
⑥ 门洪华主编:《中国:软实力方略》,浙江人民出版社 2007 年版。

《中国"软实力"发展战略研究》提出,要进一步将软实力发展纳入到国家发展战略中,发展软实力不仅是对国家力量建设理念的创新,更是当代中国科学发展观的一项重大举措。① 孟亮所著的《大国策:通向大国之路的软实力》一书认为,中国的复兴和再次崛起,是中国失去世界文明控制权150年后的民族复兴、经济崛起和文化觉醒,是正在和将要对世界秩序和西方文明产生重大震荡与长远影响的重大历史事件。因而我们要以全球的大视野,把中国的发展纳入国际视野和历史视野进行考察,立足中国复兴道路上的大课题,对中国崛起过程中政治、经济、民生、文化、军事、外交等领域所涉及的大战略和面临的困境、危险和问题,进行独到和精辟的分析,真正的大国,真正的复兴,不仅要能给人类提供物质财富,同时还要能为世界提供政治体制、法律制度、科学技术、文化艺术、生活方式和语言。② 艺衡所著的《文化主权与国家文化软实力》认为,民族政治意识的养成需要文化主权的锻造。在这一场全球化时代新的文化价值秩序领导权的争夺中,我们必须从主权角度来思考中国文化的现代转型,文化主权不仅是中国和平发展战略中文化战略理论的重要内容,而且关乎中华民族在全球化时代的文明命运。③ 诸如此类的著作还有不少,这里不必一一列举。特别近年来关于文化产业的研究比较多,但本研究认为文化产业强调的是产业发展,更应该归属于经济实力,而不是文化本身的内容,因此这里不专门来陈述。不过,在后面的分析中也会有所涉及。

从已有的研究来看,国内学术界主要是对奈的软实力概念进行中国化的阐释并对其内容加以拓展,在此基础上就如何建设中国软实力提出了不少建设性的政策建议。这些研究有的是针对美国的文化霸权而主张提升中国软实力;有的虽然已经涉及到了软实力与中国发展战略的关系问题,但尚未深入,或者只是提出了问题,并没有进一步研究如何解决问题;有的对软实力的某一方面理论有所研究,但缺乏对软实力自身发展规律问题的研究;有的认识到了软实力的作用,但软实力对国家成长发挥什么样的功能缺乏深入研究。本课题将沿着这一思路,进一步探讨软实力建设与中国和平发展道路的关系、当前中国软实力的结

---

① 陈正良:《中国"软实力"发展战略研究》,人民出版社2008年版。
② 孟亮:《大国策:通向大国之路的软实力》,人民出版社2008年版。
③ 艺衡:《文化主权与国家文化软实力》,社会科学文献出版社2009年版。

构性缺陷及其后果，以及如何加强软实力建设等理论问题。当前的中国，硬实力已经迅速提升，而中国的和平发展道路，不仅需要有强大的硬实力作支撑，更需要强大的软实力作保证。因此，厘清软实力与中国和平发展道路的关系，一是可以深化认识软实力建设的必要性和重要性；二是可以深入理解科学发展观在中国对内对外战略中的地位和作用；三是进一步探讨中国崛起的独特性和可持续性问题。

第六节　关于文化竞争力的研究

关于文化竞争力的研究成果并不多见，比较有代表性的主要有中共中央党校第十九期中青班文化问题课题组所著的《全球化背景下中国文化竞争力研究》(2004)。该书主要阐述全球化背景下中国文化的地位与前途、经济全球化对中国文化发展的影响以及全球化背景下中国文化的创新问题，但并没有直接涉及文化竞争力的研究。中国社会科学院的倪鹏飞每年出版的《城市竞争力蓝皮书》构建了文化竞争力的评价体系。上海社会科学院的瞿世镜也构建了一个文化竞争力评价指标体系(2003)。两者都是分析城市的文化竞争力，而不是从国家的角度来分析，两者的不同之处在于，倪鹏飞更多强调的城市文化产业方面的内容，而瞿世镜则强调的文化事业发展状况。在此基础上，田丰等(2007)构建了一个关于文化竞争力的综合评价体系，提出了文化竞争力的五大要素：文化生产力、文化消费力、文化传播力、文化创造力和文化持续力，然后从28个指标来进行评估。但是，田丰的指标体系仍然是有缺陷的，如缺乏文化价值观和文化包容性和文化品位等软性的要素指标，基本上是硬性的要素指标。

综上所述，有关文化实力和竞争力的相关研究，国内外学术界的研究有一定的广度和深度，但从既有的成果来看仍然存在着明显的缺陷。这些缺陷表现在以下几个方面：

其一，把文化直接视为国家的实力，或者是文化软实力。文化只是文化实力的资源和基础，并非所有的文化都可以成为国家的实力，只有那些有生命力的文化才可能成为国家的文化实力，但其前提是国家具备把文化转化为实力的能力。

其二，奈认为，无形的资源产生的实力就是软实力，但实际上文化并非只能产生软实力，也会产生硬实力。文化实力实际上包括文化产生的硬实力（如文化产品竞争力、文化产业竞争力等）和文化产生的软实力。文化竞争力只是文化实力的一部分。

其三，把政治价值观视为文化的一部分，进而认为政治价值观也可以直接转化为文化软实力。这样，文化软实力就带有鲜明的国家意识形态属性。文化具有可分享性，任何民族所创造的文化成果，一方面为整个人类文化的多重复合体增添了色彩，另一方面也为其他民族的成员贡献了可以分享的财富。政治价值观特别是其核心——政治意识形态——是绝不会具有可分享的特性。一种政治价值观只能是一个国家或一个政党所拥有，其他国家、其他政党绝不会与之分享同一种政治价值观，更不可能与之分享同一种意识形态。假若说某一个国家的政治价值观具有可分享性，那么就意味着该国的价值观具有普适性，而这恰恰是西方国家凭借着自身强大硬实力对世界进行"价值观改造"的关键所在，即把自己的政治价值观作为普适性的"福音"推广到全世界。文化是可分享的，而政治价值观却不能，因而政治价值观不应包含在文化的框架之内。

其四，对中国文化实力和竞争力定性的研究较多，但缺乏定量的研究。这样就很难正确地估计中国文化实力发展的现状，也很难对中国文化实力作出准确的估计。科学的决策恰恰需要科学的数据。

其五，文化实力和竞争力是一种在互动中建构起来的实力，在既有的研究中，主要是研究中国文化对国际社会的作用，而缺乏国际社会对中国文化认知的研究。

第二章　文化创意产业：一种新兴产业的发展趋势

进入 21 世纪以来，一个新的名词越来越受到关注，就是"创意产业"。

1994 年，澳大利亚公布了第一份文化政策报告中，用到了"创意国家"这个词汇，并提出了以建设"创意国家"为战略目标。在报告中，它强调了文化产业对国家经济的重要性，这是全球第一次将创意与国家经济联系在一起的表述。

之后，受之启发，英国文化媒体体育部于 1998 年发布《创意产业路径报告》。此报告正式提出并界定了"创意产业"的概念和具体产业部门。

创意产业作为一个新兴产业，其概念来源于英文（Crative Industries 或 Creative Economy）。目前，各国对该产业的概念界定无统一标准。英国、新西兰、新加坡等国家，称之为"创意产业"；美国、加拿大、澳大利亚等国家则定名为"版权产业"；一些欧洲国家和中国台湾使用的是"文化创意产业"，中国香港特别行政区称之为"创意工业"。

据世界创意经济的权威人物、被称为创意产业之父的英国杰出经济学家约翰·霍金斯先生的统计，全球文化创意产业每天创造的价值达到 220 亿美元，并以 5% 的速度在递增。在一些发达国家增长得更快，美国为 14%、英国为 12%。现在美国、英国、韩国等国家，文化创意产业已形成各自的特色，而且成为产业创新的一股重要力量。

约翰·霍金斯先生在他的一本被称为"具有开创意义的书"《创意经济——如何点石成金》中对中国创意产业发展趋势的描述是："中国的创意产业发展迅速，我们估计它将每年增长 15%，1.5 倍于其他经济部门。"

第一节　文化创意产业·理论综述

尽管国内外创意产业如火如荼,而事实上,在政府、学界、业界对创意产业的理论并未形成统一认识,创意产业的理论基础并不成熟,对于一些本质性的问题,如创意产业的内涵和外延、创意产业集聚、创意阶层、创意城市、创意发展水平评估等问题还处于理论研究的初级阶段。

一、创意产业的内涵和外延

国外对创意产业内涵和外延的研究相当丰富。每个国家都有自己政策层面上的创意产业的内涵和外延表述,但其中最具代表性的有三种:

(一)英国创意产业工作组认为:创意产业是源于个人创造性、技能与才干,通过开发和运用知识产权,具有创造财富和增加就业潜力的产业,并划定了广告、建筑、艺术及古董市场、流行设计与时尚、电影与录像带、休闲软件游戏、音乐、表演艺术、出版等13个行业为创意产业。

从它的定义及分类中,可了解:主要强调人的创造力,产业重心偏重于文化产业,较多地涵盖精神产品,因而也称之为"文化创意产业"。

(二)创意产业之父约翰·霍金斯在他的《创意经济:人们如何用思想挣钱》这本书中认为:"知识产权有四大类,版权、专利、商标和设计;每一种形式都有庞大的工业与之相应,加在一起就构成了创意产业和创意经济。他还具体阐述了创意经济的15个产业,包括广告、建筑、艺术、设计、研发、软件、视频游戏等产业,并指出创意经济的重要性不仅限于这15个产业或产业群,而是基于某种运作模式,并且这种运作模式广泛存在于所有产业中。

按照霍金斯的理解,自然科学中各部门的专利等研发活动也可以纳入创意产业,从而有效地解决了创意活动中科学与文化艺术相分离的问题。

(三)美国经济学家理查德·凯夫斯在他的《创意产业:艺术与商业之间的合同》这本书中认为:创意产业是提供具有广义文化、艺术或仅仅是娱乐价值的产品和服务的产业。依据其文化经济学观点,创意产业则应该包括书刊出版、视觉艺术(绘画与雕刻)、表演艺术(戏剧、歌剧、音乐会等)、录音制品、电影电视、时尚、玩具和游戏。

在这几个代表性的观点中,英国创意产业小组的界定最为广泛流传,同时,对其的争论也较多,持支持意见的学者认为这一界定范围较宽泛,适合将来的经济发展形势,反对者认为,其来源于一国的政策性文件,带有明显的国家政策性,并不适合普遍推广。但是,在实践中,各国对创意产业内涵和外延的界定,或多或少沿袭着英国的传统定义。目前,世界上借鉴和采用此定义的国家和地区有:丹麦、瑞典、新加坡、新西兰、日本、中国台湾和香港地区等。

中国学者对创意产业的内涵和外延的认识,较有代表性的是:

香港。称"创意产业"为"创意工业",中国香港特区委托香港大学文化政策研究中心研究完成了"香港创意产业研究报告(2003)"。该报告探讨了创意产业与经济发展的关系,分析了创意成长、制度与社会文化价值的关系。并定义:"一个经济活动群组,开拓和利用创意、技术及知识产权以生产并分配具有社会及文化意义的产品和服务,更渴望成为一个创造财富和就业机会的生产系统(见香港特别行政区 2005 年施政报告——2005 年香港特区政府网)"。

台湾。台湾学者认为:"文化"是一种生活形态,"产业"是一种生产行销模式,二者的契合点就是"创意",因而,台湾有"文化创意产业"之称。但台湾"行政院文化建设委员会"对"创意产业"做出的定义与英国政府 1998 年提出的概念范畴基本一致。

内地。中国内地对创意产业的界定也具有很大争议。有从全球化消费社会来定义的(金元浦 2005)、有从产业链的角度定义的(俞中立 2005)、有从产业分类的视角定义的(徐清泉 2005)、有从产业政策层面来突出创意产业的(王缉慈 2005)、有从科技对创意产业的影响视角论述的(赵弘 2005),等等。

目前,比较权威的、较有影响的是厉无畏研究员对创意产业的理解,他在《创意产业导论》这本书中认为创意产业本身有丰富的内涵和广阔的外延,具有两个特点:一是创意产业是无边界产业。创意产业的边界涉及具有高科技含量、高文化附加值和丰富创意度的任何产业,体现出"无边界"的特点;二是创意产业是一种创新发展模式,是对经济发展模式的创新。创意处于产业价值链的最高端;创意产业就是符号价值的反复交易;创意产业是创意、技术、产品和市场的有机链接(厉无畏:《创意产业导论》2006年版)。

二、创意阶层的理论研究

美国著名经济学家理查·佛罗里达是最具代表性的观点人物。理查·佛罗里达在《创意阶层的崛起》(2002)一书中提出创意阶层的概念,他认为创意阶层是指所有从事需要创意的职业的人,这一阶层包括科学技术和人文艺术的精英。

按照佛罗里达的观点,所有能产生新观念、新技术和新创意内容的人都应该属于创意阶层。他还对创意阶层发展要素也进行了研究,提出了3T模型,即创意人才(Talent)的培养、创意技术(Technology)的培育以及城市文化的包容(Tolerance)。佛罗里达的3T模型为创意城市吸引创意人才,刺激经济发展,为提高城市的竞争力提供了新的理论支撑。

蒋三庚、王晓红(首都经贸大学)在《创意经济概论》(2009)这本书中,将创意阶层看做是专门从事创意领域工作的人才,即创意人才。蒋三庚等人在创意产业链分析的基础上,将创意人才分为创意的生产者、创意的策划者和创意成果的经营管理者三类。这些划分为我们清楚地认知我国创意产业阶层的构成提供了一定的参考依据。

可以看出,国内外的学者在对创意阶层的研究中的一个共同点就是在一个城市的可持续发展中,创意人才培育是必不可少的。

三、创意城市的研究

创意城市不是定义规范的学术概念,关于如何理解创意城市的内涵,国际上主要有四种代表性观点较具影响力:

第一种代表性观点是美国城市研究学者简·雅各布斯。她在《城市与国民财富》一书中提出,国民经济发展的前提是要转变经济发展模式,实现创意城市经济体系。但是,她所关注的创意城市是集聚众多富于创造性、技巧和高质量劳动者的专业化中小企业群的城市,与工业化大生产模式完全不同。她所理解的创意城市是拥有脱离大生产体系的灵活的、富于创造性的"自由修正型"城市经济体系的城市。

第二种具代表性的观点是以加拿大学者查尔斯·兰德利为代表的"欧洲创

意城市研究小组"所发表的《创意城市》和兰德利所著的《创意城市：城市创新的工具箱》为代表,他们认为构成创意城市的基础需要 7 个要素,即个人特质、意志力与领导力、人力的多元性与各种人才的发展管道、组织文化、地方认同感、城市空间与设施、网络与组织架构。

第三种代表性观点是美国的格特·霍斯珀斯,根据经济和城市发展相互作用的历程,将创意城市分为 4 种类型：技术创新型城市(Technological-Innovative cities)、文化智力型城市(Cultural-Intellectual cities)、文化技术型城市(Cultural-Technological cities)、技术组织型城市(Technological-Organizational cities)。

第四种代表性观点是日本学者佐佐木雅幸认为的,创意城市应具有 6 个要素,一是艺术家与科学工作者;二是一般市民要具备能够享受艺术文化的充裕收入和时间自由;三是具备各种大学、技术学校、研究所和剧场等充实的文化设施;四是环境政策是城市发展政策的重要组成部分;五是城市发展政策要考虑经济与文化平衡发展;六是在城市综合发展政策中创意文化政策占有一席之地。

综合各国学者的研究,可以看出支撑创意城市发展的关键要素集中于人、文化、城市设施和环境氛围四个方面。

四、创意产业集群研究

"产业集群"这个概念是哈佛大学教授迈克尔·波特(Porter,1990)在他的《国家竞争力》这本书中正式提出来的,并把它上升到国家竞争力的高度。但是对创意产业的集群研究目前大多局限于实证分析的层面,很少从产业集群的理论角度来说明创意产业集群的发展机理。

佛罗里达(Florida,2002)认为,创意产业集群与一般产业集群不同,它需要不同的政策和环境。

普拉特(Pratt,2004)则认为创意产业集群是产业集群的一个内部分支,与普通产业集群没有本质差别。

帕米兰(Pumhiran,2005)则从产业集群的功能作用角度,分析了创意产业集群对创意产业的发展所起的几大作用,论证了创意产业集群建设的必要性。

国内在创意产业集群研究方面多是从案例分析的角度罗列了一些特色创意

园区的情况,用以说明创意园区的发展现状、问题与经验。代表学者有:

厉无畏、于雪梅(2005)从实证的角度,结合上海创意产业基地发展的现状,分析了我国创意产业集群的新特征及趋势,探讨了创意产业集群发展的集群优势效益问题。

陈倩倩、王缉慈(2005)从音乐产业的领域,分析了我国创意产业集群发展所需的外部环境要素。

潘瑾、李崟、陈媛(2007)则从创意产业集群的发展所产生的知识溢出效应分析了发展创意产业集群的必要性。

刘奕、马胜杰(2007)从北京、上海创意产业集群发展的现状剖析了发展我国创意产业集群的政策思路。

范桂玉(2009)也从实证的角度,以北京为例分析了我国创意产业集群形成所必需的条件。

目前国外对创意产业集群的研究主要集中在实证研究上,没有从创意产业集群形成机理的角度去研究。应该说,现有的研究成果为创意产业的进一步发展提供了一定的理论支持,对未来的研究也留有很大的研究空间。

五、创意产业发展水平评估

文化创意产业发展的水平已经成为衡量一个国家或城市综合竞争力高低的重要指标,国内外诸多学者都相继提出"创意城市"的理论和评估指标。其中有两个模型给出了比较系统的创意产业评价体系。

"欧洲创意指数"。佛罗里达在其著名的《创意阶层》一书中阐述衡量区域经济增长的 3T(技术 Technology,人才 Talent,宽容 Tolerance)模型的基础上,构建出一整套衡量创意产业发展水平的指标,主要包括人才指数、高科技指数、同性恋指数、人口混杂指数、综合多样性指数,等等,其用意在于利用数据去呈现一个地区是否具有良好的环境氛围,适合创意阶级的生长。

"5C 创意评价模型"。另一个评价体系当属香港。它是国内对创意产业衡量指标建立的最早和最完整的一个评价体系。香港大学文化政策研究中心以佛罗里达理论为基础,在 3T 的概念下,拟定了一个"5C 创意评价模型",即创意效益、结构与资本制度、人力资本、社会资本与文化资本。

这两个模型给出了比较系统的创意产业评价体系。

从上面介绍的创意产业发展的理论观点来看,不可否认的是:创意产业是一个新兴产业,其理论研究远远落后于实践,国内外学术理论界对其的研究也处于认知和探索阶段。同时,创意产业原本是作为一种政策手段提出来的政策性概念,加之其内容和形式的繁杂多样,各国对创意产业的认识存在分歧,这就使得相当一部分的研究都以界定创意产业的内涵和外延作为起点和主要目标,力图从学术的角度给出明确的创意产业的含义,进而影响了对创意产业的深层次问题的较少研究。

第二节　文化创意产业·实践探索

一、国际创意产业发展的实践

自1998年英国政府率先倡导发展创意产业至今,世界各地的创意产业方兴未艾。英国凭借创意产业,一举改变了其传统工业化国家落后保守形象;韩国依托创意产业,走出了金融危机的阴影;日本的动漫及相关创意产品在美国的总收入超过了其出口到美国的钢铁收入的4倍;创意产业正越来越成为更多的国家和地区竞相开拓的领域。

(一)英国:——全球文化创意产业的标杆

英国是全球最早提出"创意产业"的国家,1997年,英国将文化创意产业作为国家重要产业加以重点扶持。当时英国政府部门成立了由文化、媒体和体育部牵头,由外交部、贸工部、地方政府等组成的创意产业工作组,组长有英国首相布莱尔亲自担任,对创意产业进行跨部门协调;1998年出台了《英国创意产业路径报告》,明确提出了创意产业的概念和范围界定(13个行业)。目前,英国的创意产业已发展成为仅次于金融服务业的第二大产业,雇佣就业人口的第一大产业。

(二)美国:版权产业成为最富活力的创意产业

在美国,创意产业称为"版权产业"。并将其分为四大类,即核心版权产业、交叉版权产业、部分版权产业、边缘支撑产业。

核心版权产业包括：出版与文学、音乐、歌剧、电影与录像、广播电视、摄影、软件与数据库、视觉艺术与绘画艺术、广告服务等；

交叉版权产业包括：电视机、录像机、CD、电子游戏设备及其他相关设备；

部分版权产业包括：服装、纺织品与鞋类、珠宝与钱币、家具、瓷器、建筑、工程、室内设计、博物馆等；

边缘支撑产业包括服务于受版权产业保护的作品或其他物品宣传、传播、销售的产业。

美国是全球版权产业最为发达的国家，特别是影视业和软件发展迅速，在国际市场中优势明显，仅米老鼠和史努比两个动画产品在全球范围内的收益每年超过500亿美元。软件业更是垄断了国际市场的操作系统和数据库市场，所以，版权产业早已成为美国的支柱产业。

（三）韩国："设计韩国"战略推动文化创意产业发展

韩国是亚洲地区发展创意产业的典范国家之一。1997年的亚洲金融危机，促使韩国政府开始改革，提出"设计韩国"战略，把文化创意产业视为21世纪的最重要产业之一。之后，还成立文化产业局，并于1999年通过《文化产业促进法》等一系列文化产业政策，明确鼓励文化、娱乐、动漫、游戏等为主的内容产业的发展；之后，还成立了文化产业振兴院，作为辅助机构协助将文化创意内容衍生成文化产品。

在政府的大力推动下，韩国文化创意产业发展迅速。游戏产业年增长率达到13%；电影产业跃居世界第7—9位；数字内容产业已经超过传统的汽车产业，成为韩国第一大产业；动漫产业也表现出强劲的竞争实力，已成为继美、日之后的世界第三大动画片制作和出口国；网络游戏也成就了"网络游戏产业大国"的称号，已占到世界游戏市场的5.3%。

由"韩流"引发的韩国影视剧、音乐、动画片、数字在线游戏、饮食、服装与装饰、美容、观光热迅速升温，风靡东南亚国家，形成了文化产业同其他产业共存、共融和衍生的互动共赢的产业链，为韩国带来了丰厚的利润，成为韩国经济增长的又一亮点。

此外，新加坡、法国、德国、澳大利亚、新西兰、香港、台湾等也是创意产业发展的典范国家和地区。

二、中国文化创意产业的实践

1. 中国的文化创意产业是从关注文化产业开始的

2000年,党的十六大报告提出了文化产业的概念"积极发展文化事业和文化产业,……完善文化产业政策,支持文化产业发展,增强我国文化产业的整体实力和竞争力"。至2012年2月28日,文化部发布《文化部"十二五"时期文化产业倍增计划》,进一步提出了"十二五"时期文化部门管理的文化产业增加值至少翻一番的目标,通过大力发展11个重点行业推动以创意为核心的文化产业成为国民经济支柱性产业,满足人民日益增长的多样化精神文化需求。

所以,中国的创意产业是从关注文化产业开始的,之后,并通过制定一系列政策以扶持文化创意产业的发展。

表1 国内对文化创意产业的政策支持

文 件 名 称	发布时间	发布机构
《"十二五"时期文化产业倍增计划》	2012年2月	文化部
《国家"十二五"时期文化改革发展规划纲要》	2012年2月	中央办公厅、国务院
《关于金融支持文化产业振兴和发展繁荣指导意见》	2010年3月	文化部、广电总局、新闻出版总署、银监会、证监会、保监会
《国务院办公厅关于促进电影产业繁荣发展的指导意见》	2010年1月	国务院
《文化部关于加快文化产业发展的指导意见》	2009年10月	文化部
《文化产业振兴规划》	2009年9月	国务院
《国家"十一五"时期文化发展规划纲要》	2006年9月	国务院
《关于支持和促进文化产业发展的若干意见》	2003年9月	文化部

2. 中国城市文化创意产业发展态势

自2006年"创意产业"这个名词首次出现在官方文件起,我国创意产业发展迅速,范围从最初的上海、北京两大城市迅速辐射到全国各主要城市。所以2006年被称为中国文化创意的元年。之后随着国家和地方各项扶持政策的出台,各地的文化创意产业一直保持稳定较快的增长率。

从地域分布来看,呈现出集中于北京、上海、东中西部差异化发展的态势。

主要形成了如下几种较具代表性的模式。

表2 国内文化创意产业发展模式

	发 展 重 点
北京模式	北京重点强调文化为核心:文艺演出、出版发行和版权贸易、影视节目制作和交易、动漫和互联网游戏、文化会展和古玩艺术
上海模式	较注重与实体经济的结合:媒体业、艺术业、工业设计、建筑设计、网络信息业、软件与计算机服务业、咨询服务业、广告及会展服务业、休闲娱乐服务、文化创意相关产业
东部地区模式	利用区域内的经济和特色发展文化产业:一般发展,如传统工艺文化制造区、旅游区块、新兴文化区块等如杭州
西部地区	如昆明、拉萨等,主要以地域性历史文化、民族文化、以及宝贵的自然资源为依托,以全国为市场的旅游创意经济发展模式
中部地区	中部城市,如长沙、太原、西安等,创意经济的发展基本遵循特色发展之路,重点是文化娱乐业

归纳起来,我国各大城市的创意产业发展呈现出五个特点:

一是创意产业的增加值占GDP的比重都在逐年增长,新增文化创意产业企业和从业人数逐年增多,整个文化创意产业发展迅猛。

二是各大城市极其重视文化创意产业发展,推出各种政策,设立专项资金予以扶持。

三是各城市对动漫和游戏等内容产业备受青睐。

四是纷纷举办大型的创意活动,提升影响力。目前较有影响的创意活动,有中国北京国际文化创意产业博览会、中国(深圳)国际文化产业博览交易会、中国杭州世界休闲博览会、上海创意产业国际活动周等。

三、上海文化创意产业的实践

自2005年底上海率先提出大力发展文化创意产业起,至今已经历了8年的实践探索。上海市成立了专门文化创意产业推进领导小组,全市上下形成了共识和合力,形成了一个班子统筹、一个规划指导、一个目录统计、市区联动推进的创新发展局面。至2011年,上海文化创意产业保持快速增长态势,增加值达到了1 923.75亿元,占全市GDP比重10.02%,占全市第三产业的比重17.3%,增加值年增长率达到13.0%,人均生产总值为163 002元,高于全市82 560元平均水平的近2倍。一批重大项目得到有力推动,企业发展活力进一步释放,部分束缚产业发展的关键问题得以突破,产业环境也得到持续优化。

(一) 产业发展

1. 产业持续增长。根据上海市统计局发布的数据,近8年来,上海市创意产业增加值一直呈现持续高速增长的态势。2005年增长5.6%,2008年增长7.66%,2011年已达到13.0%。

2. 产业门类发达。上海市统计局根据《上海市文化创意产业发展"十二五"规划》,按照文化创意产业的重要性和文化创意产业的特点分为10个大类、28个中类和102个小类。10个大类分别是媒体业、艺术业、工业设计、建筑设计、网络信息业、软件与计算机服务业、咨询服务业、广告及会展服务、休闲娱乐服务和文化创意相关产业。

3. 产业结构得到优化。从文化创意服务业总产出和增加值的比重来看,建筑设计业、软件与计算机服务业、广告及会展服务业、咨询服务业和工业设计业五大产业,总量超过70%,构成了上海文化创意服务业的主体。

表3 2011年文化创意产业分行业总产出、增加值及其增长情况

行　业	总产出 (亿元)	增加值 (亿元)(现价)	增加值比上年 增长(%)
总计	6 429.18	1 923.75	13.0
文化创意服务业	5 611.51	1 702.14	13.6
媒体业	425.03	160.5	14.7
艺术业	195.31	58.14	8.8
工业设计	685.71	189.45	37.6
建筑设计	1 043.77	283.67	12.2

续 表

行 业	总产出 （亿元）	增加值 （亿元）（现价）	增加值比上年 增长（%）
网络信息业	189.45	80.48	16.3
软件与计算机服务业	997.35	357.61	11.4
咨询服务业	752.92	237.83	21.5
广告及会展服务	800.4	188.24	−5.3
休闲娱乐服务	521.57	146.22	12.0
文化创意相关产业	221.6	221.6	9.2
文化及创意相关产业	221.6	221.6	9.2

4. 产业园区发展较快。至2011年，上海已拥有文化产业园区52个，创意产业集聚区89个，包括经文化部批准的1个国家级文化产业示范园区和11个国家级文化产业示范基地。文化创意产业园区基本覆盖全市，规模居全国前列。园区已吸引来自如美国、日本、比利时、法国、新加坡、意大利等30余个国家和地区的创意企业、创意机构和创意人员，呈现从规模扩张向质量提升的发展态势，社会经济效益和特色品牌效应凸显。

5. 形成一批较高知名度的地标式集聚区。如M50、8号桥、田子坊等，已成为上海城市的新地标，不仅国内有名，而且在国际上也有影响，每年都要接待众多的国内外游客，带动了投资、旅游业等发展。

表4　上海部分创意产业园区的主题定位与特色

园区名称	主题定位/特色之处
红坊	雕塑艺术。在主题和空间布局上特色明显，强调公共与开放
M50	画廊。纺织产业成功转型，也是苏州河畔的文化地标
田子坊	艺术家工作室。业态、运营上均有特色，与生活形态结合紧密
八号桥	新锐现代，艺术创作与商业开发（租赁物业）的完美融合
尚街	原创时尚设计，商业地产
1933老场坊	大型时尚发布活动。空间、建筑环境与众不同

6. 集聚了众多的知名创意企业、创意机构和优秀创意人才。如盛大互动娱

乐、分众传媒、李奥贝纳广告有限公司、携程网、起点中文网、土豆网、篱笆网、宝信软件等一批明星企业；另外，上海还有很多的文化地标，如中国美术馆、上海戏剧学院、上海音乐学院、上海博物馆、上海大剧院、新的文化广场等。

7. 创意产业活动能级不断提升。上海国际创意产业活动周、上海国际艺术节、上海国际电影节、上海电视节、中国国际动漫游戏博览会、中国国际数码互动娱乐产品展览会、上海艺术博览会、上海书展、上海时装周、上海国际室内设计节、上海之春国际音乐节、上海艺术博览会、上海国际印刷周、上海双年展、上海国际珠宝首饰展览会、上海纺织服装展览会、上海国际广告技术设备展览会、上海春季艺术沙龙等一批重大节庆会展活动能级不断提升，均已成为上海品牌化的国际性文化节庆会展活动。其中，上海国际电影节是中国唯一的国际 A 类电影节。上海艺术博览会已成长为亚洲规模最大、国际化程度最高的艺术博览会之一。中国上海国际艺术节是中国唯一的国家级综合性国际艺术节。中国国际动漫游戏博览会（CCG）努力打造成具有世界影响力的动漫游戏类专业展会平台，2011 年创下多项历史之最。上海书展已被公认为与台北书展、香港书展并列的面向普通读者的最有影响的三大华文书展之一。2011 年举办的第七届上海国际创意产业活动周，主题为"创意生产力"，活动联合了上海 22 个设计行业协会，盘点年度突出贡献设计与艺术展、设计赛事与征集活动、专业论坛、学术交流等创意事件，举行了"中国最成功设计奖"颁奖典礼；举办了创意生产力上海设计新模式展，以"探索上海创意产业发展新理念和新模式"为主题，突出展示具有引领和示范价值的"专、精、特、新"型企业；同时还举办了上海国际主题乐园产业展览会、红坊"ZAI 设计"主题展、长三角城市创意之旅等活动。

（二）空间布局

上海文化创意产业"一轴、两河"的空间布局已初现雏形。

"一轴"：西起大虹桥商务区，东至张江现代服务业集聚区，依托上海 CBD 布局，形成东西向的大尺度创意产业发展轴，重点发展时尚消费、商贸咨询等创意服务和创意消费类产业，有效地与现代商业、现代服务业融合发展。

大虹桥商务区、环东华时尚产业集聚区、静安时尚创意产业示范区、淮海中路国际时尚消费区、南京东路—环人民广场文化旅游消费区、陆家嘴金融贸易旅游会展集聚区、张江国家数字出版基地、张江文化科技创意产业基地和动漫谷等重要节点的项目建设正稳步推进,区域能级逐步提升。

"黄浦江滨江文化创意集聚带"。北起杨浦滨江创意文化功能区,南至徐汇滨江区的黄浦江两岸。以黄浦江两岸开发和后世博效应为契机,重点发展研发设计、会展、广告、旅游、咨询、时尚消费等创意产业,努力打造集中体现产业历史文脉、展现国际化大都市特点的创意产业集聚带。

此集聚带已呈现两大亮点,一是世博园区的后续利用和开发,2011年中华艺术宫、上海当代艺术博物馆等一批文化创意产业重大项目和基地动工建设;二是徐汇滨江创意商务功能区内梦工厂项目的落户成为又一亮点。此外,黄浦江沿线的上海国际时尚中心、杨浦滨江工业设计功能区、北外滩航运中心咨询策划功能区、十六铺上海码头文化创意旅游功能区、"江南智造"创意设计功能区等重点区域也得到进一步的提升发展。

"苏州河滨河文化创意产业集聚带"。以普陀、长宁、静安、闸北和虹口等区苏州河两岸开发和旧区改造为契机,充分利用苏州河沿岸的老厂房、老仓库,以及其他历史建筑资源,加快建设一批以设计、媒体、文化、艺术、广告、动漫游戏等为主体特色的创意产业,努力打造体现仓库文化与河岸文化相融合、集旅游休闲、创意体验功能于一体的创意产业集聚带。

目前,苏州河沿线各区加大了文化创意产业的推进和提升力度,2011年普陀长风生态文化园、M50、长宁湖丝栈、静安苏州河沿线时尚体验区、闸北苏河湾、虹口1933老场坊、虹口上海音乐城(SMT)等重点园区功能建设再上台阶。

(三)体制创新

在推动创意产业发展的过程中,上海在实践中大胆创新,取得了一系列在国内首创的经验。

1. 率先编制了上海创意产业发展规划

在2005年委托专业研究部门进行理论研究的基础上,上海编制完成了《上海创意产业"十一五"发展规划》,这是全国首个省市级的创意产业发展专项规划,为指导上海创意产业的实践奠定了良好的基础。

2. 率先出台了上海创意产业的分类体系

在借鉴发达国家创意产业的基础上,上海明确了创意产业的分类和重点领域,2006年上海市经济委员会出台了《上海创意产业发展重点指南》,把研发设计、建筑设计、文化传媒、咨询策划和时尚消费等5大类、计38个中类,55个小类作为上海创意产业的重点内容,给予引导和鼓励,较好地解决了上海发展创意产业的切入口和操作性。

3. 率先发布上海创意产业的统计指标和数据

上海市经济委员会联合上海市统计局,在国家现行统计指标体系框架下,形成了能够比较客观反映上海创意产业现状的统计指标体系和统计成果,积累了自2005年至今的统计数据成果,每年通过《上海创意产业发展报告》正式对外发布。

4. 在创意产业园区的建设中,上海在全国率先推广"三个不变"的操作办法

即老厂房、老仓库、老大楼的房屋产权关系不变、房屋建筑结构不变、土地性质不变,使创意产业园区建设有了突破性进展。后来"三个不变"的原则被《国务院办公厅关于加快发展服务业若干政策措施的实施意见》(国办发[2008]11号)采纳,得到了中央的认同。不仅如此,上海创意产业的发展还被联合国贸发组织2008年发布的《全球创意产业发展报告》,其中提到了创意产业发展的"上海模式",概括而言,上海发展创意产业的主要经验是以观念创新为先导驱动产业的实践发展,在空间形态上探索了"老厂房、老仓库——创意产业园区——创意产业街区"的发展道路。

第三节 文化创意产业·发展趋势

美国学者约翰·M·埃格在《创意社群》报告中,认为21世纪要发展创意经济,建设创意城市,一个重要的任务就是重组社群,以配合全新的知识型经济社会发展,其核心就是要确认文化与艺术的重要角色,建立"创意社群"。他将"创意社群"理解为一个能充分利用文化、艺术、产业和社区之间重要联系的这样一个社群。

国内厉无畏研究员从创意产业的演进过程来研究创意产业的发展趋势,认为创意产业的发展与演进遵循了从创意产业层面——创意经济系统——创意社会体系这样一个演进过程。在这个演进过程中,可以将创意社群看成是创意产

第二章 文化创意产业：一种新兴产业的发展趋势

业庞大组织体系中的细胞。创意社群涵盖了创意产业集群、创意阶层和创意社区的内容。其中,创意产业集群是以创意企业为主体的生产和经营类社群；创意阶层是以创意人才为主体的创造和研发社群；创意社区则是以城市空间和居民载体进行交流、消费类创意社群。这三类社群在进行创意研发、生产、销售、消费、交流等过程中形成的社会关系,能够把文化创意、技术、人和商业的发展有机地融为一体,最终促进创意产业和社会进步。

从世界各地的创意实践及创意产业发展的脉络来看,也呈现出两种趋势：

一是向创意城市迈进。近年来,世界许多城市都将创意城市建设作为创意产业和城市发展的一种模式,制定发展战略,并将其纳入城市发展规划。联合国教科文组织于2004年10月成立了"创意城市网络"组织,分设计、文学、音乐、民间艺术、电影、媒体艺术、烹饪美食等7个领域接受并批准世界各个城市的加盟申请,授予其相应的创意城市称号。其中,"设计之都"的申请城市最多,竞争也最为激烈,被授予该称号的城市在7个领域中也是最多的。目前,世界上有7个城市获得了这一称号,分别是布宜诺斯艾利斯、蒙特利尔、柏林、名古屋、神户、深圳和上海。我国的成都市于2010年2月被授予"烹饪美食之都"称号,哈尔滨于2010年6月被授予"音乐之都"称号。目前,北京、南京、杭州等城市近年也一直在积极发展创意产业,向联合国"创意城市网络"组织申请各种称号,进而向创意城市迈进。

二是创意社群。所谓创意社群的概念,不是特定的地理区域,而是指创意产业发展中形成的各种群落及其社会关系的总称。包括企业群落（美国的硅谷、张江国家数字出版基地等）、主题活动群落（如动漫主题活动、音乐主题活动、电影主题等）、特定的阶层群落（如创意阶层、影响创意的消费者联盟等）。最具代表性的就是法国戛纳。自1947年创办以来,戛纳已从一个海滨小城逐渐变成世界上对商业团体和个体游客最具吸引力的城市之一。戛纳电影节每年吸引至少6万名电影界专业人士和20万名游客,11天的电影节,可创造直接经济收入2亿欧元,间接收益达7亿欧元。每年有300天都在举办各种大型展销活动,内容涉及电影、电视、珠宝、旅游、IT、手机、汽车、建筑等各个领域。

第三章 计划生育政策：在争议中前行

计划生育政策是新中国建立以来引发关注、讨论和争议最多的一项基本国策,在其实施之初就引发了很多学者的批评和争论,认为"一胎化"会引发诸多社会矛盾和问题。近年来,中国人口所面临新增劳动力数量减少、老龄化、新生人口性别比偏离常态等问题,进一步引起了人口学家对以独生子女政策为主要特征的计划生育政策是否要持续,以及持续到什么时候的讨论。计划生育政策实施的方式及其带来的负面经济和社会效应也备受公众争议。本次学术报告就以这一基本国策为主要对象,第一部分以时间为序,回顾新中国成立以来人口生育政策的发展历程;第二部分以人口生育政策涉及到的关键词为序,用数据来说明人口生育政策影响下的人口发展态势;第三部分向大家展示学术界有关目前人口生育政策调整的主要讨论方向。

第一节 反复与摇摆：人口政策发展历程

关于中国人口政策的分期,由于其历时几十年,过程一波三折,学者的研究根据不同研究角度和需要,有三阶段说,五阶段说,九阶段说。但大致也都是沿着人口政策制定的经历及其变动的状态、实施环境的变迁来划分。总体来看,阶段划分的越细致也越能看出我国生育政策的反复与摇摆,如果我们以生育政策是否发生了逆转为衡量尺度,大致可以将我国生育政策分为如下几个阶段：

一、放任自流甚至鼓励生育(1949—1953年)

这一阶段,政府对生育及人口增长采取了放任自流的态度,并出台了限制避孕和人口流产的政策,鼓励人们生育,禁止非法打胎。1952年,卫生部制定了一个面向全民的《限制节育及人工流产暂行办法》,其中提及"凡违反本办法,私自实施绝育手术或人工流产手术者,以非法堕胎论罪,被手术者及实行手术者均由人民法院依法处理"。①

二、计划生育理念萌生(1954—1957年)

控制生育的思想萌生源于1953年第一次人口普查。此次普查公布的结果为中国人口6.019 38亿,远远高于预期的人口数,而不是从1949年前对于中国人口通常估计的"四万万五千万"或者"四万万八千万"同胞。这么大的总人口数字与当时我国有限的资源与落后的综合国力形成对比,从中央领导到学术界都提出一些节制生育的观点。1953年8月,时任国务院副总理的邓小平,就对卫生部采取反对节育的政策提出疑议,对卫生部通知海关查禁避孕药具表示反对,并多次指示卫生部予以改正。1954年5月邓小平在给邓颖超有关的批示中无奈承认,"卫生部对此似乎是不很积极的"。1954年12月由刘少奇主持了关于节制生育问题座谈会,在广泛听取各方面意见的同时,他代表党中央发表了提倡节育的讲话。这篇讲话不长,但切中要害,其要点主要是中国不要搞英雄母亲和提倡生育;中国搞节育不会闹人口恐慌,人口增加太快会带来很多困难,家庭、社会、国家都有困难;说节育不人道是不对的;堕胎绝育等问题要放宽;明确表示"党是赞成节育的"。1955年3月中共中央对卫生部党组关于节制生育问题报告的批示中明确指出,"节制生育是关系广大人民生活的一项重大政策性的问题。在当前的历史条件下,为了国家、家庭和新生一代的利益,我们党是赞成适当地节制生育的"。毛泽东在不同场合下的讲话中,也反复涉及控制人口问题。1957年2月在最高国务会议第十一次(扩大)会议上提出要"设一个节育委员

---

① 孙沐寒:《中国计划生育史》,北方妇女儿童出版社1999年版,转引自马小红等《中国人口生育政策60年》,《北京社会科学》2011年第2期

会"来"提倡节育",发挥了人类自己"要有计划地生育"的思想。10月,毛泽东在中国共产党第八届中央委员会扩大的第三次全体会议上指出,"人类在生育上头完全是无政府状态,自己不能控制自己。将来要做到完全有计划的生育",并且要求"三年试点,三年推广,四年普遍实行"。在毛泽东多次讲话的鼓舞下,新中国成立以后一直噤若寒蝉的人口社会学界也开始活跃起来,以著名经济学家、社会学家马寅初为代表。1957年3月2日,在毛泽东主持召开的最高国务会议上,马寅初就控制人口问题提出了自己的主张:"我们的社会主义是计划经济,如果不把人口列入计划之内,不能实行计划生育,那就不成为计划经济了。"毛泽东对此表示赞赏。① 1957年7月,马寅初在第一届人大四次会议上发表《新人口论》,此后《人民日报》在第一版给予全文刊发。

三、政策逆转,计划生育理念被压制阶段(1957—1959年)

1957年毛泽东赞同马寅初的看法,说人口"少生一点就好了"。然而,他在这一问题上的态度并非坚决,甚至可以说判若两人,反映了他在人口政策上的摇摆和迟疑,又或反映了他对于人口理论和人口实际情况判断的不同标准。同样是在7月,马寅初对毛泽东提出计划生育的计划时,毛泽东说:"人口问题,目前还不严重,可以达到八亿时再讲人口过多。"这时他认为:"人多好还是人少好?我说现在还是人多好,恐怕还要发展一点。""现在人多一些,气势旺盛一些。""人多议论多,热气高,干劲大。"有研究者指出,毛泽东表现出这种态度是因为当时领导层沉浸在大跃进、大放卫星的喜悦中。其实这种态度的摇摆不独表现在毛泽东一个人身上,整个社会对人口问题认识应该都存在着偏差甚至误解。1955年7月,马寅初在浙江、江西等地调查的基础上完成了《控制人口与科学研究》一文,在一届人大二次会议期间提交浙江小组讨论;同时,邵力子先生也提交了相关议题的提案。不料,他们遭到了多数代表的反对。当初的主流观点认为"社会主义是没有人口问题的"。随着"反右斗争"的扩大化,马寅初关于控制人口的观点从被毛泽东赞赏,变成了公开的批判。针对马寅初《新人口论》的文化围剿席

---

① 彭珮云:《中国计划生育全书》中国人口出版社1997年版,转引自《新中国人口60年》,《人口研究》2009年9月。

卷全国,客观上鼓励人口增长的思想和不成文政策又暂时占了统治地位。①

四、计划生育政策提出,但人口仍处于盲目发展阶段(1960—1969年)

"大跃进"失败的反思和三年困难时期结束后现实人口增长的压力,使控制人口和计划生育的思想得以复苏。自1962年起,人口出生率陡然补偿性回升,1963年竟高达43.6‰,出生近3 000万人。1964年第二次人口普查已超过7亿。面对人口迅猛增长的态势和经济受挫的现实,迫使政府再次考虑推行计划生育的方针。1962年12月中共中央和国务院共同发布《关于认真提倡计划生育的指示》,至此,计划生育第一次正式作为政策提了出来。"文化大革命"初期,虽然党和政府并没有放弃控制人口过快增长的方针,仍在实行限制人口增殖的生育政策,但社会环境处于无政府状态,一些计划生育机构名存实亡,有的甚至被革命委员会给取消了,节制生育的实际工作停顿了,人口又处于盲目发展的状态。1966年至1970年5年间净增人口超过1亿,每年出生人口在2 500万到2 700余万之间徘徊,出生率均在33‰以上。

五、广义计划生育政策阶段(1970—1978年)

1969年全国总人口突破8亿大关。1970年2月,周恩来在全国计划会议上提醒人们:"七十年代人口要注意计划生育。"同年6月,周恩来指出:"计划生育属于国家计划问题,不是卫生问题,而是计划问题。你连人口增加都计划不了,还搞什么国家计划!"1973年,第一次全国计划生育工作汇报会正式提出了"晚、稀、少"的计划生育政策,"晚"是指晚婚,男25周岁、女23周岁才结婚;"稀"指两胎要间隔4年左右;"少"是指只生两个孩子,广义计划生育政策在全国进行了推广,也得到了广大民众的积极响应。1973年,人口发展第一次被列入国家国民经济和社会发展五年计划和年度计划——四五计划。1978年6月,国务院计划生育领导小组会议提出了一对夫妇生育子女数"最好一个、最多两个"的新要求。这一阶段的特点在于,没有限定每对夫妇只能生一胎,只是提出了"晚、稀、少"的

---

① 有关毛泽东对于马寅初"新人口论"的观点转变,可参见穆光宗《马寅初誓死坚持"新人口论":毛泽东为何由赞成转而强力反对》,《人物》2010年第12期。

口号,号召晚生和少生,这一政策一直延续到 20 世纪 80 年代初独生子女政策尘埃落定之前。

六、全面推行一胎化的紧缩政策(1979—1984 年)

1980 年 2 月,《人民日报》发表题为《一定要有计划地控制人口增长》的社论,提出"到 2000 年把人口控制在 12 亿以内,是必须完成的战略任务,提倡一对夫妇只生育一个孩子,是保证实现这一任务的一项重要措施"[①]。9 月 25 日,中共中央在《人民日报》发表《关于控制我国人口增长问题致全体共产党员、共青团员的公开信》。该文内容丰富,在生育政策的制定中具有里程碑式的意义。《公开信》不仅对人口发展趋势进行了预判,指出:"我国人口总数在 20 年后将达到 13 亿,在 40 年后将超过 15 亿。这将会大大增加实现四个现代化的困难,造成人民的生活很难有大的改善的严重局面。",该文进一步指出"解决这一问题的最有效的办法,就是实现国务院的号召,每对夫妇只生育一个孩子",实际上确立了一胎化的生育政策格局。《公开信》对于一胎化可能造成的老龄化问题、可能出现的劳动力不足问题、独生子女家庭养老问题都有清醒的认识。而且整个公开信的用词恳切,其文风及所使用的语句、词汇也容易让人接受,比如"我们的人民是通情达理、顾全大局的"、"体谅国家的困难",给人的印象确实是"摆事实、讲道理"。由于《公开信》中提到"三十年以后,目前特别紧张的人口增长问题就可以缓和,也就可以采取不同的人口政策了"[②],因此,2010 年在《公开信》发表 30 周年之际,这种允诺是否应兑现也成了学术界探讨的热门话题。[③] 至此,20 世纪 70 年代初期提出的"一个不少,两个正好,三个多了"和"晚、稀、少"的要求,最后定位在 1980 年的"提倡一对夫妇只生育一个孩子"。当然"一孩"生育政策的出

[①] 《一定要有计划地控制人口增长》,《人民日报》1980 年 2 月 11 日。
[②] 《中共中央关于控制我国人口增长问题致全体共产党员共青团员的公开信》,《人民日报》1980 年 9 月 25 日。
[③] 参见邬沧萍《〈公开信〉是人口领域改革开放的号角》;张敏才、邓垚《〈公开信〉发表前后的回顾与思考——纪念〈公开信〉发表 30 周年》;李建民《超越生育革命——对中国生育率转变社会政治意义的解读》,《人口研究》2010 年第 4 期;梁中堂《试论"公开信"在"一胎化"向现行生育政策转变过程中的作用和地位——写在中共中央致党、团员"公开信"发表 30 周年之际》;张敏才、邓垚《以实际行动纪念〈公开信〉发表 30 周年——兼试对〈大国空巢〉点评》,《人口与发展》2010 年第 5 期,等等。

台,并非没有争论,一些学者仍主张较宽松的"晚婚晚育加间隔"的两孩政策①。

七、1984年至今,微调和稳定化阶段

1984年4月中央转发了《关于计划生育情况的汇报的七号文件》,所谓的"开小口子,堵大口子",在农村继续有控制地把口子开得稍大一些,按照规定的条件,经过批准,可以生二胎;坚决制止大口子,即严禁生育超计划的二胎和多胎;严禁徇私舞弊,对在生育问题上搞不正之风的干部要坚决予以处分。这次微调实行因地制宜,分类指导的政策。1991年5月发布了《关于加强计划生育工作严格控制人口增长的决定》,"决定"分析了我国人口形势的严峻性,在强调抓紧的同时,重申了我国现行计划生育政策,要求坚定不移地贯彻落实,保持政策的稳定性和连续性。2001年12月29日《中华人民共和国人口与计划生育法》通过。

第二节 成就或误区:生育政策影响下的中国人口

计划生育结果复杂,对中国人口结构、文化都产生了很大影响。但是如果不清楚知道一些人口学的术语,很难对其中的问题看清看透。第二部分,我们将通过人口学几个关键术语的解释,辅以相关数据的支持,力争让大家看到有关我国人口发展的态势,希望能对有关生育政策的判断起到导引的作用。本节数据除特别注明之外,均来自于《人口研究》2009年第5期的《新中国人口60年》专题,该组文章包括邬沧萍《人口学在我国是一门无可替代的社会科学——亲历新中国人口学60年沧桑的再认识》、李建民《当代中国的人口转变》、王桂新《中国人口迁移与流动:60年的足迹》、桂世勋《中国人口老龄化和老年保障60年回顾及探讨》。

一、人口总量变化

以历次人口普查为例,1953年第一次人口普查公布的结果为中国人口

---

① 梁中堂:《我国人口变动五十年展望》,《经济问题》1980年第5期。

6.02亿,所谓"六亿神州尽舜尧";1964年第二次人口普查全国人口为7.20亿人,有歌赞曰"七亿人民七亿兵、万里江山万里营";1982年第三次人口普查全国人口为10.32亿人,人口总量突破了10亿,可以作为一个重要的时间参考节点;1990年第四次人口普查全国人口为11.33亿人;2000年第五次人口普查全国人口数量为12.65亿;以2010年11月1日零时为标准时点的第六次全国人口普查结果为13.397亿。国家统计局最新一次的统计数据,2011年年末总人数为13.4735万人①。从历次人口普查的数据就可以看出,中国人口数量虽然节节攀升,但是人口增长过快的势头已经持续得到了有效的控制,考虑到人口基数的增

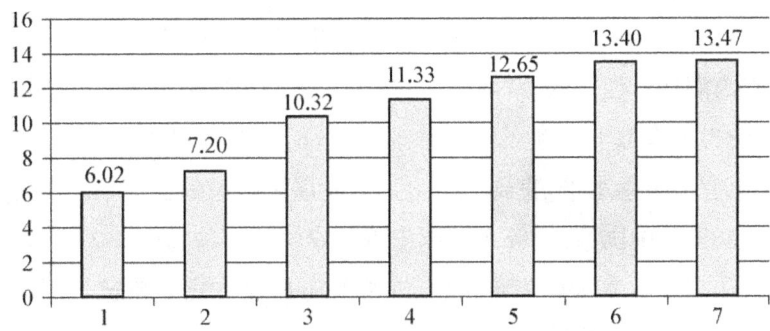

图1 历次人口普查人口总量变动情况(含2011年年末总人口数)

加,可以说中国人口总量的增长速度已经十分缓慢。国家统计局副局长张为民在"六普数据"发布会之后接受媒体采访时透露,中国的人口增长将继续下降,预计中国将在2032年前后达到人口零增长。②对于中国人口零增长或者负增长的预期,学术界没有异议,只不过有的学者更悲观,认为这一时间可能会提前至2025年左右。

二、出生率与人口增长量的变化(四个阶段)

出生率是指在一定时期内(通常为一年)平均每千人所出生的人数的比率,一般用千分率表示。计算公式为:出生率=年出生人数/年平均人数×1 000‰。

---

① 最新人口总量数据源自2011年全国人口变动情况抽样调查。年末总人口指2011年12月31日24时的人口数,包括中国人民解放军现役军人,但不包括香港、澳门特别行政区和台湾省以及海外华侨人数。
② 参见新华网《统计局专家:2032年中国或达人口零增长》,http://news.xinhuanet.com/politics/2011-04/29/c_121360849.htm

出生率受人口的年龄、性别构成的影响，只能大致反映一地的生育水平，所以一般称作粗出生率或总出生率。出生率水平高低归根到底是由一定社会经济发展水平所决定，与以手工劳动为基础的自然经济相联系的是多育，与现代化生产相联系的是少育；经济发展水平较高、文化教育普及的地区，出生率就低，反之，就高一些。19世纪以前，世界人口的出生率变化不大，各地区间的人口出生率差别也不大，每个妇女一生生育子女平均5—6人，人口出生率在40‰以上。欧洲国家的工业化开始，资本主义在欧洲迅速发展，到19世纪中后期，西欧及北欧一些国家的人口出生率开始下降，以后进而扩展到北美、东南欧地区的国家。进入20世纪，发达国家的人口出生率持续下降，发展中国家则继续保持着较高的人口出生率。到20世纪50年代，发达国家出生率一度有较明显的回升，出现了"婴儿出生高潮期"，但进入60年代后，发达国家的人口出生率又直线下降，相当多的国家的出生率都下降到人口更替水平下，而同期发展中国家的人口出生率仍保持着原有的出生水平，直到70年代后，发展中国家的出生率才出现变化，部分发展中国家，如中国、韩国等东亚国家以及泰国等一些东南亚国家实行计划生育政策后，人口出生率大幅度地下降，其中部分国家的出生率已低于替更水平，而西亚、非洲等相当部分国家仍保持原来的人口出生率。

图2反映了新中国成立以来的人口出生率和增长量的变化，我们可以据此将中国人口变化状况划分为如下几个阶段：

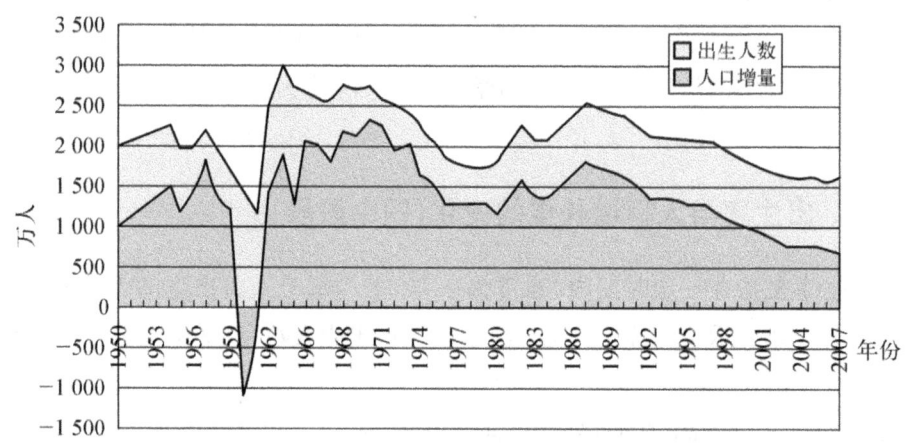

图2 人口出生率和增长量变化情况

1. 20世纪50年代和60年代：人口迅速增长阶段

新中国成立后，在出生率维持较高水平的情况下，死亡率的大幅度下降拉动了中国人口的迅速增长。20世纪50年代出现了新中国历史上第一次人口增长高峰，除了1958年和1959年以外，人口自然增长率都保持在20‰以上，人口增加了1.3亿，平均每年出生人口2 000万以上，人口增长1 300多万人。1959—1961年的严重饥荒，导致了死亡率剧增和人口自然增长的减少甚至负增长。但是，这个特殊的历史事件并没有终止中国人口快速增长的步伐，从1962年出生率则出现补偿性的大幅度回升，1963年曾达到峰值43‰，出生人数接近3 000万，人口出生和人口增长都创出了新中国历史上的最高峰。经过50年代和60年代的两轮增长高峰，1969年年末中国总人口达到8.07亿人，比1949年增加了2.65亿人。

2. 20世纪70年代：人口增长减速阶段

中国人口的死亡率在经历了50年代和60年代的迅速下降以后，20世纪70年代进入了一个平稳下降时期，而生育率则开始迅速转变（有学者将其归结为"晚、稀、少"计划生育政策实行的结果）。1970年，人口自然增长率高达25.83‰，而后随着出生率从33.43‰下降到1978年的18.25‰，自然增长率出现大幅度下降，1978年降到了12‰。人口增量也从70年代初的2 200万以上减少到不足1 300万。

3. 20世纪80年代：人口再次迅猛增长波动阶段

20世纪80年代，人口增长率的回升。1980—1989年期间，出生人口从1 786万人增加到2 400万人以上，形成了中华人民共和国历史上的第三次人口增长高峰。人口增长高峰形成的最主要原因是人口周期性变化的结果。也就是说，这是20世纪60年代生育高峰的人进入婚育年龄所致。由于我国的一胎化政策正是在这一阶段成型并实施，也有些学者将其于70年代人口出生率的下降相比较，认为这是一胎化政策不如晚稀少政策更有效、健康控制人口的证据。

4. 20世纪90年代至今：低增长阶段

20世纪90年代，尤其是2000年以来，人口增长也开始了"低出生、低死亡、低增长"的时代，出生人口从1989年的2 414万人减少到1999年的1 834万人，

1999年人口增量为1 025万人,2000年—2007年平均每年人口增量为793万(跌至千万以下)。分析2010年第六次人口普查数据可知,相比2000年第五次人口普查净增加7 390万。而前一个10年,即1990—2000年则增加了1.3亿。新世纪的10年相比上一个10年少生了5 600多万人。这还是忽略了人口基数不断扩大的影响。

三、人口总和生育率的变化

总和生育率是指该国家或地区的妇女在育龄期间,每个妇女平均的生育子女数,即理论上一个妇女终其一生可能生育的子女数量。按照人口学的规律,人口的总和生育率为2.1是合理的更替水平,即平均每对夫妇生育2.1个孩子,这样既不会出现人口快速老龄化的问题,又不会导致人口增长过快。英国、德国等发达国家的总和生育率一直处于0.8左右,因此老龄化的问题非常突出。相反大多数发展中国家的人口总和生育率则远远高于2.1。① 复旦大学社会发展与公共政策学院彭希哲教授在《科学》杂志上发表的关于中国人口问题研究的文章指出,中国平均每对夫妇生1.8个孩子,既可以避免人口迅速老龄化,又能在未来降低人口总量。② 近些年来,官方公布的近些年来中国人口的总和生育率大约也都是在1.8左右。

但是学术界对这个数据认可的不多。北京大学社会学系教授李建新根据六普数据做了计算,得出一个令人吃惊的数据——中国的总和生育率可能在1.4和1.5之间。③ 按照联合国的标准,1.5以下已经属于超低生育率。联合国于2010版的《世界人口前景》将中国2000—2005年和2005—2010年的生育率确定为1.70和1.64。北京大学郭志刚教授判断,目前中国生育率不是一般的低,而是非常低。它不可能是人口主管部门坚称的1.8,可能低于1.5。他认为主管部门用主观猜测但实际并不存在的出生人口,从统计上"缓解"中国人口的少子

---

① 石人炳:《低生育率陷阱:是事实还是神话?》,《人口研究》2010年第2期。
② Xizhe Peng China's Demographic History and Future Challenges,Science. 29 July 2011;Vol. 333 No. 6042, pp. 581-587.
③ 《世界人口70亿背后:被忽略的低生育率隐忧》,《第一财经日报》2011年11月8日。

化和老龄化程度。其结果是掩盖了事实的真相,严重干扰了人口和生育决策。①此次"六普"显示的 1.5 的总和生育率,又比官方口径低了 0.3。在 1.5 的生育率下,结果将是中国每 54 年人口减少一半。0.3 的生育率误差,就像射击时枪口偏了毫厘,但后果相差极大②。研究者也多是从这个角度,指出当前中国人口的主要症结是生育率过低,根本出路是有效提高过低生育率。王丰等对中国人口负增长惯性的初步测算表明,考虑到较低生育水平(包括整个 20 世纪 90 年代),假定中国目前的总和生育率为 1.6,并将其延续 30 年后,再提高至世代更替水平,那么中国未来的人口负增长将持续 49 年,减少人口数达 2.2 亿。

四、生育意愿

"生育意愿"是生育观的直接体现,它包含数量(理想子女数)、性别(性别偏好)及生育时间(理想初育年龄和生育间隔)③。有学者通过调查发现,"至少生育二个孩子与儿女双全"构成当前育龄夫妇生育意愿的主体。④ 在城市"男女都一样"的观念已经深入人心,这也是城市人口生育观区别于农村人口生育观的重要特征。⑤ 一对夫妇生育二个孩子是目前及今后一段时间内大多数人的最低要求。生育意愿偏高,如果一旦放开二胎可能导致人口反弹,计划生育取得的成就很快就会被抵消掉,这是一些学者的观点。目前有关各个地区、各种类型家庭生育意愿的调查非常多。中国人民大学顾宝昌以及中国社会科学院人口学者郑真真等人在调研中发现一个让他们自己也感到吃惊的现象:在湖北、江苏等地,许多符合生育二胎条件的夫妻最终选择了只生一个。⑥ 这种现实与传统人口学者

---

① 郭志刚:《中国的低生育水平及其影响因素》,《人口研究》2008 年第 4 期;郭志刚:《对中国 1990 年代生育水平的研究与讨论》,《人口研究》2004 年第 3 期。
② 郭志刚:《重定中国生育政策》,《中国改革》2012 年第 4 期。
③ 李建新:《低生育率的社会学后果研究》,《社会科学》2001 年第 2 期。
④ 陈胜利、张世琨:《当代择偶与生育意愿研究——2002 年城乡居民生育意愿调查》,中国人口出版社 2003 年版,第 108—115 页;风笑天、张青松:《二十年城乡居民生育意愿变迁研究》,《市场与人口分析》2002 年第 5 期。
⑤ 仲长远:《当代城市青年生育意愿初探——对北京市石景山区模式口社区两代人生育意愿的对比调查》,《青年研究》2001 年第 7 期。
⑥ 参见郑真真《中国育龄妇女的生育意愿研究》,《中国人口科学》2004 年第 5 期;江苏生育意愿和生育行为研究课题组《低生育水平下的生育意愿研究》,《江苏社会科学》2008 年第 2 期。

"一放开就多生"的观念迥然相异。

五、人口结构

以年龄结构为例。将中国1982年人口普查与2010年普查相比,0岁—14岁少儿人口占总人口的比例由33.59%减少到16.60%,下降了一半以上。2010年人口普查60岁及以上人口占13.26%,65岁以上老年人口的比例由1982年的4.91%增加到8.87%,上升了80%以上。这种趋势就是通常说的"少子老龄化"。图3中可以清晰地看出近些年来中国的人口结构变动(性别结构和年龄结构)。2012年1月18日国家统计局发布的"2011年我国人口总量及结构变化情况"数据显示,2011年末全国60岁及以上人口达到18 499万人,占总人口的13.7%,比上年末增加0.47个百分点;65岁及以上人口达到12 288万人,占总人口的9.1%,增加0.25个百分点。由于生育持续保持较低水平和老龄化速度加快,15—64岁劳动年龄人口的比重自2002年以来首次出现下降,2011年为74.4%,比上年微降0.10个百分点。尽管未来几年会有小幅波动,但对劳动力供给问题需要给予更多关注。[1]

此外,计划生育政策的严格执行和男孩偏好的共同作用导致人口性别结构的异常变化。从出生性别比偏高的演变进程来看,在1980年代以前,我国出生性别比围绕106窄幅波动,处于正常值范围;1980年代初期,出生性别比开始偏高,并呈持续升高态势,1982、1990和2000年三次人口普查的数据分别为108.47、111.14和116.86,2010年第六次全国人口普查出生性别比为118.06。目前,中国已经成为世界上出生性别比偏高程度最高的人口大国,也是发展中人口大国在人口转变过程中出生性别结构失衡最严重的国家。

---

[1] 国家统计局:《2011年我国人口总量及结构变化情况》,国家统计局官方网站 http://www.stats.gov.cn/tjfx/jdfx/t20120118_402779722.htm

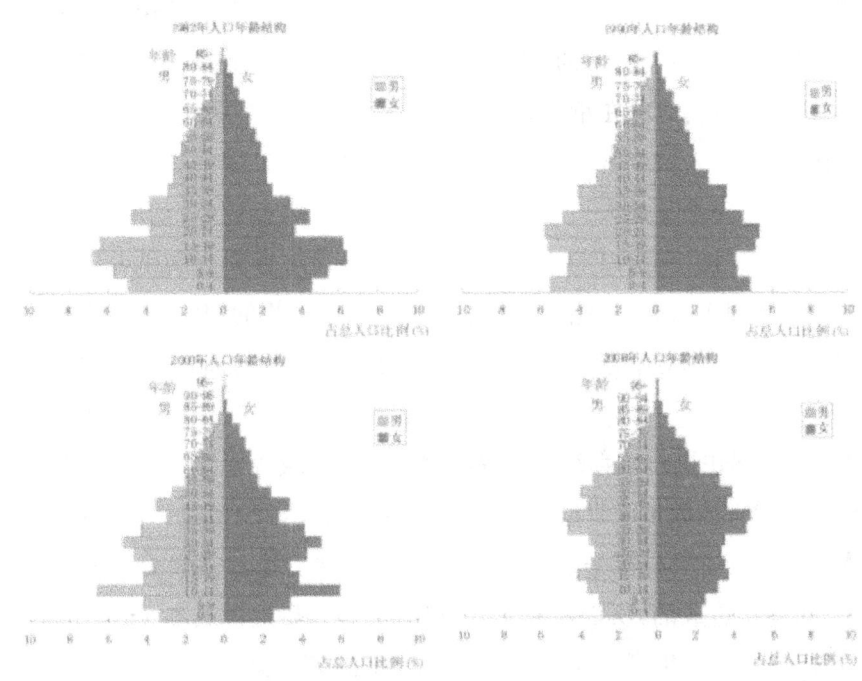

图3　30年来人口结构变化①

第三节　调整不调整？学术界有关的争论

如同上面所说,严格的生育政策所带来的各种影响已经或正在不同程度上显现。这些问题包括家庭规模、家庭结构和居住方式问题、人口年龄结构老化问题、代际关系问题、独生子女问题、出生性别比问题、婚姻市场问题、性别平等问题、生育健康问题、人口迁移和人口城市化问题、人口素质问题、少数民族人口问题、区域人口发展不平衡问题、人口统计数字问题、生育权和人权问题以及计划生育的国际形象问题,等等。于是,越来越多的人提出疑问:(1)中国人口生育率已经大幅度降低,中国已经成为世界低生育率国家之一,中国是否仍然要坚持

---

① 资料来源:查瑞传、曾毅、郭志刚:《中国第四次全国人口普查资料分析》,高等教育出版社1996年版,第111—112页;国家统计局:《中国统计年鉴2007》,中国统计出版社2007年版,第57、105、723页;国家统计局:《中国统计年鉴2008》,中国统计出版社2008年版,第37、87、707页。

严格的生育政策?(2)中国的计划生育政策到底为中国人口数量的减少作出了多大的贡献?如果没有严格的生育政策,而坚持当初的"晚、稀、少"方针,中国今天的人口状况如何?(3)在承认计划生育的积极作用的前提下,计划生育有哪些消极的作用?(4)人口生育率的急剧下降给中国带来了哪些社会、心理、伦理以及经济问题?(5)中国的人口政策需要调整吗?如果要调整,如何调整?等等。相关研究汗牛充栋,列出以上问题的研究即使是代表性作者的研究也是不可能完成的任务。限于时间,只能选择其中最容易引起讨论的问题,简单列举代表性专家的观点,即近期对于存废计划生育政策呼吁最强烈的知名学者,展现他们的观点争论。

观点一:尽快调整生育政策,提高生育水平,延缓少子老龄化的快速发展进程。这一派学者从数量上讲应该占据了人口学研究者的多数。他们认为,当前我国人口危机的主要根源是生育率过低,过低的生育率又主要是由实行计划生育政策30多年造成的,所以要应对人口危机,首先要追源溯本、对症下药,尽快调整生育政策、提高生育水平。计划生育政策的调整刻不容缓。① 可以说他们都认为是到了放弃控制人口数量目标,转而为人口结构化调整生育政策的时候了,他们的政策建议:"十二五"期间在全国逐步放开生二孩。

北京大学社会学系教授郭志刚通过研究第六次全国人口普查数据指出,过往20年来,中国人口统计和预测存在显著偏差,生育水平被严重高估,而人口结构的少子化和老龄化趋势则被显著低估。这种偏向严重误导了对人口形势的正确把握,也贻误了及时应对的决策。中国人口和计生部门长期坚持中国生育率为1.8。掩盖了事实的真相,严重干扰了人口和生育决策。②

上海社会科学院左学金研究员根据其他国家的人口与经济的发展历程,提出:"如果说在过去相当长的一段时间内对人口过剩的担忧和控制人口数量是我国人口政策的重点的话,那么在21世纪人口数量控制将逐步退居次要地位。"许多目前已初露端倪的问题将进一步发展与深化。这些问题包括人口老龄化,城

---

① 2012年第4期《中国改革》"人口加速老龄化警告"的论坛报告,集中刊载了郭志刚、左学金、杨燕绥和王丰四位教授的文章,这些文章分别从不同角度揭示了我国目前存在的生育率过低、老龄化加速、养老金制度"碎片化"及劳动力减少使经济增长减速等诸多人口问题。
② 参见郭志刚《重定中国生育政策》,《中国改革》2012年第4期;《中国的低生育水平及其影响因素》,《人口研究》2008年第4期。

市化，以及对人口资本的投资等。2025年前后，中国人口总量将在达到不足14亿的高峰后进入负增长。①

上海社会科学院梁中堂则指出，执行一孩政策的1981、1982和1983年，平均总和生育率为2.64，但1985—1990年平均总和生育率为2.40，下降了0.24，而且这还是在受到一孩政策消极滞后效应条件下取得这个成绩的。这一数据非常强有力地说明，在其他条件不变的情况下，只要我们的生育政策向合理民情靠近一些，生育率不仅不会反弹，倒是更低了。可以肯定地说，倘若没有1980年生育政策的从紧调整，沿着70年代形成的颇得民心的"晚、稀、少"生育政策发展下去，2000年人口目标要比预期的控制得更好。②

自1990年北京大学教授曾毅在《人口研究》上发表了《试论我国城乡人口老化趋势及对策》，提出"晚婚晚育加间隔、允许二胎，杜绝多胎"的政策建议后，他又在《中国社会科学》、《社会科学》等杂志多次发文论证"二孩晚育政策软着陆的必要性与可行性。③

复旦大学王桂新断言，当前我国不仅是一般地存在人口问题，而且已出现深刻的人口危机，它集中表现为少子化、老龄化以及由此带来的一系列经济危机和社会危机。因此我国应尽快把总和生育率提高到更替水平。④

观点二：调整生育政策完全没必要。代表性人物有中国人民大学邬沧萍、国家人口计生委发展规划与信息司司长于学军、北京大学周皓等。

---

① 左学金：《应对"支持比"下降挑战》，《中国改革》2012年第4期；《生育政策调整势在必行》，《中国改革》2010年第5期；《面临人口老龄化的中国养老保障：挑战与政策选择》，《中国人口科学》2001年第3期。

② 1979年12月，山西省委党校教师梁中堂针对正在推行的"一胎化"政策，在全国第二次人口科学讨论会上提出"晚婚晚育延长间隔"允许生育二胎的方案。5年后，1984年春节，已经是省社科院人口所所长的梁中堂向时任中共中央总书记的胡耀邦写信，建议试行这一生育政策。信件很快得到了中央高层的批复，并有意选择一两个县试验。在梁中堂的持续努力下，山西翼城试点"二胎"生育政策终于获得了国家计生委和山西省委省政府批准，山西翼城作为中国的首个"人口特区"终得顺产。在历经多年的超长计划生育实验中，该县人口非但没有暴涨，各个时期的各项人口指标还优于所属的临汾市、山西省和全国水平。1982—2000年两次人口普查期间，全国人口增长了25.5%，山西省增长了28.4%，临汾市增长了30.4%，翼城县仅增长了20.7%。全县人口出生率和人口增长率平均下降近4个百分点，成为地区人口出生率、增长率、性别比比较健康的样本。参见梁中堂《20世纪最后20年中国妇女生育水平变动研究》，《中国人口科学》2000年第1期；《山西省翼城县"晚婚晚育加间隔"生育政策实施效果的人口学分析》，《中国人口科学》1997年第5期；《我国人口政策的历史和发展》，《社会科学论坛》2010年第9期。

③ 参见曾毅《试论二孩晚育政策软着陆的必要性与可行性》，《中国社会科学》2006年第2期；《二孩晚育软着陆方案有利于解决我国出生性别比偏高问题》，《社会科学》2009年第8期。

④ 王桂新：《我国"潜在"的人口危机及其应对之策》，《人民论坛·学术前沿》2012年2期。

中国人民大学教授邬沧萍在自己的一系列研究成果中几乎在坚持一个观点,即调整计划生育政策很容易使这一政策前功尽弃。他指出:人口老龄化是人类社会经济发展的必然趋势,各国概莫能外;控制人口数量与延缓老龄化进程是两难抉择,只能统筹解决;在稳定低生育水平的基础上积极应对人口老龄化,处变不惊;用提高生育率来应对人口老龄化是下策,后患无穷。他表示,通过增加新生人口的途径来缓解现阶段人口老龄化的压力和满足老年人的需求本质上是"远水不救近火",于事无补。其理由是新增加的出生人口在成长为劳动力以前,属于被抚养群体,在一定时期内增加了社会负担,形成社会对老少负担的"两头沉"。而且,即便新生人口成为劳动力,结合我国劳动力市场的发展考虑,提高生育率也有可能造成未来新的就业"瓶颈"。[1]

国家人口计生委于学军司长坚持认为,控制人口数量仍是中国目前的首要问题,虽然中国已经进入"后人口转变时期",但是稳定"适度"低生育水平仍然应该是政策取向。在实际工作中要防止两种倾向:一方面要防止盲目乐观,认为低生育水平已经比较稳定,可以放松工作、放开政策;另一方面要防止追求过低的生育水平,说得具体些,就是要积极主动采取措施,努力把总和生育率调控在1.6—2.0之间。就中国的特殊情况而言,人口转变完成之前人口与计划生育的工作重心是降低生育率,而后人口转变时期的主要任务是稳定低生育水平。30多年的实践告诉我们,中国实行计划生育政策过去没有错,现在也没有错。[2]

北京大学周皓副教授从几个方面对于目前废止计划生育政策的呼声进行了回应:(1)庞大的人口数量,以及由此带来的每年较大的增长量,在控制人口数量的情况下,仍使我们并未感到人口压力的缓解,相反愈加沉重。(2)目前实际的生育与政策生育率之间仍然存在着相当大的差异。引起这种差异的原因在很大程度上在于现实生存条件与传统生育观念对人们的巨大而深远的影响。在目

---

[1] 参见邬沧萍、孙鹃娟《科学认识计划生育与人口老龄化的关系》,《求是》杂志2007年第7期;邬沧萍、谢楠《1980—2010:中国人口政策三十年回顾与展望》,《甘肃社会科学》2011年第1期;邬沧萍、孙鹃娟:《用提高生育率来解决人口老龄化后患无穷》,《红旗文稿》2007年11期;邬沧萍、穆光宗:《低生育率、市场经济和中国的人口控制》,《中国人口科学》1996年第3期。
[2] 参见于学军《稳定"适度"低生育水平是人口长期均衡发展的基础》,《人口与发展》2011年第2期;《世人瞩目的六普:轨迹、解读与思考》,《人口研究》2011年第3期;《改革开放30年与中国人口》,《人口研究》2008年第5期;《从21世纪上半叶我国人口变动趋势看稳定低生育水平的重要性和艰巨性》,《人口研究》2000年第2期。

前这种有力的计划生育政策之下,尚且不能按照政策生育率来实现目标,那么,在对生育政策进行微调以后,又凭什么来保证这种调整以后的生育政策得到完善与落实呢?他指出,必须从我国的实际情况出发,对中国人口问题的各方面都要有更清醒的认识。在目前的低生育水平下,在坚持控制人口数量的前提下,对现行生育政策需要进行调整的意见需要审慎对待。千万不要"好了疮疤忘了痛",更不要"疮疤还未好就忘了痛"。①

---

① 周皓:《低生育条件下中国人口控制》,《人口与经济》2000年第5期。

第四章 公司债券投资者的法律保护：多视角的透视

第一节 问题的提出

公司对外融资的途径主要有银行贷款、发行股票和公司债券。银行贷款是间接融资，发行股票和公司债券是直接融资。债券融资相比较于股票融资来说可以降低融资成本、稳定股权结构，相较于银行贷款来说可以降低一国金融体系的系统风险。发达国家的资本市场，都很重视债券融资。在美国，债券市场占资本市场的比重远远超过股票市场。但是，在我国长期以来只是重视发行股票融资，资本市场也是"重股轻债"。我国的股票市场和公司债券市场都起步于20世纪80年代中期，但是进入90年代以后，股票市场得到了迅速发展，市场规模不断扩大，近年来年筹资额平均都在1 000亿元以上；①而公司债券发行不仅没有相应地快速增长，而且由于整顿和计划限制，公司债券的筹资能力极度受挫，导致债券市场发展缓慢，明显不利于发挥资本市场的整体作用，明显不适应市场经济发展的需要。

值得庆幸的是，我们已经意识到发展公司债券市场的重要意义了。2005年10月，党的《中共中央关于制定国民经济和社会发展第十一个五年规划的建议》指出："积极发展股票、债券等资本市场，加强基础性制度建设，建立多层次市场体系，完善市场功能，提高直接融资比重。"2007年的全国金融工作会议明确提

---

① 孙泽蕤：《公司债券价格与信用风险研究》，上海人民出版社2009年10月版，第32页。

出要大力发展我国债券市场。可以预见,在不久的将来,公司债券市场的发展很可能成为证券市场的主导性力量。

资本市场是一个与风险相伴生的市场。公司债券市场也不例外。公司债券投资者在投资中可能面临诸多的投资风险。有存在于整个资本市场的系统性风险(Systematic Risk),与债券市场直接相关的风险主要有利率风险、通货膨胀风险、外汇汇率风险等;①也有资本市场的系统风险之外的非系统性风险,例如公司违约风险、公司增配股利或新增举债的风险、公司面临收购、分立、重组等特殊情况而产生的风险、附赎回条款公司债的公司提前偿还风险、债券适销性风险,等等。其中公司债持有人面临的最经常、最直接的风险是公司违约风险。公司债持有人根据债券合同,在公司债到期后,有权主张本金和固定或约定利息。该权利能否实现,在于发行公司能否如期按合同履行其义务。公司到期不履行债券合同的本息支付义务的风险即为公司违约风险。有数据表明,公司债相对于国债、市政债券、金融债券而言,违约率最高。例如,1990年以来全部美国公司债券的违约率,上世纪90年代初违约率一度高达2.72%,而同时期市政债券违约率仅为1%。② 系统性风险是公司债券投资者无法预见或控制的风险,但非系统性风险则可以通过当事人的合约或法律规定,进行有效规范。例如,在一般情况下,公司违约风险是可以事先预防的,或者说,可以在事先设定出预防机制或补偿机制。在资本市场信息完全对称或相对对称的前提下,市场的参与主体可以根据得到的信息,评估公司的违约风险,进而在资本市场中通过谈判,达成考虑到公司违约因素的公司债市场价格。也就是说,即使公司没有出现事实上的违约,但由于公司债市场价格计入公司违约因素,因而公司债的交易价格要低于实际价值,则购入公司债券的投资者就因事后可能的公司违约而获得一定的事前补偿。

然而我国在积极发展债券市场的同时,公司债券投资者面临的非系统性风险法律制度防范却明显不足,或者说债券投资者保护法律制度建设缺陷明显,债

---

① See R. Brealey & S. Myers, Principles of Corporate Finance, pp. 123 - 126(2d ed. 1984), Easterbrook & Fischel, Corporate Control Transactions,91 Yale L. J. 698,712(1982).
② [美]弗兰克·J·法博兹、T·德萨·法博齐:《债券市场分析和策略》,郭世贤等译,中国金融出版社,1992年版,第27页。

券法律法规制定部门众多,立法层次不一,在已有的立法中,无论是《公司法》、《证券法》,还是《公司债券发行试点办法》都没有针对债券投资者特点对其权益保护作出相应的规定。既有的债券监管机制保留着计划经济时期政府控制债券市场的痕迹。另一方面,法学理论界又相对缺乏相应的、建立在政府放权、市场自律前提下,结合中国公司债具体国情的理论研究和系统方案。上世纪90年代我国企业债券兑付危机和刚刚发生的美国次贷危机都说明,债券投资人权益的收益是相对有限的、确定的,其损失却可能是无限的,债券兑付不能的后果往往危及整个金融行业。我国公司债券市场一旦扩大,发行人违约侵害债券投资者权益及由此可能衍生的问题,必将以各式各样的形态对目前制度发出挑战。

因此,公司债券市场投资者保护不仅是理论研究的重要课题,还是中国发展公司债券市场的现实需求。

第二节 研究现状

公司债是公司依照法定的条件和程序,并通过法定形式,以债务人身份与不特定的社会公众之间所形成的一种金钱债务。公司债是公司法上一个特定概念,它并不泛指所有以公司作为债务人的对外所形成的债,而是仅指以法定形式——公司债券——所形成的公司债务。① 公司债作为一种经济现象是一种被证券化的债权,是资本市场的一种投融资工具。其涉及合同法、债权法、公司法、证券法等法律领域。对公司债券投资者保护问题,可以从债权法、合同法领域、公司债券法领域、证券法和投资者保护法领域进行研究。

一、国外研究现状

国外有关公司债的理论多见于美国。由于美国公司债券市场发达,与公司债相关的理论研究也相当的活跃。

一个有趣的现象是,经济学家和法学家在公司债券投资者是否需要特殊保

---

① 顾功耘主编:《商法教程》,上海人民出版社2001年版,第94页。

护的观念上正在发生转变。早期的经济学家和法经济学家认为公司债券投资者的收益应通过债券合同事先约定;与公司股东相比,公司债券投资者不承担公司运营风险,因此无需对他们做出特殊保护。因此,虽然经济学家观察到了财富从公司债券持有人转移到股东手中的现象,以及公司债券持有人和股东的利益冲突,但是,他们往往更关心当事人所在系统的损失与否。因此,只要系统内的财富没有出现负增长,即使发生了财富从一方到另一方的转移,在经济学家眼中仍然可能是有效率的。与之相对,法学家更关心公平正义,因而更关注个人的损失,尤其是当另一方当事人因损害他人而获利的情形。如果股东利益的增长是建立在公司债券持有人利益受损的基础上,"任何人不得因他人受损而获益"的罗马法古训就自然会引发法学家的思虑。在股东通过对公司的控制或其他手段,以公司债券持有人利益受损为代价而获取自己的利益时,就属于法律上的不当得利,应当通过加强契约机制和法律规范的方式去解决。随着现实中债券市场出现的公司违约等行为,尤其是美国20世纪80年代并购风潮中公司债券投资者利益严重受损的现实,法学家开始意识到保护公司债券持有人利益的重要性,并对此进行了一系列的研究。

从经济学的传统视野,涉猎公司债券投资者保护问题的代表人物有伊斯特布鲁克、费希尔等人。他们认为公司债券投资者只是对公司享有债权请求权的债权人,其利益诉求都源自公司债券合同的安排,也就是单纯的本息请求权,因而不具有特殊性,只要给与其合同法上的保护即可。股东是所有者,公司债持有人是债权人;公司法是为股东制定的,合同法则是公司债券持有人之所需"(Stockholders are owner; bondholders are creditors. Corporate law is for stockholder; contract law is for bondholders)[1]似乎成为了研究公司债的至理名言。而且,他们从经济学角度观察交易时,更注重系统的损失而非个人的损失。因此,即使在公司并购中出现公司债持有人个人利益受损的事实,他们仍然认为由于并购可以导致公司资产最大化,因而是有效率的,公司债券投资者仍然会从做大的"蛋糕"中获益。[2]

---

[1] Am. Bar Found *Commentaries on Indentures 2*(1971).
[2] Easterbrook & Fischel *Limited Liability and the Corporation*, 52 U. Chi. L. Rev. 89, 99(1985).

第四章 公司债券投资者的法律保护：多视角的透视

但是，另外一些经济学家和法学家开始意识股东是最终风险承担者的理论在实践中受到了挑战，公司债券投资者也承担着巨大的投资风险。因此，经济学家和法经济学家提出了投资原理学说等各种学说，以分析股东和公司债券投资者的共同性，并探讨公司债券投资者利益的特殊保护措施。法学界对此有较为系统论述的是美国学者摩瑞·W. 麦克丹尼尔（Morey W. Mc Daniel）。他被美国法学界誉为"公司债券持有人利益的吹鼓手"，[①]并于1986年、1988年先后两次发表了题为《公司债券持有人与公司治理》（*Bondholders and Corporation Governance*）、《债券持有人和股东》（*Bondholders and Stockholders*）两篇论著。其中《债券持有人和股东》成为影响美国后期研究公司债持有人课题的重要论著。文章从公司债券投资者的利益损失的现实开始分析，分析了忽视公司债券投资者与股东共同性的错误认识，研究了公司债券投资者与股东存在的利益冲突，认为前者的利益面临被后者非法转移的风险和现实，因而需要在合同中或法律中做出对公司债券投资者的特殊保护。[②] 此后，其他的学者也沿着麦克丹尼尔的思路，具体研究如何保护公司债券投资者的利益，主要的路径有两个。一个是集中在公司债券合同上，考虑如何通过合同机制解决公司债券投资者的特殊保护，[③]另一类则是从公司治理角度，探索公司债券投资者参与公司治理的可能性。[④]

[①] Kenneth Lehn & Annette Poulsen *Contractual Resolution of Bondholder-Stockholder Conficts in Leveraged Vuyouts*, 34 J. L. Eco. 645, 646(1991).

[②] Morey W. McDaniel *Bondholders and Stockholders*, 13 *J. Corp. L. 205* (1988); Morey W. McDaniel *Bondholders and Corporate Governance*, 41 Bus. Law. 413(1986).

[③] See Marcel Kahan, Rethinking Corporate Bonds *The Trade-off between Individual and Collective Rights*, 77. N. Y. U. L. Rev. 1040(2002); William A. Klein, C. David Anderson, Kathleen G. Mc Guinness, the Call provision of Corporate Bonds: *A Standard form in Need of Change*, 18 J. Corp. L. 653(1993); Marcel Kahan, *The Qualified Case against Mandatory Terms in Bonds*, 89 Nw. U. L. Rev. 565(1995).

[④] See Yakov Amihud, Kenneth Garbade, Marcel Kahan, *A New Governance of Structure for Corporate Bonds*, 51Stan. L. Rev. 447(1999); George G. Triantis, Ronald J. Daniels, *The Role of debt in Interactive Corporate Governance*, 83 Cal. L. Rev. 1073 (1995); Robert Dean Ellis, *Securitization Vehicles, Fiduciary Duties, and Bondholders' Rights*, 24 J. Corp. L. 295 (1999); Jayne W. Barnard, *Institutional Investors and the New Corporate Governance*, 69 N. C. L. Rev. 1135(1991); Michael Bradley & Cindy A. Schipani, *The Relevance of the Duty of Care Standard in Corporate Governance*, 75 Iowa L. Rev. 1(1989); Victor Brudney, *Corporate Governance, Agency Costs, and the Rhetoric of Contract*, 85 Colum. L. Rev. 1403(1985).

二、国内研究现状

相比而言,国内对公司债的研究还刚刚起步,文献也相对较少。随着中国债券市场的日益活跃,经济学界逐渐开始了较为深入的研究。但是,法学界却是相对寂静的。

经济学上公司债的相关研究侧重于宏观层面的研究,大致可以归结为以下几个方面:第一,探讨公司债券融资的功能,如何改善资本结构、对代理人进行"硬"约束以实现公司治理;第二,分析我国公司债券融资规模偏小的原因;第三,探讨公司债券市场流动性差的原因;第四,公司债券定价研究以及公司债券品种设计。① 尤其是2003年以后,许多经济学者从多方面对中国债券市场进行了研究,从宏观角度分析中国债券市场结构优化和运行扩展战略、中国债券发行与资信评级等制度,对推动中国公司债券市场起到积极的作用。②

与较为活跃的经济学界相比,相关的法学研究还相对滞后。公司债是公司法、证券法、合同法等法律的调整交集,但同时又是上述领域研究的死角。同样,对公司债券投资者保护问题,可以从债权法、合同法领域、公司债券法领域、证券法和投资者保护法领域进行研究。

公司债权人可分为主动债权人、被动债权人、社会债权人以及公司债债权人,此分类是依传统民法以及针对公司制度所为的分类。所谓主动债权人,通常指的是与公司发生契约之债的债权人。契约遵守当事人意思自主原则,须由当事人双方合意签署,契约始能成立生效。故公司债权人透过契约而与公司发生债之关系,可谓是基于其意思自主的结果,性质上是主动促成债之关系发生的,故此种公司债权人称为主动债权人。所谓被动债权,顾名思义可以得知,此种债之关系并非出于债权人之自愿,而是被动发生的债权。公司于营利过程,因其与

---

① 转引自蒋屏《中国企业债券融资研究》,对外经济贸易大学国际企业管理博士论文,2004年8月,第1—2页。
② 参见张东升《中国债券市场:发展与创新》,中国社会科学院研究生院博士论文,2000年4月;曾国安、王继翔:《放松管制与重新管制:中国企业债券市场稀薄状况溯源》,《当代经济研究》,2004年2月;张鹏、谢刚、万迪昉:《我国企业债券市场剖析》,《经济问题探索》,2003年12月;赵增耀:《西方公司治理结构争论中的几个理论观点》,《经济学动态》,1998年10月;赵敏敏:《企业债券市场发展的多元依据》,《财经科学》,2003年5月;詹正茂、陈刚、廉晓红:《发展我国公司债券市场的对策研究》,《工业技术经济》,2003年4月。

外部之接触，外部人即有可能因公司本身的行为或其雇用人之行为受到损害，从而对公司产生债权，侵权之债即为被动债权，而对公司拥有被动债权的主体即为被动债权人。在公司法中与主动债权人以及被动债权人相并存的，还有另一大类的债权人，这类债权人称为社会债权人。他们是代表社会公共利益的主体。举凡对员工以及顾客之保护、对环境与生态之保护、对社会资源之节约利用，甚至税收之缴纳，均为社会债权之一部分，而无因管理及不当得利，因是基于对社会公平和谐所做出的法律调整，亦可视为是社会债权的一部分，基于社会债权而对公司拥有债权的人即为社会债权人，既然此种债权是基于社会公益而生，则政府往往成为此种社会债权人，乃是极容易想象的事了。公司债债权人是指因购买公司所发行的公司债券而对公司享有公司债权的人。此种债权人属于主动债权人，因其与公司债之关系的发生系基于购买公司债的行为，但债权人本身又是以投资者的角度而购买公司债，此又类似于股东，故而特别划为一类债权人形式。公司债债权人即本文所研究的公司债券投资者。

虽然，我国关于债权人、公司债权人保护问题的研究已经有很多成果了，[①]但是这些成果主要是研究公司借款合同债权人、交易债权人、消费者等自愿债权人的保护。这些研究成果认识了公司有限责任的负外部性，导致股东对债权人的"掠夺"，这些研究成果研究公司债权人保护的主要法律制度，有公司资本制度、公司合并分立制度、公司破产重整制度、合同法律制度等。毫无疑问，这些制度当然构成了同样作为公司债权人的——公司债券投资者保护的制度体系的基石。

然而，公司债与普通公司债权债务关系相比，在法律上具有显著的不同。其一是债权债务产生的原因不同，公司债是基于公司债券的发行，而普通债务产生的原因是多种多样的。其二是表现形式不同，公司债是证券化的公司债务，具有易流通性，而普通债务不具有此特征。其三债权人的地位不同，公司债持有人地位一般是平等的，可以形成一个利益团体，而其他普通债权人因清偿顺位不同的可能性，很难构成一个团体。[②] 因此，公司债与普通公司债务存在上述的不同，

---

① 代表性的著作有张民安著《公司法上的利益平衡》，北京大学出版社 2003 年 1 月版，仇京荣著《公司资本制度中股东与债权人利益平衡问题研究》，中信出版社 2008 年 3 月版，葛伟军著《公司资本制度和债权人保护的相关法律问题》，法律出版社 2007 年 6 月版，王艳华著《公司债权人保护制度》，法律出版社 2008 年 12 月版。

② 参见赵旭东主编《公司法学》，高等教育出版社 2003 年版，第 367 页。

使公司债具有一定的特殊性。在公司法上，金钱债权的特殊性也得到了认识。加拿大公司法专家柴芬斯在谈及公司的债权人时，也指出有三种具有"特殊重要性"的公司债权人需要专门研究。第一种是交易债权人；第二种是机构贷款人，银行是此类中最重要的金融提供者；第三种就是持有公司发出的付款证明的人，公司债就是一个重要的例子。①

可以说关于公司债权人保护的既有研究及其成果和已有的法律制度是公司债券投资者保护制度体系的基石，但是，基于公司债券投资者与一般公司债权人的巨大区别，我们还应该对公司债券投资者保护制度进行深入、系统研究，提出针对其自身特点的制度设计。

将公司债券投资者保护课题放在资本市场投资者保护这一领域来审视，我们可以发现，因为长期以来我国证券市场以股票为主，在投资者权益保护方面，不论我国证券监管机构的监管实践还是我国法学理论研究都是将目光聚集于股票市场的投资者权益保护。例如：王保树教授主编的《投资者利益保护——21世纪商法论坛》。虽然，债券投资人定期获取固定本息对发行公司来说是一种硬约束，相比较于股东只有在发行公司盈利时才能分红的"软约束"，似乎其权益保障天然强于股票投资者。其实与股票市场相比，发展公司债券市场对于法律环境的要求更高。虽然债券和股票同为证券，但是公司债券与股票在法律属性上还是有巨大区别，公司债券具有证券、债权和衍生品基础的三种属性。虽然同为证券市场的投资者，但是公司债券持有人权益保护还是有自身的法理基础和制度构建，公司债券投资者除了公司法、证券法的保护外，还有债券基础法律关系——合同法、担保法、破产法的保护，又由于公司债券管理中引入受托人，信托法也将发挥作用。具体制度建设，除了信息披露、禁止内幕交易、操纵市场等制度外，公司债券投资者保护的特有制度还有公司债债券持有人会议、公司债券信托制度、信用评级制度、债券限制性条款，等等。此外，在司法诉讼救济方面，债券投资者主张自我权利的诉讼机制也有别于股东。

我国理论界对公司债券市场的研究主要集中在经济学、财政学、金融学领

---

① ［加］布莱恩·R.·柴芬斯：《公司法：理论、结构和运作》，林华伟等译，法律出版社2001年版，第72—73页。

域。法学领域对公司债券市场的研究非常少。为数不多的关于公司债券法学研究成果主要集中在两方面：一是论述可转换公司债法律问题。例如时建中著《可转换公司债法论》。二是公司债券的个别法律制度研究。例如习龙生《公司债受托管理制度的国际比较及立法建议》。这些学者研究的公司债券某一具体制度也是投资者权益保护的重要制度，但是这些研究由于篇幅所限没有对该具体制度从投资者保护的角度进行深入的法理分析，也没有系统地提出投资者保护制度构建。此外，我国台湾地区的代表作品是廖大颖教授2003年所著的《公司债法理之研究——论公司公司债制度之基础思维与调整》，主要从日本和台湾的公司债立法之比较角度，对公司债的发行和管理进行了论述。虽然上述著作对公司债进行了一定的系统研究，但都主要从公司债的发行和管理等制度设计上进行分析，而对公司债券投资者的利益保护问题，只有少部分涉猎，并未作体系化研究。

总之，反观我国法学理论界对公司债券市场投资者保护这个课题的研究，从投资者权益保护视角研究的，仅仅关注股票投资者。以公司债券为研究对象的，或是研究可转换公司债，或是研究公司债券的某一具体法律制度，这些虽然都涉及债券持有人保护问题，但是都没有系统研究公司债券市场投资者保护问题。而从债权法、公司法角度研究的公司债权人保护其理论和制度虽然是我们研究公司债券投资者保护的基石，但是显然，还需要针对公司债券投资者自身的特点进行针对性的研究。

第三节　公司债券投资者的法律地位与特征

一、公司债券投资者是发行公司的投资者，是公司物质资本的提供者

债券投资者作为公司资金的提供者之一，以向公司提供货币资金而获取资金收益（利息）为目的，从这个角度来说，债券投资者对发行公司的债权是一种特殊债权，与股权无本质区别，可共同归类为资本权。资本权是指投资者将其所有的资产价值化后直接投入公司或通过资本市场转化后间接投入公司所形成的以获取增量利益为目的的一种民事财产权。① 资本权源于投资者的资产所有权,是由投资者的原资产所有权转化而来,投资者与公司之间进行资金交易后,丧失原资产所有权,而获得相应的对价即投资者资本权;同时公司取得所有投资者投资财产构成的法人财产所有权,可自由占有、使用、收益、处分其法人财产,但负有向投资者支付固定或不固定的资本收益的法定义务。因此,债券投资者的性质和地位类似于公司股东。两者的唯一区别在于前者获取的收益不与公司盈利挂钩,是固定的、明确的、优位支付的,而公司股东的收益(股息)要与公司盈利挂钩,是非固定的、非明确的、劣位支付的。也就是说,债券投资者的收益权对公司而言是一种固定要求权,而公司股东的收益权是一种公司剩余索取权。

关于债券投资者与股东在这方面的相似性,西方学者有很多有趣的论述:买股票的投资者与买债券的投资者是基于相同的目标从事同样的活动,即两者都是进行资本投资都希望除本金外获得额外的投资回报。② 股东并不是所有者,他们是冒险者,除了股东更具有乐观精神外,股东与债券投资者完全一样。③

二、公司债券投资者与发行公司之间是一种合同债权债务关系

债券投资者因购买公司债券而成为公司债权人。公司债权人可依债的关系发生根据和性质不同分为自愿债权人和非自愿债权人。自愿债权人主要指契约债权人。非自愿债权人又称法定债权人,主要包括侵权债权人、不当得利债权人、无因管理债权人等。契约债权人是最重要的公司债权人,依据债权内容又可分为资金交易债权人和非资金交易债权人,如供应商、销售商。资金交易债权人除了贷款银行外,主要就是公司债券的购买者,也即债券持有人,也就是本文的债券投资者。由此可见,债券投资者与发行公司之间是一种契约之债的关系,是一种合同债权债务关系。

然而,债券投资者这种自愿的、资金交易债权人之法律性质与同为自愿债

---

① 参见王显勇《资本权论——一种经济法的分析路径》,载《湘潭大学社会科学学报》2001年第4期。
② B. Manning, A Concise Textbook on Legal Capital, p. 8, Mineóla, NY: Foundation Press, 1981.
③ N. Wolfson, The Modern Corporation, pp. 40-41 (1984).

权人的供应商、销售商，或同为资金供应债权人的贷款银行相比，还是有其显著的特征。首先，与同为自愿债权人的供应商、销售商相比，债券投资者在与发行公司交易中获得的对价来源于资本增值（表现为公司利润），而供应商、销售商等非资金交易债权人在交易中获得的对价仅为商品或劳务的内在价值（表现为商品、劳务的价格）；债券投资者在交易中因其所投资本的预付性，面临风险很大，而供应商、销售商对发行公司的债权一般为短期，风险较小且较易控制。

其次，与同为资金交易的债权人——贷款银行相比，债券投资者作为分散、流动的债权人，发行公司谈判时处于弱势地位、专业知识缺乏、监督发行公司时面临集体行动困难。债券发行合同是由发行公司单方面拟定，投资者只能决定是否购买，而不能改变合同的条款和内容，而不像贷款合同是贷款人与借款人谈判的结果。

三、公司债券投资者与发行公司之间是一种已经证券化了的债权债务关系

债券投资者与发行公司之间的债权债务关系已经证券化，民事权利证券化是通过某种交易形式将民事权利与证券形式相互结合的过程，也就是将民事权利以证券形态加以体现的过程。债券投资者对发行公司拥有债权通过格式合同和无因合同这两大法律技术手段实现了证券化。这首先是债券合同设计时的格式性，即所有的债券合同内容一致，债券投资者只能决定是否购买，而不能改变合同的条款和内容。通过这种格式化的设计，债券融资的分散性获得法律上的保障和提升。其次，债券转让的无因性技术手段使投资者的债权证券化后具有很好的流动性。因此，虽然同为债权人，债券投资者还具有自愿债权人供应商、销售商和资金交易债权人贷款银行所不具有的分散性和流动性。

从这个特征来说，债券投资者持有的债券与股东持有的股票都具有收益性和流通性，可以自由转让。作为有价证券，公司债券与股票一同称为证券市场的主要产品和交易对象。

第四节　公司债券投资者保护的理论基础

由上文分析的债券投资者的法律性质和特征,我们可知债券投资者作为公司物质资本的提供者,其地位相当于股东,因此,关于中小股东保护、资本市场投资者保护的法学原理应该适用于债券投资者保护。资本市场投资者保护的法学理论有以下几个方面:

一、委托代理理论

委托代理理论是投资者权益保护理论的基础之一。投资者保护的由来,从经济学的角度看,其根源是委托代理问题。早在1776年,亚当·斯密就论述了公司所有权和控制权的分离。1932年,美国学者伯勒和米恩斯系统地提出了这一问题。[①] 在现代股份公司中,存在众多的所有者(投资者),他们通过选举将所有权委托给董事会代为行使,董事会又通过契约将经营权交给经理人员,形成了所有权和经营权的分离和多层次的委托代理关系。由于管理层与股东利益的不一致性,在所有权分散化的情况下,公司资源并没有用来最大化股东的价值。

首先,委托人和代理人的目标存在着不一致性。代理人不是无私的,他们追求自己的利益,如在职消费、优裕的生活、企业规模扩张带来的权力上的满足等,而所有者追求利润的最大化和资产的增值。所以,委托人和代理人的利益并不一致。代理人只有在有利于自己的时候才会顾及所有者的利益。要将前者的目标统一到后者的目标上去,后者就必须对前者进行激励和监督,使前者为后者的利益努力。其次,委托人和代理人之间存在信息的不对称。代理人经营着企业,对企业熟悉,可以利用私人信息的优势采取机会主义行为谋求个人的利益。委托人和代理人之间在缔约前的信息不对称问题是逆向选择问题,即代理人知道自己的态度和能力,但所有者却不知道,而只知道它们总的分布。委托人和代理

[①] See, Berle, Adolf and Gardiner Means, 1932, The Modern Corporation and Private Property, New York, MacMillan.

人在缔约后的信息问题是道德危险问题,即代理人知道自己是否尽了力,是否在按所有者的利益谋划和决策,但所有者却不知道,因为不可观察,不可证实,或者即使可以,成本也高到不可接受。

由委托代理理论发展出的投资者法律保护的涵义,是投资者法律保护是指一国外部投资者藉以防止其权利被内部人(控股股东或管理者)剥夺的法律规定及其执行机制。传统的委托代理理论主要是用来说明公司所有者——股东(委托人)与经营者——董事经理(代理人)之间的关系。然而,虽然债券投资者与发行公司之间不属于法学意义上的代理关系,但由于债券持有人与发行公司之间在信息占有方面具有不对称性,并且债券投资者与发行公司、发行公司股东、发行公司管理者也存在利益冲突,因此作为处于信息优势方的发行公司与信息占有劣势方债券投资者之间也属于委托代理关系。在债券投资者保护理论中,委托代理理论同样适用。

所不同的是,股票投资者的委托代理成本是由于公司所有权经营权分离造成,债券投资者的委托代理成本则由于资产使用权和所有权分离形成。由此形成了债券投资者比股票投资者面临着更高的委托代理成本,这体现在两方面:第一,受托人除公司管理者外,还包括发行公司及控制发行公司重大决策权的股东;第三,代理成本表现不同,经典意义上的股权代理成本表现为管理者不从股东利益最大化角度出发造成的效率损失,而负债代理成本则表现为由于发行公司、股东和管理者的原因给造成债权实现带来的非市场违约风险。[①]

二、信息不对称理论

当市场的一方无法观察到另一方的行为,或无法获知另一方行动的完全信息时,就会出现信息不对称,这种情况在各国领域包括证券市场普遍存在。近20多年来,非对称性信息(asymmetric information)市场理论成为经济学最充满活力的领域之一。1996年诺贝尔经济学奖授予英国剑桥大学的米尔里斯(Mirrlees, J. A.)与美国哥伦比亚大学的维克里(Vickrey, W.),就是表彰他们

---

① 李园园:《公司债券持有人利益法律保护研究——以负债代理成本为视角》,中国政法大学博士学位论文。

对非对称条件下有关激励的经济理论研究所做出的重要贡献。所谓非对称信息,是指在市场交易中,当市场的一方无法观测和监督另一方的行为或无法获知另一方行动的完全信息,或者观测和监督的成本高昂时,交易双方掌握的信息所处的不对称状态。非对称信息是合同当事人一方所持有而另一方不知道的尤其是他方无法验证的信息或知识。这里所谓"无法验证",包括验证成本昂贵而使验证信息的真伪在经济上不现实或不合算的情况,如果在验证上轻而易举,当事人就可以充分获得他人的信息,也就不存在非对称信息了。

非对称信息大致可以分为两类。一类是外生性非对称信息,指交易对象本身所具有的特征、性质与分布状况等。这类信息不是由当事人行为造成的,在某种意义上是一种原始的禀赋的必然结果。这类信息一般是出现在合同行为发生前,比如一台机器的质量、可靠性、耐用性等状况买者可能是不清楚的。在这种情况下关键的问题就是应该设计一种什么样的机制使对方披露有用的信息以达成最优的合同安排。另一类是内生性非对称信息,它是指合同签订后他方无法观察到、无法监督到、事后无法推测到的行为所导致的信息非对称。例如工厂的管理人员可以记录某工人的工作时间,却难以计量他工作努力的程度。在这种情况下,合同的问题是如何保证当事人采取合适的行为。阿罗把这两类信息划分为"隐蔽行动(hidden action)"和"隐蔽信息(hidden information)"。① 在现实的经济生活中,两类不同的非对称信息经常是糅合在一起而同时出现的。例如:一个企业选择一个什么样的人有能力做企业的经理我们是不清楚的,这是隐蔽知识问题;当选出的经理在其职位上时,他是否努力工作,这是隐蔽行为问题。

关于资本市场的信息不对称问题,有学者认为,信息不对称虽然客观存在,但公司为了更好地进行融资,公司会不得不主动地披露信息,客观上解决了信息不对称问题,有利于投资者保护。Grossman 和 Hart 指出,在某项资产的拥有者向潜在买方销售该资产的同时,必然会向潜在买方披露信息,理由是鉴于买卖双方信息不对称状况的存在,理性的潜在买方会认为卖方保留的信息是不利于标的资产估值或质量评价的信息,因此,潜在买方自然会假定出现最坏的情况,对标的资产出最低的价格。在这种情况下,优质资产的拥有者为了使自己的资产区

---

① 参见[美]肯尼思·阿罗:《信息经济学》,北京经济学院出版社1989年版,第80—99页。

别于劣质资产,就会采取相应的措施向潜在买方传递或披露相应信息。因此,Grossman 和 Hart 的结论是,投资者可以依赖于公司的自愿信息披露得到保护,其前提是完美的执法机制,即对任何违法行为,法律都能自动地、准确地施以惩罚。①

但是这个前提恰恰是不成立的。Velthuyse 和 Schlingmann 举了一个发生在荷兰的例子。在 1987—1988 年间,根据阿姆斯特丹交易所的要求和发行人提供的经审计的财务报表,荷兰的 ABN Amro 银行承销了 Coopaq Finance BV 的债券,该债券由 Coopaq 的母公司 Co-op AG 担保。根据法律规定,合并财务报表中没有反映了 Co-op AG 公司下属 15 亿马克的债务。发行完毕后,荷兰报纸披露了这些债务,债券价格暴跌。债券持有人起诉了承销商。但是 ABN Amro 银行表示,既然审计人员没有发现这批债务,即使 ABN 自己对 Coopaq 进行独立调查,也很难有所改观。最后,荷兰法院通过最高法院终审裁定,承销商在制作招股说明书的时候,不应当仅仅依赖于审计人员提供的信息,因此,ABN 应对此负责。②

La Porta 等人对此事的评论是,即使像荷兰这样的发达国家,迟至 15 年前,法院对发行人和承销商应负的责任也没有作出明确的界定和施加自动的惩罚。法院是经过一个漫长而成本高昂的调查和诉讼程序才作出最后裁决的。③

三、集体行动理论

资本市场上的中小投资者还存在集体行动的问题。美国经济学家 Mancur Olson 对这一问题作了深入的研究。他指出,由于搭便车行为的存在,理性、自利的个人不一定会为实现共同利益采取集体行动。当集体人数较少时,集体行动还比较容易产生。然而,随着集体人数的增大,产生集体行动就越来越困难。因为在人数众多的大集体内,要通过协商解决如何分担集体行动的成本是十分不容易的。而且人数越多,人均收益就相应减少,搭便车的动机便越强烈,搭便车的行为也越难被发现。由此推论,中小投资者采取集体行动非常困难,约束管

---

① Grossman, Sanford J. and Oliver Hart, 1980: Takeover bids, the free — rider problem, and the theory of the corporation, Bell Journal of Economics 11, pp. 42–64.
② Velthuyse, Heleen and Francine Schlingmann, 1995: Prospectus Liability in The Netherlands, Journal of International Banking Law, pp. 229–236.
③ Rafael La Porta, Florencio Lopez-de-Silanes, and Andrei Shleifer, 2003: What Works in Securities Laws? NBER Working Paper No. w9882.

理层的成本很高。美国1939年《信托契约法》在其开篇"规制的必要性"中就提及"债券投资者分散在很多州,当投资者想选出代表维护自己利益时,往往很难知道彼此的姓名和地址"。[1] 这其实就是说集体行动理论。

四、合同理论

证券是关于公司产权转让的一纸合约,因此,证券法其实是合同法的特别法,原则上也应适用合同法的意思自治原则。[2] 债券本质上是发行公司与投资者之间关于让渡资金使用权和支付利息的合同。因此,对债券投资者的保护,这份合同的正确签订和履行至关重要,同时,也应尊重双方的意思自治。

在新制度经济学盛行的时期,人们认为只要契约是完善的,交易者都是理性的,社会就可以完全基于契约运行。人们相互之间由于私有权得到保护而订立完备契约的激励。代表人物是Coase、Stigler等。Hayek(1954)指出只要私人之间订立完备的契约,市场经济就可以有效地运作,国家法律制度不是必要的。Coase(1961)和Stigler(1964)都指出,最优的政府就是不制定任何法律法规的政府。在投资者保护问题上,契约论认为只要契约是完善的,执行契约的司法体系是有效的,那么投资者与公司签订契约就可达到保护自己利益的目的,因此无须专门立法来保护投资者的权益。Easterbrook 和 Fischel(1991)认为,只要财务契约履行良好,金融市场就不需要法律管制,而法律管制某些时候会对证券市场发展起到阻碍作用。上述投资者保护的实现是以完备契约、有效执法和完全理性为前提的,而事实上随着公司权利主体增加和交易的日益复杂,人为制造的信息不对称、投资者由于专业和精力所限无法签订完备契约、法庭执行无法激励等因素造成了不完全契约,使得完备契约论实现投资者保护的能力受到质疑。

基于债券投资者与发行公司之间是一种合同债权债务关系,学界也产生了完全可以基于合同法来保护债券投资者的争论。

关于债券投资者的保护,传统观点认为,投资者可以订立更加完备的合同并得到法律保护。如果投资者能够预期到所有可能的掠夺行为或所有可能侵犯投

---

[1] The Trust Indenture Act of 1939, Sec302.
[2] 廖志敏、陈晓芳:《强制披露理论依据之批评》,《北京大学学报(哲学社会科学版)》2009年第5期,第136—145页。

资者权益的措施,在初始合同中对此明文禁止,而且法律能够对违反合同的行为迅速认定和惩罚,那么内部人就很难凭借他们的信息优势谋求他们自己的利益了。

一般认为,公司债的应募人通过事先调查、评估公司的违约风险和经营风险,预期公司可能采取的危及公司债持有人利益的行为,并在此基础上决定与公司的交易条件,在债券合同中对各方权利和义务做出明确合理的规定,并约定相应的保护措施防止股东、管理层等通过机会主义行为转嫁风险、侵害公司债持有人的合法权益。根据合同自由理论,合同当事人形成合意而自行订立的合同就应该在双方之间形成"法锁",法律应当尊重当事人订立的合同,并按照合同条款执行合同。如果双方信守合同,则公司、股东、管理层和公司债持有人都会获得合同规定的预期利益,从而实现各方的最优化利益。所以,债券合同在事前是双方当事人约定彼此权利义务的合约;在出现争议的事后救济时,债券合同也是提供法律救济的依据,应当根据债券合同中约定的条款去寻求对各方的保护,尤其是对公司债持有人的救济。

例如,费希尔等人观察股东利益与公司债权人利益冲突时指出,公司债权人可以通过"详尽的合同约定"和"债权合约不言自明的性质",以约束股东的自利行为和给公司管理层带来还债压力,从而通过合同机制保护公司债权人的利益。[1] 但是,合同自由性的假设前提,在公司债券合同中往往难以成立。由于存在债券合同订立过程的特殊性、订约的外部性和道德风险、以及有效债券市场的缺失等原因,因此,如果单纯地依靠合同自律机制,必将加重处于缔约劣势的公司债持有人的利益损失。

此外,考虑到公司债券合同签订的特殊性,就更容易发现合同机制在公司债券投资者保护中的失灵显而易见。公司债券合同签订的特殊性在于由于公司债应募者人数众多,要实现其与公司的逐一协商谈判,从而签订债券合同是极为困难的,也是不现实的。因此,在制度设计上通常由债券承销商(银行或证券机构)代表未来的债券购买人与发行公司协商或签订债券合同,真正的公司债认募者

---

[1] [美]弗兰克·伊斯特布鲁克、丹尼尔·费希尔:《公司法的经济结构》,张建伟、罗培新译,北京大学出版社,2005年版,第76页。

只是在公司认募书上签字认购而已。虽然程序上有债券承销商"代为协商或签订债券合同",但是,债券承销商无论在法律上和经济上都不是未来公司债持有人的代理人。正如美国学者迈克尔指出的,债券承销商绝不能代表公司债持有人的利益,因为他们是"在利益上不必然与公司债持有人发生冲突,但绝对是漠视后者利益的"谈判群体。[①] 因而在公司债募集过程中,始终没有公司债持有人真正参与债券合同的谈判,而债券承销商也无法起到维护其权利的作用。并且在实践中,承销商的功能多在于做好市场调查与可行性报告,考虑如何帮助发行公司完成募集任务,而不是保障后期债券持有人的利益,因而承销商很难从公司债持有人利益保护角度出发,参与债券合同的制定和协商。可以说,公司债券合同的协商是没有公司债券投资者参与的独家策划的游戏。

公司债的传统法律安排,主要是基于合同法的设计。公司债的合同安排的指导思想仍然是股东是所有者,公司债持有人是债权人;公司法是为股东制定的,合同法则是公司债持有人之所需。从合同理论理解,公司债的持有人的地位和公司其他交易的债权人一样,只是对公司享有债权请求权的债权人。公司债的持有人对公司的利益诉权都源自公司债券合同,是单纯的本息请求权,不具有特殊性,从而不得干预公司的管理。

然而,由于公司债券合同订立的特殊性,单纯依靠传统合同机制去保障公司债持有人利益,平衡公司债参与人之间的力量对比,显然是单薄的。

McDaniel 就批评传统的仅仅依赖合同法来保护债券投资者的做法。他的理由有两点:第一,在对全国 100 强工业公司发行的债券的调查中,发现债券合同中的限制性条款其实不存在。大量的债券合同缺少限制公司损害债券持有人利益的限制性条款。并且在债券合同中有减少限制性条款使用的趋势。第二,McDaniel 也认为合同条款本质上是不能充分调整债券持有人和公司之间的关系,在维持公司、股东和债券持有人之间的公正,债券合同也是无效率的。这些保护性条款被证明要不就是过于"宽大仁慈",要不就是过于"严厉"。要不就是允许公司对债券持有人利益的侵犯,要不就是由于对公司经营行为的严格限制,

---

① Lawrence E. Mitchell, The Fairness Rights of Corporate Bondholders, 65 N. Y. U. L. Rev. 1165, 1184(1990).

导致股东利益的损失。

同时在合同保护机制下，债券投资者与公司其他合同债权人相比多了流动性和分散性特征，所以，债券投资者一般倾向于尽量获取公司经营信息和财务信息以决定和保护自己的投资。而供应商、销售商一般是通过合同来保护自己的债权。对于这些情况，法律在保护公司债券投资者利益，防范风险方面亦应有所调试。

五、公司契约理论

合同理论在公司法语境中，发展为公司契约理论。该理论认为公司乃一系列合约的连结。这一系列合约关系，包括法律拟制物（公司）同原材料或服务的卖方签订的供应契约，同向企业提供劳动力的个人签订的雇佣契约和债券持有人、银行及其他资本供应方签订的借贷契约以及和企业产品的购买方签订的销售契约等。在这一理论模式中，每一个公司的参与者都被设想成为能够尽最大可能追求自身利益和规避风险的理性人，他们基于自身利益的追求和对公司的了解签订了各种"契约"，成为公司众多利益主体中的一员。在这些公司契约中，部分契约是明示（explicit）的，同时也有很多是"暗含"（implicit）的契约。公司契约理论认为，债权人可以通过与公司谈判而缔结合同以获得保护，即债权人主张的报酬是其可能承担损失风险的补偿，因此，损失的风险越大，对风险的补偿就越高，他们为承担这种风险缔结了合同，并将补偿作为了信用成本的一部分。除了价格保护外，债权人还可以通过其他方式获得保护，比如限制公司出售或者在公司的主要财产上设定担保，以及要求董事提供个人的担保。

很明显，公司契约理论的主要不足是其不能解释真实商业交易的现实。除了信息不对称之外，债权人可能面临来自竞争的价格压力，以及缺乏讨价还价的力量而不能主张交易的实际成本，包括起草合同的法律成本和时间成本以及监督成本。即使债权人有与公司谈判的力量，债权人却不能完全预见未来的风险以及面对董事的道德风险，尤其是公司治理全部由股东控制时，债权人面临的风险更高。这些因素使债权人面临的风险得不到充分的补偿，公司契约理论也无法提供克服这种不足的建议。而且，对于缺乏事先与公司谈判风险补偿的弱势债权人而言,该理论无法提供法律的指引。①

面对分散的公司债券持有者,公司契约理论的不足就更明显。分散的、小额的公司债券持有人几乎不可能通过事先的契约有效保护自己。债券持有人可能缺乏精确评价风险的必要知识和能力,而难以计算风险的最低回报。而且他们可能也无法获得有关风险提示的公司信息,也缺乏信息与其他债券持有人沟通以形成与公司谈判的团体,所以无法依赖团体的力量抵御风险或者自我保护。

六、利益相关者理论

传统公司法理论认为,公司是股东投资的,公司就是股东的,在两权分离情况下,经营者的职责就是使股东的利润最大化,这是股东投资公司天经地义的结论。然而进入20世纪以后,随着公司规模的不断扩大,公司的影响力也越来越大,企业伦理问题、社会责任问题、环境管理问题等都成为困扰人们的难题,在这种背景下利益相关者理论逐步兴起。

利益相关者理论提出,公司是一个由物质资本提供者(股东)、人力资本提供者(管理层、雇员)以及其他利益相关者之间组成的契约网(nexus of contracts),各利益相关者在公司投入各种要素,以取得单个主体无法获得的合作收益,公司就是各种要素的组合和利益相关者利益的联结。这表明,公司的设立及存续并不仅源于股东的投入,不能将公司捆绑于股东之上,相反,公司是一个独立并超越于股东的、有着其自身利益的自我实体(its own entity)。其并不从属于股东的意志,不管这一意志是通过多数派投票还是其他方式形成的。② 基于公司的创立形成一个独立的法律秩序和法律人格,该法律人格不仅源于股东,还源于其他利益相关者。这同时也意味着公司利益不是一个抽象的概念,而有其实际内容,除股东利益外,其他利益相关者的利益也应为公司利益所涵盖。

利益相关者理论认为公司除了股东利益外还应该考虑其他利益相关者的利益,包括公司的雇员、债权人、消费者和其他相关者的利益。经济学家布莱尔指

---

① 赵学刚:《效率的公平矫正——债权人视野下公司法对经济学理论的超越》,《政法论坛》,2009年第6期。

② See, Janet Dine, The Governance of Corporate Groups, Cambridge University Press, 2000, pp. 126 - 127.

出：" 企业并非简单的实物资产的集合,而是一种法律框架,其作用在于治理所有在企业的财富创造活动中做出特殊投资的主体间的关系。"①关于利益相关者的概念学界还没有形成统一的认识,一般认为利益相关者是所有受公司经营活动影响或者影响公司经营活动的群体。根据我国《深圳证券交易所上市公司社会责任指引》的规定,公司利益相关者是指国家和社会的全面发展、自然环境和资源,以及股东、债权人、职工、客户、消费者、供应商、社区等。毫无疑问,公司债券持有人作为公司营运资金的投入者之一,应是公司利益相关者。公司及其董事行事时应考虑公司债券持有人的利益。甚至,公司董事也应像对股东承担信义义务一样对公司债券持有人承担信义义务。

七、评析与结论

委托代理理论、信息不对称理论、集体行动理论、合同理论、公司契约理论、利益相关者理论等这些基本理论学派本身并没有为公司债券投资者保护提供一个完整的理论框架,这些基本理论中的任何一种都没有能够提供足以完全构建公司债券投资者保护制度体系的学理基础。然而,这些理论给我们思考公司债券投资者保护提供思辨的素材和制度构建的不同视角。例如,委托代理理论让我们知道也需要去尝试让债券持有人参与到公司治理中来,在公司治理结构中安排债券持有人的一席之地;信息不对称理论让我们知道发债公司强制性信息披露的重要性;集体行动理论让我们知道公司债券持有人会议和公司信托制度的理论根源;合同理论让我们尊重发行公司与债券持有人之间的意思自治,债券投资者的保护更多地应借助于债券发行合同中的限制性条款;公司契约理论让我们知道仅仅依靠市场的力量和当事人的谈判是不足以保护公司债券持有人的;利益相关者理论让我们思考公司董事是否应该对公司债券持有人承担信义义务,公司债券投资者能否及该如何介入发行公司治理。

---

① [英]布莱尔:《所有权与控制:面向 21 世纪的公司治理探索》,张荣刚译,中国社会科学出版1999年版,第10页。

第五章　追踪与扫描：近十年来马克思主义哲学研究的历史回顾

20世纪80年代,在思想解放话语的引导下,马克思主义哲学终于摆脱了僵化的传统体系的束缚,人的异化问题、人道主义思潮等成为最先活跃马克思主义哲学的新鲜血液,之后,关于马克思主义哲学的称谓出现了分歧,一直以来马克思主义哲学被称之为辩证唯物主义与历史唯物主义,但有人认为,这一传统称谓不能体现马克思主义哲学的创新性与实践特性,不能与旧唯物主义划清界限,于是实践唯物主义、历史唯物主义、实践本体论等提法纷纷出炉,并展开了激烈的论争。凭心而论,在80年代,虽然在解放思想实事求是的方针倡导下,学术界在一定程度上摆脱了文化专制的束缚,获取了一定程度上的自由空间,但马克思主义哲学在当时仍然是意识形态国家机器的工具,因此马克思主义哲学的探讨仍旧笼罩在国家意识形态的话语之下,不仅真正纯粹自由的学术探讨是可望不可及的,而且当时的学术讨论往往具有绝对的排他性,人们希望排除异己,把所有的分歧都收归在一种话语旗帜之下。相比之下,90年代已经开始逐步走向了多元化。在90年代,马克思主义哲学的称谓出现了更多新提法,如"历史唯物主义"、"实践人类学"、"生存实践论"、"现代唯物主义",等等。不过,如何称谓马克思主义哲学已不再重要,重要的是究竟如何理解马克思主义哲学。90年代,随着世界政治经济格局的改变,尤其是苏东剧变的出现,以及中国社会市场经济体制的全面铺开,迫使学术界对马克思主义哲学进行了更加深入的反思。与社会文化语境的改变相适应的是,马克思主义哲学研究出现了从"体系意识"到"问题意识"的转变[①]。学

---

① 参见孙正聿《从"体系意识"到"问题意识"——90年代中国的哲学主流》,《长白学刊》1994年第1期。

者们不再痴迷于构建庞大的理论体系,而是更加务实地把解决时代所面临的问题作为马克思主义哲学研究的出发点。于是改革开放中所凸显出来的公平与效率问题、资源环境问题、历史的发展与历史代价问题、社会转型问题等都成为了关注的焦点。新世纪以来,马克思主义哲学研究又有哪些新的热点呢?在这里,本文尝试做一个简单的梳理。

第一节 历史唯物主义的新阐释

如何理解历史唯物主义,并在新的历史情境中坚持和发展历史唯物主义,是近年来马克思哲学研究领域关注的热点问题之一。早在20世纪80年代就有人提出了马克思主义哲学就是历史唯物主义[①],之后,关于历史唯物主义的探讨就一直断断续续地进行着。新世纪以来,学术界对这一问题又表现出了浓厚的兴趣。不过,相比于之前的讨论仅仅关注历史唯物主义在马克思主义哲学中的地位,新世纪的争论显然更加深入了,不仅继续讨论一些老问题——历史唯物主义在马克思主义哲学中的地位,而且还提出了一些新问题——历史唯物主义中"历史"的双重意义问题及历史唯物主义与中国问题。

一、历史唯物主义在马克思主义哲学中居于何种地位,它是马克思主义哲学的历史观还是世界观?这并不是一个新话题,早在20世纪80年代这个论题就被提了出来,并得到持续探讨。然而新世纪在俞吾金与段忠桥的争论中,这个问题再一次被尖锐化了——历史唯物主义是哲学还是实证科学?此前,段忠桥曾发表多篇论文对国内学界关于历史唯物主义的理解提出商榷或质疑,这些论文被汇编在《重释历史唯物主义》[②]一书之中,出版后产生了较大反响。针对段文中"历史唯物主义不是哲学而是实证科学"的提法,俞吾金通过哲学与实证科学、理论思维与经验思维、批判性与描述性三组对称性概念的理论分析,并结合马克思相关文本的翻译和解释,给予了全面的反驳。他的结论是马克思创立的

---

① 何畏:《马克思创立的是历史唯物主义一体化哲学》,《哲学研究》1983年第6期。
② 段忠桥:《重释历史唯物主义》,江苏人民出版社2009年版。

历史唯物主义是伟大的哲学理论,而不是实证科学知识;把历史唯物主义降格为"实证科学",是对马克思理论遗产的亵渎。对于这个问题,孙正聿与李荣海也发生了正面交锋。孙正聿认为,历史唯物主义不仅是马克思主义哲学的"历史观",而且是以"历史"为解释原则的马克思主义的"新世界观",这种"新世界观"的实质内容是"新历史观",而"新历史观"的真实意义是"新世界观"[①]。而李荣海就反对把历史唯物主义看作马克思的"新世界观",他指出:历史唯物主义就是以"历史"为研究对象、研究领域的唯物主义,把"历史"这样一种主观性很强的东西作为解释原则就不仅使马克思与黑格尔无法区别,而且极易动摇马克思主义哲学的唯物主义基础,用"历史"作为解释原则远不如马克思强调的辩证法更为科学[②]。这种正面交锋在当今的学界可谓是难得一见。

二、历史唯物主义之"历史"的双重意义。新世纪关于历史唯物主义的探讨"聚焦于如何理解历史唯物主义革命性的实质,而其中的核心问题则又是历史唯物主义之'历史'的双重意义问题"[③]。关于这个问题,孙正聿教授强调对历史唯物主义的理解往往"隐含着两条不同的解释路径和两种不同的解释原则:一是把'历史'作为解释原则所构成的'历史'唯物主义的解释路径,一是把'唯物主义'作为解释原则所构成的历史'唯物主义'的解释路径"[④]。孙教授对两条解释路径的区分极大地启发了学界对历史唯物主义的深入研究。如何理解历史唯物主义中的"历史"?对此,王南湜教授提出,"历史唯物主义的'历史'兼有以'历史'为研究对象和以'历史'为理论方法的双重含义","要从根本上阐明历史唯物主义的革命性,这一关系问题就是一个不能予以回避的原则性问题"。"正是历史唯物主义之为一种方法或解释原则,才使历史之唯物主义地作为研究对象得以可能。作为历史唯物主义之理论对象的社会存在,并不是直观地摆放在那里的,而是只有在这一理论方法的视野中才呈现出来的。换言之,正是历史唯物主义的理论方法建构起了其对象,而这也就表明了历史唯物主义之'历史'双重意

[①] 孙正聿:《历史唯物主义与马克思主义的新世界观》,《哲学研究》2007年第3期。
[②] 李荣海:《历史唯物主义的解释原则及其世界观意义——与孙正聿先生商榷》,《哲学研究》2007年第8期。
[③] 王南湜:《历史唯物主义何以可能:历史唯物主义之"历史"双重意义的统一性》,《学习与探索》2009年第5期。
[④] 参见孙正聿《历史的唯物主义与马克思主义的新世界观》,《哲学研究》2007第3期;《历史唯物主义的真实意义》,《哲学研究》2007年第9期。

义的内在统一性"。"因此,这两种意义上的历史并非是历史唯物主义之'历史'的两种并列的含义,而就是一个共属一体的"历史"①。

三、历史唯物主义与中国问题。如何看待中国道路?如何运用历史唯物主义透视当代中国问题,并通过中国问题的研究来检验、丰富和发展历史唯物主义,是新世纪以来学界普遍关注的问题。2010年10月15—16日,中国社会科学杂志社与中国人民大学哲学院共同主办的"第十届马克思哲学论坛"在北京举行,论坛的主题即"历史唯物主义与中国问题"。而"中国道路:普遍性与特殊性"作为主要论题之一,受到与会学者的高度关注。衣俊卿作的大会主题报告《历史唯物主义如何面对今天的社会历史现实和思想资源》②指出,今天的社会历史现实同马克思创立历史唯物主义的时代相比,在内在结构、运行方式、发展内涵和问题困境等方面都发生了重大的甚至是根本性的变化。对于这样的社会历史现实,目前的历史唯物主义研究视角、研究方式或理论范式还无法有效应对,因此必须实现自觉的转换和完善。如果理论面对的社会现实和理论的语境已经发生了深刻变化,而我们并没有依据马克思学说的批判精神找到行之有效的应对方式和深刻的当代解读,那么无论我们在单纯的文本解读和称谓之争上再投入多少激情和智力,我们所获得的理论收获都不会很大。这篇论文实际上提出了历史唯物主义研究的战略重点转移问题,同样引起热烈反响。中国正走着一条前无古人的道路,被称作"中国的发展道路"。如何运用历史唯物主义破解中国发展道路的秘密,是人们有所探讨而又争论不休的重大理论和现实问题。韩立新提交论坛的一篇论文《中国的"日耳曼"式发展道路》③引人瞩目。在他看来,中国发展道路的实质就是"传统的中国社会向市民社会的转型",它包括两个方面:一是从亚细亚共同体向市民社会的转型;一是从传统的社会主义社会向市民社会的转型。纵观人类历史,一个国家能够同时实现这样两个转型在世界上并无先例。对于"中国的发展道路",迄今为止人们大多是根据马克思的"晚年构想"来解释的。但是在韩立新看来,这种解释既不符合事实,又有可能对改革

---

① 王南湜:《历史唯物主义何以可能:历史唯物主义之"历史"双重意义的统一性》,《学习与探索》2009年第5期。
② 参见《第十届马克思哲学论坛论文集》,中国人民大学哲学院2010版。
③ 参见《第十届马克思哲学论坛论文集》,中国人民大学哲学院2010版。

开放以来的国策带来负面评价。为此,他另辟蹊径,依据马克思《政治经济学批判大纲》特别是"资本主义生产以前的各种形式"一节的论述,对中国的发展道路作了不同于以往的新解释和辩护。这种解释和辩护是否成立以及能否获得人们的普遍认同是另一个问题,但它所带来的思想冲击却是一个不争的事实。

第二节　马克思主义哲学的文本研究

近年来,随着国际上《马克思恩格斯全集》历史考证版(MEGA2)①的编辑出版,以及国内"回到马克思"、"重读马克思"口号的兴起,一批学者主张回到马克思主义哲学的原著,对马克思主义哲学采取了文本研究,并取得了令人瞩目的成绩。目前,中国社会科学院、中央编译局、北京大学(2000年5月北京大学成立了马克思主义文献研究中心)、清华大学、南京大学(2005年2月南京大学成立了马克思主义社会理论研究中心)是马克思主义哲学文本研究方面的翘楚。代表性的研究成果主要有张一兵的《回到马克思》、聂锦芳的《清理与超越——重读马克思文本的意旨、基础与方法》、王东的《马克思学新奠基——马克思哲学新解读的方法论导言》、陈学明的《走进马克思》、鲁克俭的《国外马克思学的热点问题》、周宏的《理解与批判:马克思意识形态理论的文本研究》、韩立新主编的《新版〈德意志意识形态〉研究》等②。

正如杨学功所指出的,马克思文本研究发轫之初,学者们的注意力大都集中

---

① 前苏联在1924年开始尝试编写《马克思恩格斯全集》"历史考证版",并于1927至1941年出版了《马克思恩格斯全集》"历史考证版"第一版(MEGA1)。第一版只出了12卷(不含分卷),由于第二次世界大战等原因,第一版编辑工作停止。考虑到这一情况即苏联梁赞诺夫编辑MEGA的工作未能完成,后人又重新编辑一套MEGA,所以后人将后面这套MEGA称为MEGA2,将梁赞诺夫主持编辑的MEGA称为MEGA1。《马克思恩格斯全集》"历史考证版"第二版的编辑工作开始于1971年,由苏联和东德联合进行。1991年苏联解体,但学界考虑到马克思恩格斯的全部文献资料是全人类的宝贵资产,需要继续出版马克思恩格斯全集。第二版在国际马克思恩格斯基金会(IMES)组织下,以国际马克思恩格斯基金会的名义继续出版。迄今,《马克思恩格斯全集》历史考证版第2版已经出版52卷,接近原计划的一半。

② 张一兵:《回到马克思》,江苏人民出版社1999年版;聂锦芳:《清理与超越——重读马克思文本的意旨、基础与方法》,北京大学出版社2005年版;王东:《马克思学新奠基——马克思哲学新解读的方法论导言》,北京大学出版社2006年版;陈学明、马拥军:《走近马克思》,东方出版社2002年版;鲁克俭:《国外马克思学的热点问题》,中央编译出版社2006年版;周宏:《理解与批判:马克思意识形态理论的文本研究》,上海三联书店2003年版;韩立新主编:《新版〈德意志意识形态〉研究》,中国人民大学出版社2008年版。

第五章　追踪与扫描：近十年来马克思主义哲学研究的历史回顾

于方法论问题。"从'原著'(work)到'文本'(text)，并非只是名词和提法的改变，而且意味着研究方式的转换。虽然两者的对象是相同的，都是马克思主义的经典文献，但研究方式有重大区别"，"如果说'原著解读'是以马克思主义经典的现成性及其思想的真理性作为自己的立足点，那么"文本研究"则是以马克思主义经典的未完成性及其思想的问题性作为自己的出发点。"因此，马克思主义哲学的文本研究的特点是"以文本为本位"的研究纲领和"以马解马"的解读模式①。

北京大学教授聂锦芳是"以文本为本位"的倡导者。他认为，"原来所理解的马克思主义哲学无论是就其基本范畴、观点、命题，还是原理、体系和结论，相当部分缺乏原始文本的依据和本初意义的支持。当然，这不是说学者们在研究中没有引用过经典文本中的话语，的确也引用了，但大多情况下却是将不同时期、不同文本和不同语境中的论断不加分析地直接引用，结果在很多方面曲解了经典作家原初的意思，并没有呈现其思想的真实面貌。而且考虑到便于思想概括和课程讲授，过去多选择诸如《反杜林论》、《路德维希·费尔巴哈和德国古典哲学的终结》、《唯物主义和经验批判主义》等文本，当然不能说这些文本不重要，但它们并不能代表马克思主义哲学的最高成就。从逻辑上说，马克思主义哲学所阐释的主体应该是马克思的哲学思想，但这一点在传统的原理研究和教学中并没有凸现出来，引用马克思的著作和论述非常之少，而且很不完整"。"这些情形表明，离开文本将无法理解和推进对马克思主义哲学的深入研究。"②由此，他提出了一种"以文本为本位"的方法，他说，"我认为，对于专业的马克思主义研究者，特别是文本研究者来说，需要采取另一种思路，就是说，要以文本为本位，从文本出发，先对其产生背景、写作过程、版本渊源、文体结构、思想内容、理论体系、研究历史与最新动态等多个方面一一进行详实的梳理、考证、分析和阐发；在此基础上我们再从文本中抽象、提炼出重要思想与问题"③。正是在以"文本为本位"的研究策略的指导下，他率先利用丰富的文献资料清理了马克思的手稿、

---

① 杨学功：《学术回顾与反思——马克思主义哲学研究30年(1978—2008)》，载俞可平、王伟光、李慎明主编：《马克思主义在中国60年》，重庆出版社2010年版，第108页。
② 聂锦芳：《近年来国内马克思文本研究的回顾与省思》，载谢地坤主编《中国哲学年鉴2008》，哲学研究杂志社2008年版，第54页。
③ 聂锦芳：《近年来国内马克思文本研究的回顾与省思》，载谢地坤主编《中国哲学年鉴2008》，哲学研究杂志社2008年版，第56页。

书信及藏书等文本的保存与流传情况。在他的《清理与超越——重读马克思文本的意旨、基础与方法》一书中,他精选了 53 部最能表征马克思思想特质、内涵以及发展历程的重要著述,对其写作与出版情况进行了考证。此外,还对"通行本"研究中的遗漏、经典研究中的空白、马克思文本研究中的几种类型等作了分析①。聂锦芳的这种细致梳理无疑对客观地了解马克思思想的原初状态是有一定的价值的。但这种研究策略也引来了不少质疑,如杨学功就认为,聂锦芳"以文本为本位"的主张明显忽略了文本研究中的"解释学处境"。杨学功强调,"解释者无法摆脱'前见'或先入之见而达到所谓'以文本为本位'的理解","任何文本研究中都必然存在的'解释学处境',对于我们开展马克思文本研究具有多方面的启迪意义。而'以文本为本位'的研究纲领,由于对'解释学处境'的漠视,存在着一系列自身无法克服的悖论或难题"。因此,"解读者永远也不可能抛开自己的'解释视域'而进行所谓'以文本为本位'的研究"。而"'以文本为本位'的研究还有可能陷入某种'文本中心主义'的误区,即把马克思的文本封闭起来,只注意其内部一定语境中语词、语句之间的相互关系,割断文本与环境现实之间的联系,其结果是不可能揭示马克思文本的真实意义"②。除了对文本研究的解释学处境的漠视进行质疑之外,还有学者指出了文本研究所可能带来的霸权,沈湘平就认为,马克思主义哲学的文本研究虽然取得了瞩目的成绩,但"他们令人肃然起敬的努力背后也树立起一种霸权,因为它假定了自己对马克思文本的唯一真实解读"③。

北京大学的王东教授在《马克思学新奠基——马克思哲学新解读的方法论导言》一书中系统梳理了马克思主义哲学的研究史,他认为在世界范围内,马克思主义哲学在 150 年的历史发展中共经历了三种起主导作用的解读模式:19 世纪后期的"以恩解马"解读模式——通过恩格斯的通俗性、论战性著作来解读马克思哲学;20 世纪前期的"以苏解马"解读模式——根据 20 世纪 20—50 年代苏联模式下的哲学教科书体系理论框架来解读马克思哲学;20 世纪后期的"以西

---

① 参见聂锦芳《清理与超越——重读马克思文本的意旨、基础与方法》,北京大学出版社 2005 年版。
② 杨学功:《超越哲学同质性神话:马克思哲学革命的当代解读》,北京大学出版社 2010 年版,第 58—60 页。
③ 沈湘平:《马克思主义哲学研究的现状、问题及未来走向》,载刘可风、朱书刚主编《哲学的应用与创新》,中国财政经济出版社 2005 年版,第 60 页。

第五章　追踪与扫描:近十年来马克思主义哲学研究的历史回顾

解马"解读模式——依据近现代西方哲学框架来解读马克思哲学,这也是作者最耗费笔墨的部分。王东教授认为,以上三种解读模式既有历史贡献也有历史局限,其历史局限体现为这些解读模式都是通过别的思想棱镜的折射,势必导致对马克思哲学的误解或偏离。因此,他提出,要真正理解马克思哲学就必须采取"以马解马"的新方式。那么什么是"以马解马"呢？王东在书中郑重声明,"之所以提出'以马解马'的新解读模式,不是为了追求时髦、标新立异,更不是为了咬文嚼字、做文字游戏","'以马解马'这个提法,前后两个'马',不是简单的同义语反复,前边的'以马'是途径,后边的'解马'是目的。'以马解马'这个提法的后一半,比较简要明确,那就是'解读马克思哲学',这里需要对这个提法的前一半'以马'——这个介调结构的具体涵义做出科学规定,也就是具体揭示,通过和马克思相关的什么途径,来达到解读马克思哲学的目的"[①]。由此可见,所谓"以马解马"就是依据马克思本人的文本来揭示马克思哲学的深层底蕴,从而证明其在人类哲学史上所引起的划时代变革。为了真正做到"以马解马",王东教授还对"以马解马"的解读模式做出了"方法论十步"的具体规定:一是根据本人文本;二是还原独特语境;三是结合人生道路;四是再现历史背景;五是追溯理论来源;六是把握来龙去脉;七是抓住理论起点;八是结合整个体系;九是观照内在逻辑;十是忠于精神实质。在此基础上,他更进一步提出了一个创新目标——创立中国马克思学[②]。

最近几年来,马克思主义哲学的文本研究逐步走向了深化,文本研究方法已经不再是探讨的焦点,马克思文本的个案研究及其思想演进逻辑的深入阐发成为了重点研究对象。聂锦芳展开了对马克思的中学作文、《德意志意识形态》、《共产党宣言》等文本的个案研究;中国社科院哲学研究所的魏小萍研究员则聚焦于马克思哲学中的词汇理解问题,她对外化、异化与私有财产概念的翻译、理解进行了细致入微的考证,对资产阶级权利与市民权利、异化劳动与私有财产、分工与私有制是否同质等问题进行了不同文本的对照和词义辨析,揭示了马克思主义哲学跨语种研究所可能存在的问题;还有一些学者对马克思的《博士论文》、《黑格尔法哲学批判》及其导言、《1844年经济学哲学手稿》、《关于费尔巴哈

[①] 王东:《马克思学新奠基:马克思哲学新解读的方法论导言》,北京大学出版社2006年版,第182页。

[②] 参见王东《马克思学新奠基:马克思哲学新解读的方法论导言》,北京大学出版社2006年版。

的提纲》、《〈政治经济学批判〉序言》,以及晚年的《人类学笔记》和《历史学笔记》等经典文本作了新的研究和解读,提出了一些富有启发性的见解;新近出版的孙承叔所著《真正的马克思》一书,集中阐发了马克思《资本论》三大手稿的当代意义。这些颇见功力的成果,是马克思文本研究持续深入的证明。

需要特别指出的是,2010 年是恩格斯诞辰 190 周年,学术界以此为契机,再次引发了马克思与恩格斯的关系的探讨。众所周知,在西方马克思主义中一直存在着"青年马克思与晚年马克思对立论"、"马克思与恩格斯对立论"、"马克思与马克思主义对立论"。中国学者长期坚持马克思与恩格斯"一致论"的观点,因此对西方马克思主义理论中三种对立往往置若罔闻或者基于东西方意识形态的对立直接给予批判。然而,随着马克思主义哲学文本研究的兴起,马克思与恩格斯哲学思想的关系再次走进学界的视野。与 20 世纪 80 年代的简单批判不同的是,此番对马克思与恩格斯哲学思想的关系的研究已经摆脱以往单纯从意识形态角度批判的立场,着重从学术角度研究。

有学者从方法论角度对这个问题的研究进行了反思。梁树发[①]等人指出,对于马克思与恩格斯的关系,国内学者有不同的认识,"差异论"、"对立论"虽然不占主流,但影响比较突出。正如可以对"一致论"发生怀疑一样,我们也可以对"差异论"、"对立论"表示怀疑。但是在得出明确的结论之前,论者必须对自己所奉行的方法论保持自觉,因为"有了正确的方法才能得到正确的结论"。他们具体探讨了马克思与恩格斯关系研究的方法问题,特别强调总体性的方法。在他们看来,就对某一个具体问题的看法来说,马克思和恩格斯可能有所不同,或者马克思曾经谈到这个问题而恩格斯没有,或者相反。在遇到这样的问题时,正确的方法应当是把马克思或恩格斯在某一问题上的前后思想联系起来,同他们各自的一贯思想联系起来,同他们产生某种观点和提出某一思想的不同环境联系起来,把他们两个人的关系同他们从事的整个事业、他们的总体实践联系起来。不能拘泥于一时一事,拘泥于他们在一个或几个观点上的分歧,就轻率地作出"恩格斯反对马克思"或者"马克思反对恩格斯"的结论。

---

① 参见梁树发等《马克思恩格斯关系研究方法辨析》,《江西社会科学》2010 年第 2 期。

第五章 追踪与扫描:近十年来马克思主义哲学研究的历史回顾

还有学者是从文本个案解读入手,具体地阐明马克思与恩格斯在同一时期哲学思想的异同;或者从特定的专题入手,深入辨析他们在相同问题上的观点分歧。在这方面,魏小萍的研究可圈可点。在其专著《探求马克思〈德意志意识形态〉原文文本的解读与分析》中,魏小萍专辟一章对马克思与恩格斯思想进行了比较研究,她从《德意志意识形态》这部两人早期合作的一部重要著作的文本分析和个案解读入手,通过比较恩格斯的誊写笔迹和马克思和恩格斯的各自修改笔迹,来判断《德意志意识形态》中的哪些内容是恩格斯思想的体现,哪些内容是出自马克思本人;此外,她还将马克思和恩格斯前、后期文章中的观点进行对比,从而来推测该思想或观点与马克思和恩格斯本人的关系,及其他们之间的相互影响;最后,她依据马克思和恩格斯既有的思维风格推测某个思想或者观点究竟出自谁手①。除了对《德意志意识形态》进行分析之外,还有学者以马恩之间的通信作为研究对象。臧峰宇通过比较恩格斯与马克思关于历史唯物主义的书信,认为马克思与恩格斯考察社会生活的历史视域的出发点和落脚点是一致的,但在关注角度、思辨方式与表述风格方面存在一定的差异②。此外,浙江工商大学的教授何丽野从文本考证的角度比较了马克思与恩格斯关于社会意识的思想③。与上述研究不同的是,宫敬才对马克思主义哲学的传播进行了分析,他认为在马克思哲学的传播史上,存在着一个"马克思哲学思想的恩格斯化"过程,结果是恩格斯化马克思主义哲学的形成。他通过对哲学研究的本体、哲学分析的框架、对相同思想资源的解读、对历史唯物主义内容范围的理解、对马克思主义理论体系的理解和哲学观等多方面的比较,揭示了他们哲学思想之间的异质性④。中央党校的侯才教授对马克思与恩格斯关于唯物主义历史观的不同诠释作了比较,他认为马克思的唯物主义历史观内含了一种以实践为基础的自然观,它实际上是一种自然观与社会历史观相统一的一元论历史观;恩格斯将马克思的唯物主义历史观的对象和适用范围限定在单纯的社会历史观领域,同

---

① 参见魏小萍《探求马克思〈德意志意识形态〉原文文本的解读与分析》,人民出版社 2010 年版,第五章。
② 臧峰宇:《书信中的哲思:晚年恩格斯历史唯物主义阐释——兼与马克思历史唯物主义的书信比较》,《教学与研究》2010 年第 6 期。
③ 何丽野:《从文本考证看马克思和恩格斯关于社会意识的思想——与魏小萍研究员商榷》,《哲学动态》2010 年第 10 期。
④ 宫敬才:《论马克思哲学思想的恩格斯化》,《北京行政学院学报》,2010 年第 5 期。

时提出"辩证而又唯物主义的自然观"概念,从而将马克思的一元论历史观二重化①。

第三节　国外马克思主义研究的第三次浪潮

国外马克思主义(主要是指西方马克思主义和新马克思主义②)是近年来马克思主义哲学研究领域的又一个热点。建国以来,中国的马克思主义研究主要是对苏联的马克思主义哲学的复制,由于东西方意识形态上的对立,中国把苏联的马克思主义哲学研究看作是唯一"正统"的马克思主义哲学,而对苏联以外的西方马克思主义研究采取排斥态度。改革开放以后,随着国门的缓慢开启,人们对国外思潮的了解愿望日益迫切,于是学界开始积极引介现代西方哲学思潮,在这种背景下,西方马克思主义研究成果被解禁了。中国社会科学院研究员徐崇温先生率先开拓了国外马克思主义研究领域,于1982年出版了《西方马克思主义》(天津人民出版社)一书,这是我国西方马克思主义研究的奠基之作。该书介绍了西方马克思主义的来龙去脉,对其代表人物的著述和思想作了较系统分析和评价,内容涉及卢卡奇的《历史和阶级意识》、柯尔施的《马克思主义和哲学》、葛兰西的《狱中笔记》、布洛赫的"希望"哲学,以及企图把马克思与弗洛伊德综合起来的赖希、法兰克福学派、列斐伏尔的异化——日常生活批判理论、萨特和梅洛·庞蒂的"存在主义马克思主义"、德拉·沃尔佩和科来蒂的"新实证主义马克思主义"、阿尔都塞的"结构主义马克思主义"、马勒的新工人阶级论和高兹的争取社会主义的新战略等。由于西方马克思主义研究在20世纪80年代还是一个未被言明的禁区,因此该书带有鲜明的意识形态印记,著者不可避免地将西方马克思主义哲学置于苏联式的马克思主义哲学的对立面或异端地位予以批判性地评介。尽管该书具有明显的20世纪80年代的烙印,但它的出版还是引起了学界对西方马克思主义研究的热潮。从此以后,虽然在1983—1984年间的"清理

---

①　侯才:《马克思的唯物主义历史观及恩格斯的诠释》,《北京行政学院学报》2010年第5期。
②　新马克思主义主要指以生态学马克思主义、女权主义马克思主义等为代表的20世纪70年代至80年代以后的欧美新马克思主义流派、东欧新马克思主义以及其他一些国外新马克思主义流派。

第五章 追踪与扫描：近十年来马克思主义哲学研究的历史回顾

精神污染"运动中，西方马克思主义研究受到过压制，但它还是以不可遏止的势头迅速崛起。1985年该书被国家教委高校文科教材办公室确定为高校文科教材，这一事件标志着西方马克思主义正式进入大学讲堂，拥有了合法的身份。

如果说20世纪80年代是西方马克思主义研究的第一次高潮，那么进入90年代以后，西方马克思主义研究则掀起了第二次高潮。随着苏东剧变，苏联的马克思主义逐渐失去了权威和"正统"地位，中国学界开始反思苏联式的马克思主义的历史弊端，试图从苏联教条的马克思主义哲学中解放出来，这时，西方马克思主义研究由于其异质性而成为了一个可供参考的视角，于是人们比以前更加迫切地渴望了解西方马克思主义。因此，在20世纪90年代，西方马克思主义研究就从80年代的简单批判转换为肯定认同，从20世纪80年代的翻译介绍为主转向了逻辑线索的梳理及重点人物和重点问题的专项研究。按照仰海峰的分析，90年代"学界围绕着'西方马克思主义'、'国外马克思主义'等概念展开了争论，这是学科自觉的一种理性体现。同时，国外马克思主义哲学研究的意义也逐渐得到了学界的认同，研究队伍也在日益扩大，出版了全面介绍国外马克思主义哲学的教材和著作，一些重要人物和专题的研究专著和译著也日益增多"[①]。首先是西方马克思主义教材日益成熟，"自20世纪90年代中期开始，国内学界就开始力图从总体上把握西方马克思主义哲学的总体图景，《国外马克思主义流派》、《当代西方马克思主义》等著作，就是国内学者从总体上描述西方马克思主义哲学总体图景的尝试。《国外马克思主义流派》一书对代表人物的代表著作进行了提炼与说明，对代表人物的思想发展进程进行了简要分析，这对于西方马克思主义的理论推介起到了重要的作用"；其次是理论视域日益开阔，前沿研究日益深入，"随着国外马克思主义哲学学科的发展，出现了专门研讨国外马克思主义的连续性书籍，对国外马克思主义的前沿问题与重要人物进行追踪研究，并对以往被忽视或研讨不够的重要人物与思想流派进行"拾遗性"研究。在这方面，《国外马克思主义研究报告》、《当代国外马克思主义评论》、《社会批判理论纪事》等起到了很好的推动作用"；最后，注重从问题出发来全面梳理、研究国外马克思

[①] 仰海峰：《近年来国外马克思主义哲学研究述评》，载中国社会科学院哲学研究所编《中国哲学年鉴(2009)》，第79页。

主义的思想进程,"有学者从现代性批判视角出发,来揭示国外马克思主义一些代表人物的现代性思想,实现与国外马克思主义的对话。有学者以文化哲学为主线,系统描述了国外马克思主义文化批判的主题。另外,国外马克思主义的意识形态理论、国家理论、消费社会批判理论都引起了学界的深入讨论"①。

从新世纪开始到现在可以说是西方马克思主义哲学研究的第三次浪潮。这一阶段的西方马克思主义研究有以下几个特点:(1)学科意识增强,各种版本的西方马克思主义教科书纷纷出炉。主要代表作品如《西方马克思主义教程》(陈学明,高等教育出版社2001)、《西方马克思主义概论》(衣俊卿,北京大学出版社2008)、《西方马克思主义哲学的历史逻辑》(张一兵、胡大平,南京大学出版社2003)等。(2)越来越多的学者加入西方马克思主义研究的行列,研究范围不断延伸。目前学界不仅关注西方马克思主义的主要代表人物,而且一些"非主要代表人物"也进入研究者的视野,如早期西方马克思主义的人物布洛赫②、法兰克福学派第二代的代表施米特③等。布洛赫的思想在中国学界一直若隐若现,作为西方马克思主义的早期人物,布洛赫并没有引起中国学界的太多关注,近年来,随着西方马克思主义研究的深入,布洛赫思想研究取得了重要进展,吉林师范大学的金寿铁教授长期钻研布洛赫思想。与以往的关注点不同,新世纪以来学界开始聚焦于1970年后的西方马克思主义理论,如对法兰克福学派的第四代的代表人物霍耐特的研究及后马克思主义的研究。2002年曹卫东在《法兰克福学派掌门人》④一文中最早将霍耐特的理论引入国内,从此,霍耐特的承认理论引起了国内学者的兴趣,"有的以霍耐特承认的不同形式作为切入点,进行承认类型学研究;有的从承认的渊源及其变迁来研究其承认理论的思想内容;有的从法兰克福学派批判理论的发展变化来研究其理论的价值意义;也有的从现实出

---

① 仰海峰:《近年来国外马克思主义哲学研究述评》,载中国社会科学院哲学研究所编《中国哲学年鉴(2009)》第79—89页。
② 张双利:《论恩斯特·布洛赫的人本主义道路》,《马克思主义与现实》2007年第2期;夏凡:《乌托邦困境中的希望——布洛赫早中期哲学的文本学解读》,中央编译出版社2008年版;金寿铁:《迈向"人的社会形式"的社会主义——恩斯特·布洛赫与社会主义理论的重建》,《社会科学》2009年第9期;金寿铁:《纳粹的上台与左翼的失败——恩斯特·布洛赫关于法西斯主义理论》,《社会科学》2012年第6期。
③ 徐贲:《政治神学的教训:失节的施米特》,《开放时代》2006年第2期;陈伟:《施米特的代表理论》,《复旦学报》2009年第4期。
④ 参见曹卫东《法兰克福学派掌门人》,《读书》2002年第10期。

发,研究霍耐特承认理论的现实指导意义"①。同时,拉克劳、墨非、齐泽克等后马克思主义的研究也成为近期西方马克思主义研究的重要内容,曾枝盛是国内较早关注后马克思主义研究的学者,他的《后马克思主义》②一书是较早全面介绍后马克思主义的权威著作。周凡是国内后马克思主义研究中著名的青年学者,他主编的《后马克思主义》和《后马克思主义：批判与辩护》③两本书目前已经成为国内后马克思主义研究的重要参考书目。目前,后马克思主义研究已经发展为一个庞大的学术群体,较知名的学者有张一兵、胡大平、孔明安、杨耕、陈学明等④。不仅如此,如今一些青年学者甚至追踪西方马克思主义研究的最新进展,如对德里克、杰姆逊、哈维等晚期马克思主义者的研究⑤。(3)研究内容与中国问题结合得愈来愈紧密。如与生态问题相关的生态学马克思主义研究,与人的异化相关的德波的景观社会理论研究,与消费社会相关的鲍德里亚的消费社会理论研究,等等。西方生态学马克思主义强调从生态政治学的视角来发展马克思的历史唯物主义,并展开了对当代生产方式的分析,国内学界的生态学马克

---

① 赵琰：《国内霍耐特承认理论研究综述与思考》，《广州社会主义学院学报》2011年第1期。
② 参见曾枝盛《后马克思主义》（台北）2002年版。
③ 参见周凡主编《后马克思主义》、《后马克思主义：批判与辩护》，中央编译出版社2007年版。
④ 张一兵等：《西方马克思主义之后：理论逻辑与现实嬗变》（笔谈），《福建论坛》2000年第4期；胡大平：《马克思主义之后——后马克思主义的论题和理论逻辑》，《南京大学学报》2003年第2期；胡大平：《后马克思主义知识规划的来源与特征》，《人文杂志》2003年第3期；胡大平：《后马克思主义思潮的批判性探讨》，《现代哲学》2004年第1期；孔明安：《"后马克思主义研究"及其理论规定》，《哲学动态》2004年第2期；周凡：《后马克思主义：概念的谱系学及其语境》，《河北学刊》2005年第1—3期；曾枝盛：《"后马克思主义"的定义域》，《学术研究》2004年第7期；杨耕：《后马克思主义：历史语境与多重逻辑》，《哲学研究》2009年第9期。
⑤ 胡大平：《后革命氛围与全球资本主义——德里克弹性生产时代的马克思主义研究》，南京大学出版社2002年版；胡大平：《从地理学到生态社会主义政治学——文献史和问题史中的哈维》、《历史地理唯物主义与希望的空间——晚期马克思主义视域中的哈维》、《地理学想象与社会理论——社会理论视域中的哈维》，《社会理论论丛》第3辑，南京大学出版社2006年版；胡大平：《"后现代"的政治思索——析杰姆逊后现代式马克思主义话语》，《福建论坛》2002年第1期；张亮：《作为思潮的"晚期马克思主义"》，《南京大学学报》2003年第2期；杨生平：《詹明信后现代大众文化理论探析》，《教学与研究》2009年第1期；颜岩：《批判的社会理论及其当代重建：凯尔纳晚期马克思主义思想研究》，人民出版社2007年版；汪行福：《帝国：后现代革命的宏大叙事》，《当代国外马克思主义评论》2007年卷；王金林：《美国马克思主义研究的新动向》，《学术月刊》2007年第11期。刘军：《全球资本主义时代的中国特色社会主义——德里克的"马克思主义思想"研究》，《社会主义研究》2007年第1期；刘莉：《阿里夫·德里克的全球资本主义批判思想——对经典马克思主义资本主义批判的现实转换》，《科学社会主义》2008年第6期；李百玲：《德里克论全球现代性与中国特色社会主义》，《中国特色社会主义研究》2008年第6期。张佳：《全球空间生产的资本积累批判——略论大卫·哈维的全球化理论及其当代价值》，《哲学研究》2011年第6期；李春敏：《大卫·哈维的空间正义思想》，《哲学动态》2012年第4期；董慧：《间、生态与正义的辩证法——大卫·哈维的生态正义思想》，《哲学研究》2011年第8期。

思主义研究主要是探讨西方生态学马克思主义的内在逻辑,并对代表人物如高兹、库珀、福斯特、利比兹等人的思想进行个案分析[①]。德波的景观社会理论是在西方进入了商品丰裕的消费社会的背景下发展出来的一种国际情境主义,德波将马克思的商品拜物教批判发展为媒介景观时代的批判。目前国内对德波的研究主要集中在德波的景观社会理论在整个西方马克思主义批判社会理论中的地位及价值,如仰海峰的《德波与景观社会批判》、李怀涛的《景观拜物教:景观社会机制批判》、王昭风的《居伊·德波的景观概念及其在西方批判理论史上的意义》、刘力永的《景观社会:媒介时代的批评话语》等文,也有人另辟蹊径研究德波景观社会理论中的时间问题,如陈红桂的《时间、景观时间与自由时间——对居伊·德波〈景观社会〉中时间观的评析》一文。该文认为德波既从历时性向度对"时间"展开历史的追索,又从共时性视角分析了每一时期"时间"的多维结构,这样就揭示了"景观时间"实质的虚假性循环及其与循环时间的异质性[②]。

消费主义是当代社会特别是当代资本主义社会的一大特征。鲍德里亚地指证了消费原则在当代社会中的主导地位,他把消费对象特别地理解为通过符号及其意义系统反映出来的关系本身,他还广泛地考察了符号消费的技术工具和文化订制系统,并对消费社会的异化后果进行了尖锐的批判。鲍德里亚的消费社会理论引起国内学者的极大共鸣,学界对鲍德里亚的思想来源、鲍德里亚思想的发展进程、早期鲍德里亚与消费社会批判理论、鲍德里亚思想中符号与象征的二元结构、鲍德里亚消费社会思想的意义及局限等内容都进行了深

---

① 徐艳梅:《生态学马克思主义研究》,社会科学文献出版社2007年版;曾文婷:《生态学马克思主义研究》,重庆出版社2008年版;陈食霖:《论西方生态学马克思主义对消费主义价值观的批判》,《江汉论坛》2007年第7期;王雨辰:《生态政治哲学何以可能?——论西方生态学马克思主义的生态政治哲学》,《哲学研究》2007年第11期;姚顺良:《马克思主义生态学思想与西方生态哲学的比较研究》,《中州学刊》2008年第1期;卜祥记:《福斯特生态学语境下的马克思哲学》,《哲学动态》2008年第5期;唐正东:《政治生态学代表了马克思主义的未来吗?——评阿兰·利比兹的政治生态学马克思主义》,《哲学研究》2008年第3期;王雨辰:《技术批判与自然的解放——评西方生态学马克思主义的技术观》,《马克思主义研究》2008年第4期;唐正东:《基于生态维度的社会改造理论》,《马克思主义研究》2009年第1期。

② 王昭风:《居伊·德波的景观概念及其在西方批判理论史上的意义》,《南京社会科学》2008年第2期;王昭风:《从景观空间中突围——一种心理地理学的批判》,《现代哲学》2004年第4期;仰海峰:《德波与景观社会批判》,《教学与研究》2008年第8期;陈红桂:《时间、景观时间与自由时间——对居伊·德波〈景观社会〉中时间观的评析》,《马克思主义研究》2008年第5期;李怀涛:《景观拜物教:景观社会机制批判》,《广西社会科学》2008年第6期;刘力永:《景观社会:媒介时代的批评话语》,《北方论丛》2006年第6期;吴猛:《法国马克思主义研究的新成果》,《学术月刊》2007年第11期。

入的探讨①。

第四节 马克思主义政治哲学研究的新趋势

近年来,马克思主义政治哲学成为马克思主义哲学研究的一个新热点。20世纪70年代以来,政治哲学在西方出现了强劲复兴,甚至在哲学领域形成了一个所谓的"政治哲学转向"。西方政治哲学的复兴与罗尔斯《正义论》(1971年)的出版密不可分。万俊人曾指出:"罗尔斯的《正义论》自1971年发表后,不仅整个西方哲学,而且整个世界哲学的发展都发生了根本性的理论转向,注重哲学之知识合法性论证的分析哲学和语言哲学逐渐淡出哲学的主题论坛,让位于关注社会现实生活与价值秩序的政治哲学和道德哲学。"②《正义论》虽然在20世纪80年代末就有了中文译本,但直到90年代末21世纪初政治哲学才真正成为中国学界关注的焦点,从政治哲学的角度来考察马克思主义也就成为马克思主义哲学研究中的一个新热点。2006年《中国社会科学》杂志社主办的主题为"马克思主义政治哲学:阐释与创新"第六届"马克思哲学论坛",极大地推动了马克思主义政治哲学的研究,从此以"马克思政治哲学"为主题的学术论文、研究专著开始大量出现,马克思主义政治哲学真正成为了学术界的热点。

长期以来,在中国学术界马克思关于政治问题的哲学思考都被当作马克思主义唯物史观的一部分,因而马克思主义政治哲学一直没有成为一个独立的研究对象。学者们甚至怀疑马克思主义政治哲学这一提法是否具有合法性,于是

---

① 仰海峰:《走向后马克思:从生产之镜到符号之镜》,中央编译出版社2004年版;戴阿宝:《终结的力量——鲍德里亚前期思想研究》,社会科学文献出版社2006年版;高亚春:《符号与象征——波德里亚消费社会批判理论研究》,人民出版社2007年版;夏莹:《消费社会理论及其方法论导论——基于早期鲍德里亚的一种批判理论建构》,中国社会科学出版社2007年版;孔明安:《物·象征·仿真——鲍德里亚哲学思想研究》,安徽人民出版社2008年版;张天勇:《社会的符号化——马克思主义视域中的后期鲍德里亚思想研究》,人民出版社2008年版;张盾:《从后现代主义的挑战看马克思批判理论的当代效应》,《天津社会科学》2005年第4期。唐正东:《鲍德里亚对马克思生产概念的误读》,《现代哲学》2007年第2期;姚顺良:《鲍德里亚对马克思劳动概念的误读及其方法论根源》,《现代哲学》2007年第2期;陈立新:《鲍德里亚消费社会理论存在论上的启示》,《哲学动态》2008年第1期;余源培:《评鲍德里亚的"消费社会理论"》,《复旦学报》2008年第1期;胡大平:《荒诞玄学何以成为革命的理论》,《吉林大学社会科学学报》2008年第2期。

② 万俊人、李义天:《政治哲学研究:历史、现在与未来》,《马克思主义与现实》2008年第1期。

学界首先要关注的就是马克思主义哲学中是否有政治哲学？如果有，那么马克思主义政治哲学是什么性质的政治哲学？以及如何建构中国当代的马克思主义政治哲学？

对于以上问题，南开大学的陈晏清教授明确指出，"马克思主义产生于资本主义市场经济已确立之时"，"它不可避免地会有一种政治哲学"。"这对于西方学界的大多数学者来说，根本就不成为一个问题。对他们来说，马克思主义当然有一种政治哲学，甚至马克思主义主要的就是一种政治哲学。但是，由于种种理论上和实际上的原因，在很长时间中，马克思主义政治哲学却淡出了哲学的视野"。"但说马克思主义有一种政治哲学，并不意味着既有的马克思主义政治哲学有着与人们通常得自于自由主义政治哲学概念的相同或相似的那种理论内容。任何一种政治哲学所追求的，都是在其理论内达成价值性与事实性的某种统一，或所谓可欲之事与可行之事的统一"，"在不同的历史时代，由于变化了的事实性的作用，会提出不同的价值目标"，至于如何把握住一个历史时代所规定的价值目标，不同的政治哲学基于其理论立场的不同，可能会有不同的理论进路"①。可见，在陈晏清教授看来，马克思主义的政治哲学是存在的，但中国的马克思主义政治哲学不能等同于西方自由主义的政治哲学概念，而应是一种真正体现了中国现时代精神的，真正深刻把握中国历史的事实性所规定的具有客观可能性意义的政治哲学。此外，邹诗鹏从西方自由主义传统的近现代兴衰论述了马克思主义政治哲学的兴起。在《当代政治哲学的复兴与马克思主义政治哲学传统》一文中，他提出，"马克思主义政治哲学是在对西方近代资本主义的批判中形成的"，"是向第三世界开放的"，"在第三世界形成的马克思主义政治哲学，必然是基于其民族立场，与帝国主义相抗衡的、有着自己独立的民族意识、人类关怀以及政治理念并要求生成实践形态的马克思主义"。"马克思政治哲学有两个基本向度：一是由阶级分析理论支撑起来的政治解放"，"二是政治解放必然要通向人类解放"。"从形式上看，政治哲学在整个马克思哲学中居于十分重要的地位，但是，从内容上看，马克思的政治哲学又是服从于整个人类解放的哲学

---

① 陈晏清：《政治哲学的兴起与当代中国马克思主义政治哲学的建构》，《中国社会科学》2006年第6期。

第五章　追踪与扫描：近十年来马克思主义哲学研究的历史回顾

理念的。在他那里,政治解放只是中介,人类解放才是目的,马克思的政治哲学是服从于其总体的哲学人类学的"。"通过马克思主义政治哲学传统的中国化从而完成中国政治传统的当代转化","是当代中国马克思主义政治哲学面临的时代课题"。确如邹诗鹏所说,"当代西方的政治哲学总体上仍然只是自由主义与保守主义的较量对决,而且有意舍弃了马克思主义政治哲学传统或使之边缘化",而马克思主义政治哲学传统"不仅对西方发达资本主义及其社会文化的总体性问题","对非西方以及弱势群体的生存处境",而且对"自由主义与保守主义的分析批判",都具有不可替代的分析批判意义①。关于马克思主义政治哲学的性质,郁建兴认为,"马克思哲学即是一种政治哲学"。"马克思通过对黑格尔国家理想主义的批判,得出的结论是国家必须被消灭。人类解放,作为对政治解放的超越,必须以推翻现存社会为前提",因此"马克思政治哲学具有极其显著的超越性特点","马克思政治哲学的超越性,并非是对现存国家政治秩序的简单否弃。他关于自由主义民主、无产阶级专政的论述,关于人类解放理想的论证,以及对向这一理想社会过渡的条件和经济、政治形式等所作出的阐述,都是其政治哲学具有深厚内在性的表现"。不过我们还要看到,"马克思主义政治哲学中包含的许多矛盾、紧张点、尚未解决的问题以及由于时代变迁而需要补充发展的诸多空白",因此"结合时代发展变化,修正、补充、丰富和发展马克思主义政治哲学"就是当代中国学术界的使命②。可见,中国学者普遍都认识到,"在把握马克思主义的理论实质和理论旨趣的基础上,如何以中国特色社会主义现代化实践为基础,结合当今人类实践尤其是政治形态的新特点和新功能,从中国特色社会主义的理论宝库中汲取思想资源,是当代中国马克思主义政治哲学理论建构的必然途径"③。

其次,学术界还关注了马克思主义政治哲学与西方传统政治哲学之间的关系。最早被挖掘的是马克思政治哲学与黑格尔政治哲学的关系,郭丽兰剖析出

---

① 邹诗鹏:《马克思主义政治哲学传统》,《学术月刊》2006 年第 12 期。
② 郁建兴:《马克思的政治哲学遗产》,《中国社会科学》2006 年第 6 期。
③ 赵剑英、陈晏清主编:《马克思主义政治哲学:阐述与创新》,社会科学文献出版社 2007 年,第 2 页。

马克思对黑格尔政治哲学的批判,为其新型政治哲学的创立奠定了基础①。郁建兴认为,马克思政治哲学思想的直接来源是黑格尔主义。黑格尔的政治哲学批判恰恰是马克思政治思想发展的转折点,因此黑格尔政治哲学对于马克思政治思想的形成具有重要的正面意义②。张盾则从黑格尔的主奴关系辩证法入手来分析黑格尔思想对马克思政治哲学的启发③。之后,学界还注意到了马克思政治哲学对西方古典自由主义的批判与超越。王东和王晓红考察了马克思与卢梭的关系的二重性,即马克思对卢梭不仅存在继承渊源而且实现了创新超越④。杨晓东在梳理欧洲近代政治理念的发展和演变的基础上,分析了马克思政治哲学产生的理论背景,并由此提出马克思政治哲学的诞生是对欧洲近代国家主义和自由主义的超越⑤。

当代马克思主义政治哲学研究除了关注马克思主义政治哲学的合法性问题、关注中国马克思主义政治哲学的建构、关注马克思主义政治哲学与西方政治哲学的关系问题之外,还格外关注一些具体问题,如公平与效率、社会秩序、当代公民社会的构建问题,等等。正如有学者分析,"马克思主义政治哲学在当代的发展体现了一种宏观政治哲学范式向微观政治哲学范式的递变"。因此"今日的马克思主义政治哲学的核心问题除了自由、正义、民主这样一些最基本的概念外,也讨论政治体制的合法性问题,合法性的基础是什么?它的伦理基础是什么等问题。特别是中国的社会主义现代化发端于经济体制改革,目前正在向政治和文化领域积极推进。在这种背景下,关于中国社会主义国家政治体制改革问题,必然成为马克思主义政治哲学所关注的重大的现实问题和理论前沿问题。在这种背景下,社会哲学、政治哲学等部门哲学迅速崛起,社会转型问题、社会秩序问题、公平与效率问题、现代性问题、我国公民社会构建问题等成为哲学研究

---

① 郭丽兰:《马克思现代新型政治哲学初步奠基:〈黑格尔法哲学批判〉》,《北京行政学院学报》,2009年第1期。
② 郁建兴:《马克思政治思想的黑格尔主义起源》,《浙江大学学报》2001年第4期;《从政治解放到人类解放——马克思政治思想初论》,《中国社会科学》2000年第2期;《马克思的政治哲学遗产》,《中国社会科学》2006年第6期。
③ 张盾:《马克思实践哲学视野中的"承认"问题—黑格尔"主人/奴隶辩证法"与马克思政治理论的历史渊源》,《马克思主义与现实》2007年第1期。
④ 王东、王晓红:《从卢梭到马克思:政治哲学比较研究》,《教学与研究》2007年第6期。
⑤ 杨晓东:《马克思与欧洲近代政治哲学》,社会科学文献出版社2008年版,第32—40页。

第五章　追踪与扫描：近十年来马克思主义哲学研究的历史回顾

的重点,正是这种宏观政治哲学向微观政治哲学转变的表征"①。这方面的研究成果颇多②,比较有代表性的如林进平对马克思正义问题的解读③,其专著《马克思的"正义"解读》立足国内外理论界对"马克思与正义"的关系问题,进行了全面系统的阐释与评价。张盾、赵彦娟的《激进民主：马克思政治理论域中的民主问题》一文剖析了激进民主思潮与马克思政治思想之间深刻而复杂的传承关系④。

---

① 敬海新：《改革开放以来马克思主义政治哲学的新发展》,《理论探讨》2009 年第 1 期。
② 如关注正义问题的有林进平《马克思的"正义"解读》,社会科学文献出版社 2009 年版；孙咏：《试述罗尔斯、哈贝马斯和马克思的正义观——探讨建设社会主义和谐社会价值的核心机制》,《南京社会科学》2007 年第 10 期；赵甲明、王代月：《马克思正义理论的两个维度及其政治哲学特征》,《马克思主义与现实》2008 年第 5 期。关注自由问题的有张剑抒：《马克思自由思想的真蕴及其当代境遇》,群言出版社 2008 版；刘伟：《马克思的自由概念》,南开大学博士学位论文 2009 年。关注民主问题的有张盾、赵彦娟：《激进民主：马克思政治理论域中的民主问题》,《学术月刊》2006 年第 10 期；俞可平：《马克思论民主的一般概念、普遍价值和共同形式》,《马克思主义与现实》2007 年第 3 期。关注解放问题的有杨楹：《论马克思解放理论的伦理旨趣》,《哲学研究》2005 年第 8 期；罗骞的《"现代解放"仅只是"政治解放"——论马克思政治哲学的一个核心思想》,《毛泽东邓小平理论研究》2006 年第 11 期；阎孟伟：《马克思的解放理论及其对我们的启示》,《马克思主义政治哲学阐释与创新》,社会科学文献出版社 2007 年版；罗骞的《"现代解放"仅只是"政治解放"——论马克思政治哲学的一个核心思想》,《毛泽东邓小平理论研究》2006 年第 11 期。
③ 参见林进平《马克思的"正义"解读》,社会科学文献出版社 2009 年版。
④ 张盾、赵彦娟：《激进民主：马克思政治理论域中的民主问题》,《学术月刊》2006 年第 10 期。

第六章 近代文学：一个尚无定论的研究话题

引　言

首先要阐释一下"什么叫近代文学"，在当今主流的文学史观中，对文学史的分期如下：1840年以前，古代文学；1840年—1919年，近代文学；1919年—1949年，现代文学；1949年至今，当代文学。如北大中文系教授袁行霈主编的《中国文学史》就是这样认定，1996年出版的最具权威性的《中国近代文学大系》亦持此论。

鸦片战争以来短短100多年间的文学，被划分为"近代文学"、"现代文学"和"当代文学"这三块，相较于两千多年的"古代文学"，实在是有点渺小和琐碎。尤其是"近代文学"，相比其他几个文学分期来说，显得尤为特殊，一直以来，它都被视为介于"古代文学"、"现代文学"两者之间的一个过渡阶段，地位稍显尴尬。在人大复印资料众多分册中，"近代文学"没有单独刊本，而是与"古代文学"同列一刊，且转载文章远远少于古代文学，其地位可见一斑。

近代文学是中国文学发展中的一个重要阶段，它衔接古代，承启现当代，具有丰富的内蕴和很高的学术价值，也存在不少争议。早在"五四"之前，对近代文学的研究就已出现，代表作是刘师培的《论近世文学之变迁》（1907年），随着五四新文化运动的揭幕，近代文学成为一段相对固定的历史。1922年，胡适的《五十年来中国之文学》是第一部研究近代文学的论著。之后，如鲁迅的《中国小说史略》、周作人的《新文学源流》都有论及近代的部分。上世纪二三十年代，这方面的优秀著作有朱自清的《中国新文学纲要》（1928年），阿英的《晚清小说史》

第六章　近代文学：一个尚无定论的研究话题

(1937年)，郑振铎所编《晚清文选》(1937年)等。1949年后，这一领域的研究成果主要是初步构建起一种学科的基本框架，如复旦大学中文系56级所编纂的《中国近代文学史稿》，同时也整理出一批有价值的史料，如舒芜的《中国近代文论选》，阿英的《晚清文学丛钞》等，侧重点都偏向于如何为反帝反封建斗争服务上。由于意识形态的种种掣肘，这一阶段研究进展甚微，文学性受到了很大的伤害。1979年至今是近代文学研究的繁盛期，涌现出一大批著名学者和代表作，如郭延礼的《中国近代文学发展史》，黄霖的《近代文学批评史》，任访秋主编《中国近代文学史》，陈伯海、袁进主编的《上海近代文学史》，等等。对于20世纪近代文学的成就，学界已经做了不少总结与回顾①，而新世纪以来近代文学研究的发展现状及其问题，还尚未有人归纳。

世纪之交的2000年，《文学遗产》杂志社组织名为"世纪学科回顾"的一组重头文章，其中由袁进（时为上海社科院文学所研究员，现为复旦大学中文系教授）、王飚（中国社科院文学所研究员）、关爱和（河南大学文学院教授）三位近代文学大家探讨并撰写的《探寻中国文学从古典到现代的转型历程——中国近代文学研究的世纪回眸与前景瞩望》一文非常值得关注②，文章分为三部分，一为"回顾与反思"，详细梳理了近代文学研究（包括学科建设）的发展脉络，总结了各阶段的研究成果与局限；二为"价值与定位"，重新为近代文学研究定调，探讨近代文学究竟是什么？它的研究价值在哪里？文中，王飚给近代文学下了一个定义，近代文学是"从古代文学体系到现代文学体系的转型期文学"；袁进认为，近代文学的"过渡"性质值得进一步挖掘，不能局限于表层的作家作品研究；关爱和表示，近代文学的价值在于："一方面是中国古典文学的承续与终结，另一方面又是中国文学走向现代的奠基与先声。"第三部分"求实与开拓"，站在世纪之交，三位学者对于近代文学在哪些领域尚待开疆拓土，哪些理论课题有待精细深化上提出了各自的见解。如王飚提到的"求实就是突破"这一主旨，脱离了意识形态的束缚后，把真实的近代文学面貌展现出来就成为了第一位的诉求；关爱和提出

---

① 关于二十世纪近代文学的总结与回顾，可参见郭延礼《二十世纪中国近代文学研究学术历程之回顾》；关爱和《二十世纪中国近代文学研究述评》；关爱和、朱秀梅《中国近代文学研究三十年》；王飚、关爱和、袁进《探寻中国文学从古典到现代的转型历程——中国近代文学研究的世纪回眸与前景瞩望》等文。

② 参见《文学遗产》2000年第4期。

加强史料的考订整理工作；袁进则提出更为细化的方向，像西方传教士对近代文学的影响；民初小说的重新评价；文学诸元素（作家、文本、语言、传播方式、读者）在近代的转型，等等。如今，又是10多年过去了，新世纪近代文学有哪些新的成果与问题？在多大程度上延续并拓展了上世纪近代文学已有的研究基础？又在哪些方面回应了世纪初学人的孜孜求索和殷切期望？这些问题非常值得研究。

第一节 "近代文学"概念的缘起

"近代文学"这一提法始见于1921年沈雁冰（茅盾）所著的《近代文学体系的研究》，从此这一概念逐渐为学界使用。然而，究竟何为"近代文学"？它起讫于何时？包括哪些具体内涵？这些问题从其诞生之初就争议不断。如1928年陈子展著有《中国近代文学之变迁》，他认为"近代"应始于戊戌变法，认为"从这时候起，古旧的中国总算有文学之变迁"；上世纪80年代中期，钱理群、黄子平、陈平原的"二十世纪中国文学三人谈"力图打通"近代"、"现代"、"当代"这三个阶段，以"二十世纪文学"通论之，意图在于"把二十世纪中国文学作为一个不可分割的有机整体来把握"①。上世纪末，复旦大学章培恒在其主编的《中国文学史新著》中将现代以前的中国文学分为"上古"、"中世"、"近世"三期②，等于取消了"近代文学"这一文学史概念。

"近代文学"这一提法更多是依据历史事件和政治需要的产物。标志性事件即上世纪40年代，随着近代革命史学的兴起与定性，由史及文，鸦片战争爆发的1840年与"五四运动"爆发的1919年便成为了"近代文学"的起讫之年。随着文学史研究的不断深入，对"求实"的要求不断提高，这样简单粗糙的分期法不免遭人诟病。王飚就直言不讳地指出，"这一划分当初主要不是对文学自身历史阶段审察研究的结果，而是以社会史、革命史分期为依据的。由此促成了这门学科形成，但也因此隐伏着某种先天缺损。这种先天缺损对学科后来的'健康状况'影

---

① 黄子平、陈平原、钱理群：《论"二十世纪中国文学"》载王晓明主编《二十世纪中国文学史论》（第一卷），东方出版中心1997年版，第1页。
② 参见章培恒、骆玉明主编《中国文学史新著》，上海文艺出版社1998年版。

第六章 近代文学：一个尚无定论的研究话题

响是很大的，最主要的就是近代文学在'文学'发展史上的价值没有充分揭示，甚至这一划分从'文学'上看有无根据都没有得到充分论证"①。

正是由于这种"先天缺损"，有关近代文学的学科地位、学科名称等重大问题的争议从未停止过。在摆脱了长期以来意识形态对文学的掣肘后，人们渴望从文学史的分期入手，进一步提高文学的独立性。进入新世纪以来，这些问题更是一再被提及。尤其是近些年"重写文学史"的呼声一浪高过一浪，一些似乎早已成为定论的论断又重新遭遇质疑。比如"近代文学的开端与终点"、"近代文学的重新定位"、"近代文学与现代文学的关系"，等等。

2001年，复旦大学章培恒教授在《关于中国现代文学的开端——兼及"近代文学问题"》一文中旗帜鲜明指出"近代文学"的这一分期方法没有根据②。此前，他就认为"古代文学研究与现代文学研究是两个学科，前一个学科的终点是后一个学科的起点"③，郜元宝和范伯群两位也先后表达了相近的观点，他们分别将现代文学的上限定在1907年和19、20世纪之交，从另一侧面否定了近代文学的传统分期法④；郑利华则沿用了章的"近世文学"这一提法，认为近世文学是中国文学从中世走入现代的中介，这两者之间不应该再嵌入一个"近代文学"，因为"自1840年鸦片战争至19世纪末时段，并未出现明显的并足以成为一个新的文学历史阶段重要标志的文学新气象"⑤。学者裴毅然认为，中国近代文学的起始点应定于1894年维新改良文学运动生发之时，即以文学活动本身发生某种质变为依据，而将近代文学的起始点定于1840年的做法使文学成为史学附庸，掩盖了文学活动的本质，也遮蔽了近代文学最核心的特质——一个"变"字。⑥

在种种否定之下，"近代文学"的地位岌岌可危，它存在的合理性激起了新一轮的讨论。张全之在《为什么要保留"近代文学"——对文学史分期问题讨论的

---

① 王飚、关爱和、袁进：《探寻中国文学从古典到现代的转型历程——中国近代文学研究的世纪回眸与前景瞩望》，《文学遗产》2000年第4期。
② 参见《复旦学报》（社会科学版）2001年第2期。
③ 章培恒：《不应存在的鸿沟——中国文学研究中的一个问题》，《文汇报》1999年2月6日。
④ 参见郜元宝《尚未完成的"现代"——也谈中国现当代文学的分期》，《复旦学报》（社会科学版）2001年第3期。范伯群：《在19世纪20世纪之交，建立中国现代文学的界碑》，《复旦学报》（社会科学版）2001年第4期。
⑤ 郑利华：《中国近世文学与"近代文学"》，《复旦学报》（社会科学版）2001年第5期。
⑥ 裴毅然：《中国近代文学起始之我见》，《社会科学》2005年第4期。

回应》一文中认为,近代文学虽然长期处于尴尬地位,被看作是古代文学的"黄昏"和现代文学的"前夜",但其作为一个学科,仍然有着古代和现代文学无法取代的价值和地位,有成为独立学术分支的基础,问题的关键在于必须以近代文学学科为本位,建构起自身独立的理论体系和阐释系统,以确证自己的合法身份。他主张用"突围与变革"来描述近代文学的外在风貌,以"民族主义和世界主义的对抗与互动"来概括近代文学的思想特征。① 高玉、梅新林也认为,在中国古代文学和中国现代文学两种文学本位观主宰着当今的中国文学史研究,正是这两种文学本位观使中国近代文学研究缺乏主体性。而建立起恰切的中国近代文学本位观,是修治中国文学通史的关键。他们用"过渡、衔接与转型"三个词来重新定位中国近代文学。② 李卫涛、梁玲华提出,在新形势下,中国近代文学学科需新定位和反思。近代文学应该突破单一的过渡性质的学科定位,并从断裂性(三重断裂现象,即文化断裂、语言断裂、认识断裂)视角重新审视近代文学的学科建构。这"三重断裂"可视为近代文学研究的一个突破口和学科增长点。③

在愈演愈烈的消解近代文学的呼声中,中国近代文学学会会长、山东大学郭延礼教授毅然站起来发声,他在长文《中国近代文学的历史地位——兼论中国文学的近代化》中明确指出,中国近代文学既不是古代文学的继续和尾声,也不是现代文学的前奏和背景,而是中国文学史发展中一个重要阶段,具有独立的历史地位和无可替代的价值。近代美学、近代翻译文学、近代女性文学和近代比较文学等这些以往未能引起足够关注的学术点也一一被挖掘并呈现出来。④

一方面,学界对近代文学分期的争论不休;另一方面,究竟如何命名1840年至1919年这80年间的文学,也存在诸多转变和分歧。浙江大学教授周明初在《晚清文学,抑或是近代文学——从晚清70年间文学的命名说起》一文中对此问题有了一个较为明确的梳理,他认为对这一阶段文学的提法几经反复,"上世纪50年代末以前通称'晚清文学',50年代至80年代称之为'近代文学',90年代后这两种提法都兼而有之,进入新世纪特别是2005年后,又有'晚清文学'代替

---

① 参见《济南大学学报》(社会科学版)2008年第2期。
② 高玉、梅新林:《过渡、衔接与转型——重新定位中国近代文学》,《社会科学辑刊》2003年第2期。
③ 李卫涛、梁玲华:《中国近代文学的学科定位反思》,《学习与探索》2005年第1期。
④ 参见《文史哲》2011年第3期。

'近代文学'之趋势"①。事实的确如此,海外学界从无"近代文学"一说,一直以"晚清文学"论之,如哈佛大学教授、著名学者李欧梵曾撰文《晚清文化、文学与现代性》②、《帝制末的文学:重探晚清文学》③;同为哈佛大学教授的王德威著有《被压抑的现代性:晚清小说新论》④,(近代小说研究的扛鼎之作),他在全书导论中这样界定:"我所谓的晚清文学,指的是太平天国前后,以至宣统逊位的60年;而其流风遗绪,时至'五四',仍体现不已。"⑤

第二节 "近代文学"的求实路

新世纪初,近代文学研究的一大幸事便是大型系列丛书——《中国近代文学丛书》的正式刊行,这套丛书由上海古籍出版社出版,策划于1985年,待第一辑出版的2003年已历经18载春秋。所选诗文均出自声名显赫的近代文坛大家之手,如陈三立、樊增祥、易顺鼎、郑孝胥等,诗集整理者也均为近代文学研究领域的专家,他们不仅选择了好的版本加以标点校勘,还不遗余力地搜集散佚诗文,撰写年谱简编,并辑录了相关的评论资料,为近代文学研究者和爱好者提供了丰富的资料,获得了学界的一致好评。

策划这套丛书的聂世美先生在谈到此书缘起时说:"中国近代文学是整个中国文学发展链条不可缺少的重要一环,是古典文学走向现当代文学的过渡桥梁。这一特殊的、无可替代的研究价值,便决定了《中国近代文学丛书》的广受注目与欢迎。此外,改革开放以来逐步兴起来的中国近代史研究热,客观上也带动了中国近代文学研究,而《中国近代文学丛书》正包涵蕴藏着中国近代史与研究中国现当代社会政治、经济、军事与思想文化发展变化原因的基本材料。"⑥

截至目前,丛书正式刊行共22种,按出版时间先后分别为杨圻《江山万里楼

---

① 参见《复旦学报》(社会科学版)2011年第3期。
② 参见李欧梵《中国现代文学与现代性十讲》,复旦大学出版社2008年版。
③ 参见《东吴学术》2011年第4期。
④ 参见王德威著,宋伟杰译《被压抑的现代性:晚清小说新论》,北京大学出版社2005年版。
⑤ 王飚、关爱和、袁进:《探寻中国文学从古典到现代的转型历程——中国近代文学研究的世纪回眸与前景瞩望》,《文学遗产》2000年第4期。
⑥ 参见《古籍新书报》2009年9月28日。

诗词钞》(2003)、陈三立《散原精舍诗文集》(全二册)(2003)、范当世《范伯子诗文集》(2003)、郑孝胥《海藏楼诗集》(2003)、樊增祥《樊樊山诗集》(上中下)(2004)、易顺鼎《琴志楼诗文集》(2004)、曾国藩《曾国藩诗文集》(2005)、梅曾亮《柏枧山房诗文集》(2005)、宝廷《偶斋诗草》(全二册)(2005)、何绍基《东洲草堂诗集》(上下)(2006)、陈宝琛《沧趣楼诗文集》(2006)、张际亮《思伯子堂诗文集》(2007)、张裕钊《张裕钊诗文集》(2007)、金天羽《天放楼诗文集》(全三册)(2007)、张之洞《张之洞诗文集》(2008)、俞明震《觚庵诗存》(2008)、江湜《伏敔堂诗录》(2008)、翁同龢《翁同龢诗集》(2009)、李慈铭《越缦堂诗文集》(全三册)(2009)、陈曾寿《苍虬阁诗集》(2009)、金和《秋蟪吟馆诗钞》(2009)及林昌彝《林昌彝诗文集》(2012)，这套丛书的出版大大夯实了近代文学研究的基础，填补了重大的历史空白，无论对学界还是出版界都有着不凡的意义。

经过若干年的学术积累与探索，近代文学的研究者们对一些古老的论题有了更为深入的思考。如袁进在"中国文学的古今演变"题目下，完成了《中国文学的近代变革》[①]、《中国小说的近代变革》[②]两本专著，从分析中国近代文学（尤其是近代小说）变革的特殊矛盾入手，逐步展示中国文学传统在近代的进展与转化，并试图勾勒其影响，这不能不说是对以往单纯介绍作家及作品的文学史的一种推进与深化。此外，过去的文学史研究总是习惯从"变"的一端来考察文学的变革，而袁进的研究是从传统的延续方面加以考察，从而发现一些我们以为是"新变"的东西，有时只是传统观念在新环境下的变种。

袁进的另一个主要研究方向是考察中西文化剧烈冲突大背景下近代文学的转型，特别是西方传教士对近代文学的影响。"中国文学近代化的过程，从某种意义上说，也就是中国文学学习西方，以及在西方文化的撞击下求新求变的过程。"[③]在西方文化的输入过程中，传教士功不可没，虽然他们带有明确的宗教目的，但他们用汉语书写的作品，他们在华创办的报刊，都对中国近代文学产生了极为重要与深刻的影响。长期以来，由于意识形态的干扰，传教士在华活动被定性为"文化侵略"，所以少有人关注，更谈不上什么研究。上世纪八九十年代开始

[①] 袁进：《中国文学的近代变革》，广西师范大学出版社2006年版。
[②] 袁进：《中国小说的近代变革》，广西师范大学出版社2009年版。
[③] 郭延礼：《中国近代文学的历史地位——兼论中国文学的近代化》，《文史哲》2011年第3期。

第六章 近代文学：一个尚无定论的研究话题

有人注意到传教士，如朱文华在《西学东渐与中国近代文学的萌芽》①一文中指出，报刊在中国的出现，以及近代教育的初步建立，都离不开传教士的功劳，而这两点正是近代文学萌芽的主要诱因，但文中并没有深入分析，立足点也不在于此。袁进的论文《论西方传教士对中文小说发展所做的贡献》②通过分析在华传教士翻译或创作的中文小说和小说理论方面的若干主张，阐明他们在小说观念、功能、内容、语言、形式、理论等诸多方面的巨大影响，并主导了中国近代小说变革的方向。他在牛津大学的演讲《重新审视新文学的起源》，重点从文学语言的角度考察探讨西方传教士对中国新文学的影响，19世纪传教士在中国留下了大量的文字，包括《圣经》中译本、诗歌、散文，等等，这些文字很少用典，不拘泥格式，运用新式标点，引入了许多新名词，提供了一个可资借鉴的白话文的范本，推动了现代汉语的建立。

从文学语言的变化角度去研究近代文学也是近年来的热点：如白话怎样进入文学？如书面语的近代转变，等等。研究范围也不断扩展，不光有小说、诗歌，就连《圣经》的汉译本、白话歌词、广告词等都成了研究的对象。如武春野的论文《"官话"译经与文体革命》详述了晚清来华传教士在发现、学习和推广"北京官话"的过程中，尤其是翻译"官话"和合本《圣经》的过程中，努力调和口语与欧化两种元素，创造出"书面官话"这种新文体的过程。在此之前，"官话"并不被中国人认为是文学语言，传教士们的工作对现代白话文产生了不容回避的影响，在他们的努力下，丰富、正确而又高雅的官话成为了今后中国人口头和书面语的主流。这一历史功绩不容被抹杀。③

自古以来，文学的母体就分为"纯文学"与"俗文学"两大子系，文学的雅俗问题一直备受争议，再加上长期以来意识形态的影响，使得通俗文学被排斥在文学大门之外，成为了近代文学研究的一个"禁区"。新文学（"五四"前后为起点并形成传统的文学）崛起之时，不仅宣称自己与遗老遗少的旧文学是两回事，而且要与改良文学划清界限，所以对通俗小说大加鞭笞，尤其是对标榜"游戏的消闲的趣味主义"的"鸳鸯蝴蝶派"嗤之以鼻。这一偏见对近代文学，乃至现代文学都影

---

① 参见《广东社会科学》1994年第5期。
② 参见《社会科学》2008年第2期。
③ 参见《社会科学》2012年第11期。

响甚深。从文学史研究的角度来看,完全忽视通俗文学作家作品作为一种文化现象的存在,忽视它为群众喜闻乐见的客观事实,这既不真实也不科学,因为它们或多或少,或强或弱地反映出一定的时代气息与风貌,这是它的社会价值。同时,作为一种沿袭了古代白话小说传统的文学流派,其自身的文学价值也值得肯定。1979年之后,对近代通俗文学,尤其是其中最具代表性的"鸳鸯蝴蝶派"的研究逐步"解禁",对作家作品的研究不再流于简单粗暴的"贴标签",原先一直存在的以"五四运动"为界的新旧文学严重对立的现象也渐渐得以纠正,涌现出一大批研究论文和专著,其中世纪之初由苏州大学范伯群教授主持的国家"七五"重点项目——《中国近现代通俗文学史》①是一部集大成之作。这部140余万字的专著一经出版,就引起了海内外极大的反响,它不仅填补了近代通俗文学研究的一大空白,还原了当时文学的真实面貌,也为以"鸳鸯蝴蝶派"为代表的通俗文学进入"正史"做了充分的铺垫。

随着"鸳鸯蝴蝶派"的重回大众视野,对其研究也逐步细致深入。陈建华的论文《民国初期周瘦鹃的心理小说——兼论"礼拜六派"与"鸳鸯蝴蝶派"之别》旨在说明一个问题,即不能眉毛胡子一把抓,以"鸳鸯蝴蝶派"涵盖整个民国通俗文学。近代通俗文学有着诸多不同的流派,从表面上看,周瘦鹃与徐振亚的小说都属"言情"一路,但其实两人属于不同的文化圈子,更在文学主张和文化取向上有着不小的分歧。难怪被划归为"鸳鸯蝴蝶派"的周瘦鹃很不服气,只承认自己是不折不扣的"礼拜六派"。此文竭力还原出当时文坛的真实面貌,在革命与改良、复古与西化的政治、思想与文学脉络中细细辨明二者的不同之处,是近代文学研究在"求实"道路上的一次有益探索。②

第三节 "近代文学"之现当代研究现状

近代文学作为中国文学史的一个至关重要的时期,给研究者提供的广度是

---

① 范伯群主编:《中国近现代通俗文学史》(上,下),江苏教育出版社2000年版。
② 参见《现代中文学刊》2011年第2期。

第六章　近代文学：一个尚无定论的研究话题

足够的，诸如旧有文体的整合、新兴书面语的崛起，以及文学史的建构，乃至"文学"被作为概念和观念，都出现在这一特殊的阶段。其中的一些议题（如近代文学的定义与分期；近代小说研究等）从学科诞生之初就是研究热点，然而仍有一些值得探讨的题目还处于盲区，有潜力并亟待开发。新世纪以来，随着意识形态的淡出，新资料的发掘及西方文学、社会学理论的引入，在研究的广度上同样取得了很大的进步，其中最突出的一点应是"外部研究"的活跃。

所谓的"外部研究"是相对于"内部研究"而言的。文学作品的主题、思想、题材、形式、结构、语言等元素构成了"内部研究"的主力军，"外部研究"则把目光聚焦于作家、作品与社会、时代的关系，相比上世纪学者多注重具体的文本分析，这是一个全新的视角。

鸦片战争以后，上海等地被作为通商口岸对外开放，改变了原来闭关自守的面貌，被裹挟入西化的滚滚洪流之中。原有自给自足的小农经济受到严重冲击，旧的生产、生活方式统统被打破，越来越多的人涌入大城市，参与到商品生产与交换中去，成为新兴市民。这是中国历史上前所未有的急变与巨变，也势必对文学产生极大的影响。机器印刷的引入大大提升了印刷速度；工业造纸大大缩短了操作时间；近代报刊的出现与繁荣；编译、出版机构的问世；废科举与兴学校，等等，改变了文学的生产、流通、传播各个环节。市民阶层成为最大的文化消费群体，为了迎合他们的审美取向和趣味，小说被大量地创造出来，成为当时最受欢迎的文学样式，创作小说的人便成为中国历史上第一批真正意义上"按劳取酬"的职业小说家，这在以小说为"小道"的传统文学观念中是万万不可想象的。

"外部"因素如何参与到近代文学的建构和转型中去，就是当下学科的研究热点。这方面，栾梅健的论文《"外部研究"何以可能——以中国近代文学的转型为例》从理论的高度做了指导，他认为，"外部研究"同率先在西方兴起的文艺社会学有许多共通之处。简单来说，人是各种社会关系的总和，以此推之，文学也是各种社会关系的总和，脱离了"外部研究"的近代文学研究是孤立而静止的，只有加入了"外部研究"的近代文学研究，才会变得真实、丰富而生动。①

近十年来，"外部研究"的论文成果丰硕，从关注角度的不同可分为两类。

---

① 参见《文艺争鸣》2009年第7期。

一是把文学视为"商品",注重考察文学得以产生的物质基础、生产条件与传播媒介。袁进的论文《中国近代文学社会运行机制的转变及作用》着重考察文学的三要素之一——文本,尤其是文本的制作方式与转播方式在近代社会的转变及其对文学产生的影响,如报刊与平装书的印行使得知识传播的范围和速度大大突破了以往线装书所能达到的程度,从而改变了士大夫垄断文化的局面,加速了文学的通俗化;稿费制度的建立促成了文学的商品化,改变了传统文人的生存方式,使得越来越多的文人加入到创作小说的行列,从而让小说这种本来边缘化的文学形式渐渐取代了诗文原先在文学领域的核心地位。简而言之,"整个文学的社会运行机制发生了巨大的变化。其最重要的变化便是资本主义商业运行机制主宰了文学的社会运行机制,建立了新的传播模式"①。

这方面,潘建国的研究更具代表性,他的论文《清末上海地区书局与晚清小说》,从大量的实证材料入手,考察清末上海地区的书局与晚清小说编纂、刊印、传播等各个环节的联系,晚清小说在短时间内形成的繁盛之势,一方面源于文学观念的转变,另一方面也是众多书局热情参与、物质技术因素大力支持的结果。② 另一篇代表作《铅石印刷术与明清通俗小说的近代传播——以上海(1874—1911)为考察中心》③,从"翻印"、"续书"及"图像"三个方面,细致论述了铅石印刷文化与明清通俗小说近代传播之间的学术关系,其中既有积极的推动作用,也有消极的负面影响;而正是在此传播环境下,白话小说史完成了从传统明清通俗小说向晚清新小说乃至现代小说的历史转型。

"外部研究"对资料的依赖程度甚高,因此,近代文学的主要传播媒介,包括报纸(尤其是刊登各类文学作品的副刊)、杂志、竹枝词等都成为学者着力发掘和研究的对象。同时,由于近几年新闻学研究与近代文学研究产生了某些重叠部分,所以这方面的论文层出不穷,有《晚清小报研究》、《中国近代小报史》、《报刊与中国近代文学》、《晚清四大报刊研究》,等等。

二是注重考察社会环境对文学的影响,尤其是近代文学与近代城市空间的互动关系。当代西方文化研究中的空间理论,一经引入,就成为了历史研究,特

---

① 参见《学术月刊》2000 年第 8 期。
② 参见《文学遗产》2004 年第 2 期。
③ 参见《文学遗产》2006 年第 6 期。

第六章 近代文学：一个尚无定论的研究话题

别是城市史研究的一枚法宝，也逐渐被文学研究者所运用。这一理论通过对当代资本主义城市空间与"日常生活行为"及"社会角色"的关系分析，揭示资本主义的生产关系和社会秩序得以生产、再生产的原因。资本主义城市的"空间生产"在近代上海租界的实践，不仅造就了一座游离于旧体制的近代都会，也激发了近代上海文人的创作灵感，传统与现代，新空间与旧秩序的冲突与融合成了时人书写的主题。正如李欧梵所说，"如果我们审视当时晚清的通俗小说，只要牵涉到维新和现代的问题，几乎每本小说的背景中都有上海"①。

结合西方理论进行文史交叉研究是近几年的研究大热，这方面叶中强的研究最具有代表性。他的论文《城市空间与晚清上海叙事——从〈王韬日记〉到〈海上花列传〉》运用了列斐伏尔（Henri Lefebvre）的"空间生产"理论，以两个代表晚清不同时段的上海叙事文本——《王韬日记》（1858 年—1862 年）和《海上花列传》（1892 年—1894 年）为个案，对"城市空间"如何影响并重构了上海文人的心理及其文本的初始轨迹作了描述与分析。② 另一篇论文《情色乌托邦的搬演与城市社会转型——晚清民初上海的文人冶游及其历史流变》也沿袭了同一个研究思路。③

陈方竞的研究是以上两类研究的一个整合。2008 年，他在《福建论坛·人文社会科学版》上分两期刊发了论文《新兴都市上海文化·报刊出版·新小说流变——清末民初上海小说论（上）》和《新兴都市上海文化·文化消费市场·言情小说流变——清末民初上海小说论（下）》，引起业内关注。他认为，随着上海这一新兴都会的渐趋繁荣，通过报刊出版和文化消费市场的建立（以《申报》和商务印书馆的出现为标志），城市新文化空间日趋活跃，20 世纪初，上海已然成为全国的出版中心和文娱消费中心。小说是体现文化市场供求关系的风向标，伴随社会思潮的转换，小说创作导向也发生了不小的变化。简言之，清末由于维新思潮的不断冲击，使得"谴责小说"和"翻译小说"蔚为大观，这些小说大多是作者寄托社会理想、彰显政治理念的一个载体；到了民国初年，维新思潮一度弱化，小说的审美、娱乐功能重新抬头，出现了以言情小说为主的"甲寅中兴'（1914 年）。

---

① 李欧梵：《晚清文化、文学与现代性》，载《中国现代文学与现代性十讲》，复旦大学出版社 2008 年版。
② 参见叶中强《上海社会与文人生活（1843—1945）》，上海辞书出版社 2010 年版。
③ 参见《上海文化》2012 年第 5 期。

1915年之后,随着文化消费市场的恶性膨胀,使得反映社会阴暗面的"黑幕小说"风行一时,职业小说家纷纷从创作言情小说转向黑幕小说,论文较好地爬梳了近代上海大都会环境影响下的小说流变,其视野的宏大和脉络的清晰值得学习。①

除了"外部研究"活跃之外,研究范围的扩展也很明显。20世纪近代文学的研究范围很窄,主要集中在小说研究,尤其是集中在四部"谴责小说"(《官场现形记》、《二十年目睹之怪现状》、《老残游记》、《孽海花》)上。而进入新世纪,各种类型的小说:狭邪、科幻、言情、侦探……均有人涉猎。如王德威的代表作《被压抑的现代性:晚清小说新论》中就重点分析了狭邪小说、侠义公案小说、丑怪谴责小说、科幻小说这四类。施晔有幸在荷兰莱顿大学东亚图书馆觅得汉学家戴闻达所藏之《上海秘幕》一书,得以站在客观的立场重新审视"黑幕小说"这波100年前兴起的文学浪潮。② 李艳丽将1903～1907年集中出现,而至今湮没无闻的"冒险小说"重新挖掘出来,从其来源地、特点的不同,分析当时世界的文明对抗与政治对峙格局。③

近代是女权主义兴起、高涨的时代,在近代女性文学研究方面,郭延礼和乔以钢走在了前列,郭延礼的论文《20世纪初中国女性小说家群体论》将目光聚焦于1900—1919年在中国文学史上首次出现的一个女性小说家群体,她们的创作虽然未能达到同时代男性小说家的思想水平和认识高度,但她们在创作中所传达的性别意识、性别视角和女性独特的思维和情感特征,值得女性文学研究者珍视。④ 乔以钢、刘堃的论文《"女国民"的兴起:近代中国女性主体身份与文学实践》从性别研究的角度阐述了近代先进女性通过别开生面的文学实践,确立并强化了"女国民"的独特身份,形成了声势颇为浩大的"女国民"话语。⑤ 这两篇论文只是抛砖引玉,对近代女性文学的一个初步勾勒,还有更多该领域的盲点有待重视和挖掘。

---

① 参见《福建论坛》(人文社会科学版)2008年第9期和第10期。
② 施晔:《近代城市黑幕小说的再审视——以〈上海秘幕〉及〈北京黑幕大观〉为中心》,《社会科学》2013年第3期。
③ 李艳丽:《东西交汇下的晚清冒险小说与世界秩序》,《社会科学》2013年第3期。
④ 参见《中山大学学报》(社会科学版)2011年第2期。
⑤ 参见《南开学报》(哲学社会科学版)2008年第4期。

词、曲、文论方面的研究也陆续出成果,词学方面可参考朱惠国的专著《中国近代世词学思想研究》、张宏生的论文《晚清词坛的自我经典化》①等;戏曲方面可参考左鹏军的专著《近代传奇杂剧史论》、《晚清民国传奇杂剧史稿》等;文论方面可参考王群的论文《中国近代文学理论批评文体的演进》②。当然也存在一些目前研究尚不充分,资料比较难找,可以进一步探索的议题,比如传统文人如何转型为近代作家?文学观念在近代如何一步步蜕变?近代文学这座大花园中还有更多值得去挖掘的资源和宝藏。

---

① 参见《文艺研究》2012 年第 1 期。
② 参见《复旦学报》(社会科学版)2005 年第 3 期。

第七章　让历史告诉未来：中国电影类型研究的思考

中国电影的类型研究与中国社会发展有着密切关系，社会文化语境的变迁是决定类型研究兴衰沉浮的关键因素，类型研究的变化与转向往往也是社会文化语境变迁的反映与折射。类型研究与社会发展的镜像关系导致不同社会发展阶段的类型研究呈现出不同的面貌。中国电影的类型研究经过近百年的发展取得了显著进展：从重实用、重实践走向学术化、专业化；从注重社会教育功能走向关注娱乐功能；从学习西方的类型理论走向研究民族类型电影。

第一节　中国电影类型研究的历史回顾

中国电影从 1905 年第一部国产片《定军山》诞生之后，就开始了类型化的征程。早期的中国电影完全处于一种自发的商业竞争的状态，在市场的调节下，同时也是在欧美商业电影的影响下，古装片、武侠片、神怪片、喜剧片在 20 世纪 20 年代后期出现了明显的类型化趋势，形成了中国商业电影的第一次浪潮[①]。正是在这次浪潮中诞生了一种中国独有的电影类型——武侠片。类型化的创作潮流为类型片的研究萌芽提供了条件，但早期的类型研究是印象式的、感性的，散见于各种报纸的影评文章，缺少理论性和系统性。与西方的类型研究相似，自发

[①] 参见陆弘石《商业电影：第一次浪潮》，载《中国电影：描述与阐释》，中国电影出版社 2002 年版，第 100—114 页。

第七章 让历史告诉未来：中国电影类型研究的思考

的商业状态使中国早期的类型研究注意到了电影的类型化与观众需求的关系。郑正秋敏感地指出："观众的要求决定了影片的艺术水平和质量，电影制作者和艺术家会迎合观众的要求，进行创作，造成模式化。"①青苹注意到观众对武侠片类型化的促进作用，他尖锐地说："就剧材与摄制言，现今国产电影之趋势，不能不偏重武侠一途，阙故何在，盖编剧者之选择材料，每观看客之心理为转移，故为公司设想，不得不稍改弦易辙，迎合观众心理，以求营业之发达。"同样，金太璞发现神怪片流行的原因正是为了满足观众窥视秘密的需要。他说："简单的解剖神怪片可以说就是公开的秘密，把秘密的东西公开出来当然是人人所欢喜的，所谓愈秘密愈使人怀疑，如果能够现在眼前，当然有人会欢喜的。"而对古装片的盛行，评论者也从观众希望更换口味的角度给予解释。陈趾青说："常吃一样菜，必定要改改别的菜换换胃口，摄制古装影片，就是要替观众换换胃口……影片之于观众，亦犹之菜蔬之于日常生活，胃口总要常换才对。"②与西方的类型研究不同的是，中国早期的类型研究萌芽于20世纪20年代晚期，内忧外患的社会背景使任何研究都脱离不了这个时期特有的时代命题。所以早期的类型研究大多津津乐道于电影的社会教育功能，因此对当时盛行的武侠片、滑稽喜剧片、古装片往往评价不高。

类型电影的发展需要稳定的社会环境，可惜的是，1931—1949年社会持续动荡，连年的战争打断了中国电影的类型化发展的进程。其中1931年的"9·18"事变和1932年的"1·28"事变把中华民族推到了最危难的时刻。在这种时代背景下，以振兴国产影片促进电影进步为号召，以变革和创新为核心的新兴电影运动（又称左翼电影运动）走上了历史舞台。1933年2月中国电影文化协会在上海成立，该协会宣称："我们必须亲切地组织起来，集中我们的力量，来认清过去的错误，来探讨未来的光明，来扩大我们有力的电影文化的前卫运动，来建设我们的新的银色世界。"③随后，夏衍、王尘无、唐纳等共产党人和左翼人士的加入使这场运动蓬勃发展起来，他们以马克思主义理论来分析中国电影，宣

---

① 转引自胡克《中国电影理论史评》，电影出版社2005年版，第54页。
② 参见青苹《从武侠电影说到〈火烧红莲寺〉和〈水浒〉》、金太璞《神怪片查禁后》、陈趾青《对于摄制古装影片之意见》，载《中国无声电影》，中国电影出版社1996年版，第1177、666、639页。
③ 《电影文化协会积极进行》，《晨报·每日电影》1933年3月26日。

扬革命的电影观,希望通过电影来推动社会的变革①。1937年到1949年,抗日战争和解放战争相继爆发,中华民族始终在硝烟与战火之中挣扎,这使电影理论只能聚焦于民族危亡、团结抗战等社会政治问题,相比之下,类型研究在当时显然是无足轻重的。

新中国成立后,崭新的社会主义制度和完全的计划经济体制使这个阶段的电影研究出现了崭新的面貌。由于意识形态的原因,新成立的社会主义国家拒斥早期的电影类型如武侠片、神怪片的存在,因此新中国17年间的类型研究不是建立在20年代类型研究的成果之上,而是将早期类型研究成果悬置起来,致力于建设一种新型的社会主义的类型理论。类型电影在好莱坞是商业电影的代名词,是满足观众快感的工具和好莱坞的经济保险政策,而当时完全处于计划经济背景下的中国电影不是以取悦观众为目的,而是以宣传国家意识形态、教化民众为己任,好莱坞的类型理论显然不能适应新中国的社会文化语境。同时冷战时期的政治氛围紧张,意识形态上的分歧也使得社会主义新中国不可能借鉴好莱坞的类型理论,而只能参考苏联模式。因此这个时期的类型研究是在独特的理论话语即"题材与样式"(来源于苏联的体裁诗学)的概念下进行的。"题材与样式是'十七年'电影创作中的两个重要概念。题材是就影片的内容而言。'十七年'电影创作上的一大特色是进行题材规划,其要点是先确定影片的主题,然后围绕主题来编织情节。主题是第一位的,情节为主题服务,直接反映国家意识形态,按照表现内容的不同,可细分为工业题材、农业题材、反特题材、少数民族题材等。……样式则是指影片的表现形式。……这一概念是个舶来品,是新中国成立后从苏联文学与电影创作中引进的。'十七年'间,除了惊险样式以外,还有喜剧样式、史诗样式、正剧样式等"。② 关于类型与样式这两个概念之间的联系,胡克一语道破:"类型与样式的区别在于,题材和样式基本属于计划经济体制下的电影观念,意味着由行政部门代替观众决定应该看什么电影,按照计划安排生产。类型是市场经济的产物,由观众自己选择电影,被多数人反复选中的影片

---

① 有关新兴电影理论的论述,参见郦苏元《中国现代电影理论史》,文化艺术出版社2005年版,第164—178页。
② 檀秋文:《戴着镣铐跳舞——论"十七年"反特题材与惊险样式的关系》,《当代电影》2008年第9期。

模式,就形成特定的电影类型"①。郦苏元也谈道:"类型与样式不是一个概念,然而其内在联系显而易见。影片样式的不断创造和逐步完善,有利于形成电影的定型化创作和规范化生产,从而推动了电影类型化进程"②。新中国17年,喜剧片、革命历史片、惊险片都有不同程度的发展,其中对惊险片的探讨尤为突出。首先表现在对惊险片这个样式的识别上。对于什么是惊险片,惊险片有哪些特征?钟惦棐、罗艺军等人先后作出了回答③。其次表现在电影批评中的样式意识上。白景晟强调,要从样式的角度去评论电影:"很多同志谈论惊险影片的时候,常常忽略了这种影片样式方面的特点,往往用一般对待'正剧'的要求,去评价、衡量这种影片,因之常常会混淆了问题的性质,得不到准确的结论"④。羽山认为"我们在研究惊险样式时,有必要谈谈这一样式和别种样式的不同之点"⑤。钟惦棐则把样式提到了另一高度,认为不懂得电影的样式,就无法正确地欣赏电影艺术⑥。这个阶段中值得一提的理论成果是羽山《惊险电影初探》一书,该书对惊险样式电影的艺术特性、人物塑造、情节以及艺术结构方面进行了综合研究,是20世纪60年代惊险片样式研究的上乘之作。该书于1981年正式出版,但正如作者在后记中所说,本书于1961年就已经完稿,后因政治运动,18年后方由群众出版社出版面世,因此本文将其作为60年代的研究成果。

1966年中国开始了无产阶级文化大革命。据姚晓濛统计,"文革"刚开始的三年,即1967—1969年中,中国只生产新闻纪录片,没有一部故事片问世。1970—1972年间,中国电影的成就仅仅是把八个样板戏搬上了银幕。从1967—1972的6年中,中国一共拍摄了17部电影,其中主要是样板戏电影。1973年开始,中国各电影厂才恢复拍摄故事片,但这些故事片仍遵循着样板戏电影的"三突出"原则⑦。文化大革命10年,电影完全沦为政治斗争的工具。

1979年的改革开放使中国发生了翻天覆地的变化,类型研究在这个阶段也

---

① 胡克:《中国电影理论史评》,中国电影出版社2005年版,第267页。
② 郦苏元:《当代中国电影创作主题的转移》,《当代电影》1999年第5期。
③ 参见钟惦棐《影片〈智取华山〉的惊险样式和它的表演艺术》,《戏剧报》1954年第1期;艺军《关于样式的多样化》,《电影艺术》1961年第6期。
④ 白景晟:《惊险影片中情节和人物的二三问题》,《电影艺术》1961年第6期。
⑤ 羽山:《惊险影片中的人物形象塑造》,《电影艺术》1962年第1期。
⑥ 钟惦棐:《怎样看电影——致黑龙江的电影爱好者》,《黑龙江文艺》1956年第4期。
⑦ 胡克:《中国电影理论史评》,中国电影出版社2005年版,第267页。

出现了重大转折,主要表现就是对类型电影的娱乐性进行了大规模讨论。改革开放初,刚刚打开国门,外国以及港台电视剧和录像带对电影观众造成了巨大冲击。为了走出市场困境,拯救这场观众危机,1986年理论界开展了一场对娱乐片轰轰烈烈的大讨论,明确提出要"研究类型电影",于是在"为娱乐片正名"的讨论中进行的类型研究拉开了序幕。由于中国自身的类型研究一直没有形成有深度的系统的理论,而对娱乐片的研究又迫在眉睫,因此电影理论界选择了最简单有效的方法——直接引入西方的类型理论,于是以《世界电影》杂志作为主要阵地,对西方的类型理论进行了翻译介绍①。西方类型理论果然成为国内学者论证娱乐电影正当性的重要的理论资源之一②。然而这个时期国内学者对西方类型理论的运用不是实事求是的,而是经过了有意的改写,故意"隐去其对资本主义意识形态的批判,用来正面论证娱乐片的价值和社会作用",以此来"帮助大陆电影界了解西方商业电影成功的诀窍"③。也正是出于这个目的,国内学者在这个时期对西方类型理论的翻译与介绍主要局限于西方早期的类型理论,对西方后期的类型理论大都敬而远之。直到新世纪,这种状况才出现改观,西方类型理论的引入不仅为娱乐片的正名作出了贡献,同时也极大地丰富了中国电影的类型研究,它为中国电影提供了一个崭新的参照、提供了新路径,启发中国学者去探索自己的类型电影。在这方面起步比较早的是姚晓濛,他率先将中国的武侠片与美国的西部片做了比较研究,认为武侠片就是中国自己的类型电影,但这个论断在文章中由于缺少细致的论证而停留于简单的比附,文章并没有在类型研究的角度上对中国武侠电影进行进一步的梳理④。而这方面的缺陷在以后陈墨与贾磊磊等人对武侠片的研究中得到了弥补。

20世纪90年代中国电影界的状况相当复杂,曾有学者用主旋律电影、娱乐

---

① 参见[美]达德利·安德鲁《评价——对于类型和作者的评价》,彬华译,《当代电影》1988年第3期;[美]查·阿尔特曼《类型片刍议》,《世界电影》1985年第6期。[美]维维安·索布切克《类型影片:神话、仪式、社会戏剧》,《电影新作》1987年第2、3、4期;《时尚影片与类型影片》,《世界电影》1985年第6期;《美国类型影片选》,《世界电影》1984年第2、3、4、6期;[美]爱·布斯康布《美国电影中的类型观念》,《世界电影》1984年第6期。
② 如贾磊磊《皈依与禁忌:娱乐片的双重抉择》,《当代电影》1989年第2期;郝建、杨勇:《类型电影与大众心理模式》,《当代电影》1988年第4期;宫宇、蔡光:《正名:类型电影作为艺术》,《当代电影》1989年第5期。
③ 胡克:《中国电影理论史评》,中国电影出版社2005年版,第240页。
④ 参见姚晓濛《美国西部片与中国武打片之比较》,《当代电影》1985年第1期。

电影、艺术电影三足鼎立、三分天下来形容。这种复杂性在类型研究领域中主要体现为两个方面：一是类型电影与"主旋律"电影（以重大革命历史题材影片及领袖、革命英雄人物的传记片为主）之间的互动与整合。这种互动的出现主要是由于国家意识形态与电影市场化、商业化的双重加强，这种一仆二主的状况使得主旋律电影不得不自觉地采取了类型化的策略，主动去借鉴类型电影的经验，试图将国家意识形态与娱乐融合在一起。这种特殊的现象为类型研究提供了新的研究内容，即分析和论证主旋律和类型片互相成就的可能性与可行性。在这方面，尹鸿对"主旋律"电影、饶曙光对"新主流电影"、贾磊磊对"主流电影"的研究较有代表性[1]。二是类型研究中后殖民话语的兴起。20 世纪 90 年代，以戴锦华、张颐武、王一川、王宁等为主要代表的学者开始将后殖民主义理论应用到电影批评上。他们以张艺谋、陈凯歌的电影创作实践为对象，运用西方的后殖民理论，来分析中国电影的"他者"地位，表达了对第三世界中国电影处境的担忧，以及回归民族性的美好愿望。其中，张颐武从整个中国社会所面临的文化语境对类型影片进行了学术分析。他认为中国在 20 世纪 90 年代以来出现了大量充满了跨国文化经验的类型电影，这些电影都是将故事置于全球联系之中，力图将中国的事态放在国际性的问题中。张还对警匪片、滑稽喜剧片以及黑社会影片等作了具体分析，进一步指出好莱坞电影是以示范作用支配了中国类型电影的发展。中国类型电影往往试图以独特的本土方式即创造一种有关"发展"的想象，来模仿好莱坞电影的形态[2]。

在新世纪，随着中国加入 WTO，全球化的趋势越来越明显，好莱坞给中国电影带来更为强烈的冲击，《电影艺术》杂志 2000 年第 2 期的首栏标题就以"面对 WTO 增强中国电影的竞争力"来命名，好莱坞电影对中国电影的巨大考验也使得理论界对类型电影的研究日益重视起来。2005 年恰逢中国电影百年，在这个特殊的历史节点上，国内理论界也展开了对中国电影的总结与回顾，先后出版

---

[1] 关于"主旋律"电影的伦理化倾向，参见尹鸿《在喧哗和骚动中走向多元化——90 年代中国电影策略分析》，《天津社会科学》1995 年第 3 期；《世纪转型时期的历史见证——论 90 年代中国影视文化》，《天津社会科学》1998 年第 1 期。关于新主流电影，参见饶曙光《关于当前电影创作的思考》，《当代电影》1997 年第 1 期；饶曙光《论新时期后 10 年电影思潮的演进》，《当代电影》1999 年第 6 期；饶曙光《改革开放 30 年与中国主流电影建构》，《文艺研究》2009 年第 1 期；贾磊磊《重构中国主流电影的经典模式与价值体系》，《当代电影》2008 年第 1 期。

[2] 参见张颐武《发展的想象——1990—1994 年中国大陆类型电影》，《电影艺术》1999 年第 1 期。

了若干专门研究类型电影的专著,这些专著主要可分为两大类:一类是集中对西方类型电影发展的基本线索进行全面介绍与分析,其中比较重要的著作有:聂欣如的《类型研究》;郝建的《影视类型学》(北京大学出版社2002年版),沈国芳的《观念与范式:类型电影研究》(中国电影出版社2005年版),郑树森的《电影类型与类型电影》(江苏教育出版社2006年版);另一类是探寻中国本土的电影类型的生成与流变,如贾磊磊《中国武侠电影史》(文化艺术出版社2005年版);饶曙光《中国喜剧电影史》(中国电影出版社2005年版);吴琼《中国电影的类型研究》(中国电影出版社2005年版)。总之,中国电影史上一切可以利用和开发的类型资源都尽可能地被梳理出来,武侠片、喜剧片、惊险片被重新认识与评价,重新确立了类型电影的地位和价值,营造出类型研究的繁荣景象。

第二节 中国电影类型研究的演进

回顾历史可以发现,中国电影的类型研究的研究旨趣在近百年的发展历程中出现过几次转变:首先,从重实用、重实践走向学术化、专业化。中国早期的电影理论具有鲜明的实用性,往往期望理论能够直接用于指导电影的创作实践。郦苏元曾断言:"中国早期的电影理论就其形态和实质来说,基本属于实用理论。它偏重阐释一般原理,普及电影知识,介绍创作方法,传授摄制技巧,以帮助人们了解电影并进而掌握拍摄影片的具体操作步骤与方法。"①陈犀禾也有过相似的论断:"中国是一个注重实践而轻视思辨的民族,从孔子到庄子都视思辨为无用有害之物,这使得中国人的思维方式带上了一种实用理性的精神,……中国人的这种传统精神也同样影响到了电影理论领域。"②作为电影理论研究一部分的类型研究也自然地染上了偏重实用、偏重实践的色彩,早期对武侠片、古装片等类型化电影的研究比较注重从导演、剧本、演员、摄影、布景、服饰、道具、化妆等具体制作方面入手来分析影片的优劣得失,其中不乏真知灼见,例如,当时就有人

---

① 郦苏元:《中国现代电影理论史》,文化艺术出版社2005年版,第48页。
② 陈犀禾:《中国电影美学的再认识》,载《百年中国电影理论文选》,文化艺术出版社2003年版,第216页。

第七章　让历史告诉未来：中国电影类型研究的思考

敏锐地指出，滑稽片的要害是喜剧表演人才的缺失；历史片、古装片中布景和服装因缺少相关的历史考证而随便杜撰；武侠片中武打演员在表演上对京剧程式的模仿与抄袭等①。中国早期的类型研究的实用性和实践性，一是由于中国自古就有"学以致用"的思想传统，从孔子的"学而优则仕"，到明末以后黄宗羲、顾炎武等倡导的"经世致用"，以至清末张之洞的"中学为体，西学为用"等，无一不体现出对理论的实用性的重视②；二是由于电影理论家大多直接参与电影的创作，当时的一些杰出人士，比如顾肯夫、郑正秋、洪深等人都是既从事理论研究又亲自参加创作实践，因此早期的电影理论往往是对电影创作过程中的一些实践经验的总结与思考；三是由于中国早期的类型研究缺少相关可利用的理论资源，与中国的类型研究明显不同的是，西方早期的类型研究因借鉴了结构主义与叙事学的成果而具有了一定的理论深度，而中国早期的类型理论却一直缺少理论的观照，因此始终没有形成对类型电影的深度把握，理论资源的缺失导致我们的类型研究不得不沦为经验上的总结。改革开放以后，中国的类型研究出现了学术化、理论化的倾向，这种转变的主要原因有二：一是20世纪80年代思想解放以来，学术氛围比较自由，如果说早期的中国电影类型研究承载着推动社会变革的使命，新中国17年的类型研究肩负着意识形态宣传的功能③，那么改革开放以后的中国电影的类型研究则逐渐被放回到学术领域。二是西方类型理论的影响。改革开放的20世纪80年代，中国电影研究者如饥似渴地学习西方电影理论，在短短的数年内补齐了西方数十年积累下来的电影理论，作者论、类型研究、符号学、结构主义、精神分析、意识形态理论、女性主义等理论成果都被全面翻译介绍进国门。西方类型理论为中国学者们带来了认识中国电影的新角度，让他们发现了新内容，极大地丰富了中国本土的类型研究，使传统的重实践、重实用

---

① 参见蕙陶《〈火烧红莲寺〉人人欢迎的几种原由》、冷皮《王氏四侠》、碧梧《看〈金刚钻〉试映后》、映斗《神怪剧之我见》、罗树森《摄制历史影片的研究》，载《中国无声电影》，中国电影出版社1996年版，第653—678页。

② 参见张绪山《我国传统"学以致用"观是非论》，《光明日报》2005年4月26日。

③ 1942年，毛泽东同志发表了《在延安文艺座谈会上的讲话》，确立了文艺要为人民服务、为工农兵服务的思想。1951年，周扬发表了《坚决贯彻毛泽东文艺路线》，从此，"文艺作品必须表现出新的人民的这种新的品质，表现共产党员的英雄形象，以他们的英勇事迹和模范行为，来教育广大群众和青年。这是目前文艺创作上头等重要的任务"。参见《周扬文集》第2卷，人民出版社1985年版，第59页。参见易翰如《滑稽影片小谈》、张秋虫《滑稽影片之价值》、罗树森《谈滑稽电影》、曹痴公《我对于笑剧的感想》，载《中国无声电影》，中国电影出版社1996年版，第672—677页。

的中国的类型研究开始出现学术化的倾向。

其次,从注重社会教育功能走向关注娱乐功能。在20世纪20～30年代的中国,电影通常被视为启发民智的媒介、通俗教育的工具、改良民风的利器,负有重要的社会责任,早期的类型电影也被赋予推动社会进步等历史使命,因此这个时期的类型研究注重社会教育功能。对于滑稽喜剧片,评论者大都强调喜剧片的作用不是简单地让观众发笑,不能用无理取闹来取悦观众,而是要通过笑来达到教育观众、讽刺社会、感化愚顽、针砭时弊的目的[1];对于武侠片,评论者除了对行侠仗义、锄强扶弱的武侠精神大加赞扬之外,还认为武侠片具有导世的功能,对恶人有威慑作用,对误入歧途之人有警醒作用,可以教导他们弃恶从善、改邪归正,因此有利于改良社会[2];对于古装片的存在价值,有人认为古装片不仅能向世界宣扬中国古代文明,让西方人由此改傲慢为敬仰,而且可以教化民众,有造于民德[3]。由于早期的中国电影完全依靠市场运作,这种市场经济条件使中国早期的类型研究出现了与西方相似的研究对象,即对观众的重视。但不同的是,中国早期的类型研究对于观众的分析不仅是出于市场经营的考虑,更是出于教育大众的目的,郑正秋"营业主义加良心"[4]的创业主张正是这种经济效益与社会效益相结合的典范,所以,对观众进行分类、分析观众的心理等研究更主要的目的是吸引更多观众走入影院,让更多的观众接受教育,更好地发挥电影的社会教育的功能。同样,17年间电影的教化功能更是发挥到了极致,它与国家意识形态结合起来,成为宣传国家政策,教育与引导民众的重要工具。当时大量的战争片、反特片、喜剧片都是对新社会制度的歌颂与维护[5]。然而,1986年的娱乐片大讨论展开了对电影娱乐性的艰难体认,类型电影的娱乐功能开始受到重视。《当代电影》1987年连载了题目为《对话,娱乐片》的三次讨论。这三次讨论涉及了娱乐片的美学功能和特性、人类的游戏本能与娱乐片的关系、类型电影的基本规律和模式等。不久,《当代电影》于1988年12月1日召开了"中国当代

---

[1] 参见易翰如《滑稽影片小谈》、张秋虫《滑稽影片之价值》、罗树森《谈滑稽电影》、曹痴公《我对于笑剧的感想》,载《中国无声电影》,中国电影出版社1996年版,第672—677页。
[2] 参见姚庚宸《谈武侠片》、周素雅《论武侠剧》、鳌莺《武侠片的结构问题》,载《中国无声电影》,中国电影出版社1996年版,第668—671页。
[3] 参见包天笑《历史影片之讨论》,载《中国无声电影》,中国电影出版社1996年版,第629页。
[4] 郑正秋:《中国影戏的取材问题》,《明星特刊》第2期《小朋友》号,明星影片公司1925年版。
[5] 参见黄会林《新中国十七年电影美学探讨》,《当代电影》1999年第5期。

娱乐片研讨会",本次研讨会也已触及了娱乐片的类型规律。进入20世纪90年代,类型电影的娱乐性已经得到了公认,主要体现为主旋律电影的娱乐化,以及贺岁片的闪亮登场。新世纪之后,中国电影迎来了大片时代,这种靠营造视觉奇观的大片更是对娱乐性的赤裸裸的追求。

最后,从学习西方的类型理论走向研究民族类型电影。改革开放以后,西方类型理论进入国内,不仅影响了中国的类型研究,甚至影响了中国类型电影的创作。但随着全球化浪潮的日趋强劲和好莱坞电影的巨大冲击,中国学者逐渐意识到,中国本土的类型研究不能仅仅关注西方的理论,而应该密切关注中国社会和文化自身的现实需求,正如《电影艺术》杂志2003年第4期的编者按中所说:"对于类型电影经验的总结,我们也多以美国经典类型电影为标准。这样的类型研究,在过去的二十多年中,对中国商业电影的创作起到了一定的指导作用,但总的看来,促进效果并不明显。……因此,我们希望此次类型电影研究是立足本土经验与东方经验的研究,是如何从我们熟悉的文化出发创作观众喜爱的电影的研究。"由此可见,强调本土经验,呼吁创建本土的类型电影,探索从本土文化资源和电影经验中寻找类型电影的创作规律,进行民族类型电影研究,已成为电影创作界与理论界普遍关心的问题,也成为新世纪类型电影研究的主题之一。《电影艺术》2003年第4、5、6期连续对类型电影进行了专题探讨,这些探讨中既有对中国类型电影的经验概括,又有对类型电影的理性认知与学理把握;不仅有对具体电影类型的梳理,还有对具体时期的类型分析。所有的研究都出于同一目的,即对建构民族类型电影的呼吁。大家都认为不能完全模仿好莱坞的类型电影,要慎重借鉴好莱坞的类型经验。同时要努力挖掘本民族的类型经验,形成自己的类型电影。研究者们都意识到,中国的类型研究面临一个尴尬,即如何做到既不脱离西方的理论话语,又不脱离中国电影的独特经验;既不能用西方的类型理论来格式化中国的类型研究,又不能使中国的类型研究完全脱离西方的理论而成为自言自语?要成功解决这个难题,就需要将西方理论与中国本土经验有机地结合起来,做到中国电影的类型研究从中国类型电影的历史实际出发,对具体的中国电影类型作出具体的符合中国电影语境的分析。这里我们可以看出,与改革开放初,对西方理论的照抄照搬不同,如今的理论界已经有能力对西方理论进行反思,且表现出要将西方理论中国化的决心和信心。而在民族类型电影的研究中,20世纪90年代形成的本土的独特类型——贺岁片无疑提供了有效经验。贺岁片的探讨成为我国类型研究的新领域,在新世纪,学者们对贺岁片的研究已经取得了一定的成绩,尤其对冯式贺岁片所进行的个案研究更是成果颇丰。中国电影类型片应当如何打造自身的本土特征?王一川认为,冯式贺岁片的特征体现为团叙仪式、小品式喜剧、平民主人公、京味调侃及其扩展、二元耦合模式、想象的和谐社群以及时尚的泉眼等。而冯式贺岁类型片探索表明,只有着力建构鲜明的本土特征并形成成熟的艺术品格,影片才会既叫座又叫好[1]。中国艺术研究院丁亚平研究员认为,从早期上海滑稽电影到建国后的影片,从《七十二家房客》这样的滑稽片再到近十几年来的贺岁片,这个历程可以视作本土主义的电影人或曰本土主义电影知识分子对于电影舶来品,或者西方话语、全球性的视觉形式,进行独特的阐释与对话、独到的本土化的建构过程。贺岁片的重要价值正体现于中国电影传统的接续、回位与复位上[2]。

第三节 中国电影类型研究的未来趋势

综上所述,中国的类型电影研究经过多年的探索积累了不少经验,取得了一定的成绩。这些经验与成绩为今后的类型研究的发展奠定了坚实的基础,也提供了有益的启示。展望未来,我国电影类型研究的发展困境与未来发展面临的挑战主要表现在:

第一,目前,制约我国类型研究的进一步发展的瓶颈是本土类型理论的缺失。西方的类型研究可以分为两个部分:第一部分是理论性的,关注类型电影的基本特性和文化意义,着眼于类型性(genreness)这个概念,即那些为所有类型所共享的形式和叙事的特征,以及它们与文化间的普遍联系[3];第二部分是对个别类型或类型电影的研究,主要针对各种类型电影的历史演进。而中国本土

---

[1] 参见王一川《中国大陆类型片的本土特征——以冯小刚贺岁片为个案》,《文艺研究》2006年第7期。
[2] 参见杨晓云、周夏《"贺岁片学术研讨会"综述》,《当代电影》2009年第4期。
[3] 参见[美]托马斯·莎茨《好莱坞类型电影》,冯欣译,上海人民出版社2009年版,第2页。

的类型研究恰恰缺少类型理论的部分,尽管早在20世纪20年代,中国电影就出现了类型化,但却因缺少理论的指导和观照,没有形成对类型电影的深层把握和系统的理论形式,从而丧失了形成类型理论的机会。改革开放后,面对类型电影研究的迫切性,理论界不得不实行拿来主义,直接引入西方的类型理论,这也就意味着中国电影理论界彻底放弃了从本土产生类型理论的努力和希望。从此,中国的类型研究就大多只局限于一个研究领域,即对本土类型电影流变的梳理,成为西方类型理论在中国类型电影上的应用,中国类型电影彻底沦为西方类型理论研究的质料,而类型理论的研究尤其是基础理论方面,中国的类型研究几乎失语,没有发言权。

第二,如何实现西方类型理论的中国化是目前急需解决的问题之一。西方的类型理论为中国的类型研究提供了崭新的思路和理论依据,有力促进了中国类型研究的学术化和理论化,极大地推进了中国类型研究的发展。但中西方之间具有不同的文化传统、经济体制和社会制度,这就导致西方的类型理论不可能完全适用于中国的类型电影。因此如何理性面对西方的理论资源,与它进行平等的对话与沟通,大胆地吸收其中的合理成分,并将其与中国特殊的国情结合起来,与中国具体的类型电影语境联系起来,这是我们面临的问题。中国传统文化博大精深,源远流长,如何从中国传统文化中汲取有益的营养,将其与西方的类型理论进行对话与交流,实现互补互动,形成一个全球化与本土化相结合、构建一个世界性与民族性相结合的本土类型理论是一个值得长久思考的问题。

第三,中国的类型研究应关注一些世界类型研究中的共同问题,应该具有一种全球化的视野,将中国的类型研究作为世界类型研究的一部分,对世界类型研究上面临的共同问题,努力作出自己的贡献。西方的类型研究从1948年诞生至今出现了几次转向。首先是从文本研究为中心转向以语境研究为中心。早期的类型研究主要关注类型电影的界定与识别,无论是最初的根据视觉符号来识别类型还是稍晚的以相似的叙事结构来划分类型,这些研究或者专注于电影文本内部的符号分析或者聚焦于影片文本的意义结构,都是在一个封闭的文本内部进行,是以文本研究为中心的。随着好莱坞制片厂被一个更大的电影工业所取代,当代的类型研究逐步认识到以文本为中心的类型研究的缺点,于是出现了以语境研究为中心的倾向,越来越重视类型电影与工业、文化、观众之间的联系。

其次,从注重类型识别转向重视类型功能。西方早期的类型理论主要关注的是类型的界定和识别。最早对类型的划分主要是根据相似性,从某些电影中寻找出相似的类型元素如共同的图像和视觉风格。然而到了20世纪80年代中期以后,类型元素的混用、混列(bricolage)已经越来越普遍,以识别为主的类型研究显然对这种混合类型电影缺乏必要的解释能力,于是类型研究慢慢地转向了对类型功能的关注,即试图回答类型电影具体发挥什么样的作用。由此,类型电影对社会心理的反映与揭示、对观众愉悦需求的迎合以及类型电影与意识形态的共谋关系等——被挖掘出来。最后,对类型研究从确信转向质疑。西方早期的类型研究实际隐含了一个前提,即认为类型研究的有效性、适用性是确定无疑的。可是随着时代的变迁,如今越来越多的西方电影研究者开始质疑类型作为好莱坞电影的研究方法的准确性,有人甚至提议应当放弃类型这个术语,建议用其他能更合理地描述全球化背景中的好莱坞电影的术语,如重复(repetition)、系列(seriality)、循环(cycle)、趋势(trend)、模式(mode)等[①]。一项理论的重要性很大程度上取决于这一理论所面对的和可能解决的问题本身的重要性。西方类型研究的这些转向实际上是时代的召唤,是类型研究对时代召唤的应答。类型研究为了切中时代的脉搏,为了对时代提出的问题作出自己的回应,而不断地变化着自己的研究方向。而中国的类型研究却一直以来都沉浸在对历史经验的总结和本土类型电影的梳理之中,虽然实现了与中国社会现实与中国电影传统的融通,但如何融入世界类型研究的洪流之中,为世界电影理论作出实质性的贡献,如何直面时代问题,也应该是中国类型研究的未来发展应该考虑的。

[①] 参见陈犀禾、陈瑜《类型研究》,《当代电影》2008年第3期;[美]吉尔·奈梅斯编《电影学入门》,陈芸芸译,台湾韦伯文化国际出版有限公司2006年版。

第八章　戏曲电影意境：关于国民的一种独特审美

第一节　何为"戏曲电影"？

中国电影与戏曲的联姻是与中国电影的历史同步的,标志着中国电影诞生的第一部短片就是京剧大师谭鑫培主演的《定军山》,可以说,在中国电影发展的各个关键时刻,都是戏曲为电影开路的,中国第一部有声故事片《歌女红牡丹》中穿插了四个京剧片段,中国的第一部彩色电影是 1948 年费穆导演、梅兰芳主演的京剧《生死恨》。新中国的第一部彩色片是 1954 年摄制的越剧《梁山伯与祝英台》。

在《电影艺术词典》中,"戏曲片"词条下是这么说的:"戏曲片,我国民族戏曲与电影艺术结合的一个片种。"对某一对象进行研究,首先要明确这个对象的定义,以及这个定义的内涵与外延。关于"戏曲电影"的称谓还有很多,有"戏曲片"、"戏曲影片"、"舞台纪录电影"、"舞台艺术纪录片"、"戏曲艺术片"、"戏曲故事片"等多种说法。

虽然对某一作品来说,称谓也许并不重要,因为它已经存在了,称谓并不能改变作品本身,但这些称谓却在某种程度上影响我们对作品的看法。"舞台纪录电影"、"舞台艺术纪录片"等含有"舞台"、"纪录"字眼的称谓,单从字面上来理解主要是指以纪录舞台戏曲表演为主的纪录片,如我国第一部短片《定军山》就是属于此类影片，"文革"时期的样板戏也应属于此类影片。而"戏曲艺术片"、"戏曲故事片"等则是指那些电影化更强的戏曲片，例如越剧《五女拜寿》、《红楼梦》等。

在"戏曲片"这样一个外延较大的概念内讨论问题，比较容易厘清其他小概念之间的关系。我认为，可以将"戏曲片"分为戏曲舞台纪录片和戏曲电影两大类，是否客观、忠实纪录戏曲艺术是两者之间的分界点，运用电影手法对戏曲进行重新创作，都属于戏曲电影的范畴，而不论电影手法运用程度的高低，并且我认为只保留了戏曲唱腔的影片，也应该称之为戏曲电影，主要论据是因为戏曲的唱腔是戏曲艺术的一个最重要的构成元素。这种范围的界定比较简单明了，但绝非是偷懒之举，主要是区分了纪录片与电影之间的区别，并体现了一定的宽容性，避免了诸多概念界限模糊不清的混乱。

第二节 戏曲电影史研究现状

长期以来，在中国电影史研究中，戏曲电影是缺失的一个部分。很多中国电影史著作中，几乎找不到戏曲电影的影子，即使涉及也是寥寥数语一带而过。陈荒煤主编的《当代中国电影》对新中国成立后五六十年代的戏曲电影做了比较简单的介绍[1]，在此书中，编者将"戏曲艺术片"概念涵盖于"舞台艺术片"的概念中，但在行文中并没有严格区分这两个概念的含义。

2005年高小健的《中国戏曲电影史》的出版填补了这个空白。这本书为中国戏曲电影的发展历程，提供了一条比较清晰的线索。作者把戏曲电影的整个历史划分为7个阶段：1905年至1920年的"初始实验阶段"，1930年至1949年的"初步探索阶段"，1945年至1955年的"成长阶段"，1956年至1963年的"繁荣阶段"，1964年至1975年的"极端政治化阶段"，1976年至1988年的"新戏曲繁荣阶段"，1989年至2003年的"整体衰落阶段"（此书成书于2004年）。[2] 这种划

---

[1] 陈荒煤主编：《当代中国电影》，中国社会科学出版社1989年版，第147—148页、第269—280页。

[2] 高小健：《中国戏曲电影史》，文化艺术出版社2005年版，第4—21页。

分大体上是符合戏曲电影历史发展的实际情况的,作者既考虑到外部历史条件——社会环境的变迁——给予戏曲电影生长所带来的影响,又考虑到戏曲电影自身——内在性质的变化——对戏曲电影发展所起的决定作用。书后附录三《中国戏曲影片目录》列举了从1905年至2003年中国所有的戏曲电影的大致信息,包括片名、制片公司、导演、摄影、主要演员等,为其他研究者提供了一份详尽的资料。

但作为第一部中国戏曲电影史,其缺点和局限也是不可避免的。正如聂欣如教授在《中国"戏曲电影"诸问题——读〈中国戏曲电影史〉有感》一文中所说:"读高小健近作《中国戏曲电影史》喜忧参半。喜的是终于看到一本对中国戏曲电影多年状况进行梳理和论述的书籍,这是一件填补中国电影研究空白和有功德的事情;忧的是书中对许多问题的看法和立场不尽合适。"[①]聂欣如质疑了高小健将"戏曲电影"作为一个中国特有的电影类型的说法、"戏曲电影"的称谓是否得当、程式化表演是戏曲电影所面临的问题还是戏曲艺术自身的问题,等等。

高小健在《中国戏曲电影史》中的第一句话是这样描述的:"戏曲电影是中国电影特有的类型之一,专以中国戏曲表演为拍摄对象,倾力于展示中国独特的戏曲艺术的魅力、纪录中国戏曲表演艺术大师的艺术成就和优秀的中国戏曲剧目、弘扬中国悠久的民族戏剧传统。"[②]进而,他对戏曲电影进行了定义:"用电影艺术形式对中国戏曲艺术进行创造性银幕再现,既对戏曲艺术特有的表演形态进行纪录又使电影与戏曲两种美学形态达到某种有意义的融合的中国独特的电影类型。"[③]对这一定义以及类型的归属问题,聂欣如提出疑问:"戏曲无疑是中国特有的艺术样式,但是,将某一类艺术用电影的手段拍摄下来就能够成为一种独立的电影样式吗?如此说来我们不是还可以有'杂技电影''歌剧电影''舞剧电影'。"他认为,作为电影艺术的一种类型,其范围的界定应该有一定的宽容性,而不仅仅是以表现对象的性质作为划分的依据;并且,作为电影艺术的类型还要求

---

① 聂欣如:《中国"戏曲电影"诸问题——读《中国戏曲电影史》有感》,载于《全球化语境中的中国电影与亚洲电影——中国电影百年纪念暨ACSS2005年会》(上海大学单元·上册)论文集,2005年,第258—269页
② 高小健:《中国戏曲电影史》,文化艺术出版社2005年版,第3页。
③ 高小健:《中国戏曲电影史》,文化艺术出版社2005年版,第24页。

电影在对某一特定内容的表现上能够形成自身的语言风格。① 聂欣如提出了这个定义中的一个自相矛盾之处,即这个定义既提到了"创造",又提到了"纪录",纪录必须忠实于对象,来不得创造,而创造必须离开对象、背叛对象,因此,他认为在高小健的理解中,戏曲电影在根本属性上还是纪录片,仅仅是纪录片被艺术化的一种样式而已。但这样的看法只是顾及到了我国戏曲电影发展过程中"北派"的"将影就戏"的创作方法,而对南派"将戏就影"的创作方法却疏忽了。

第三节 戏曲电影理论史上的四次探索

在戏曲电影的发展过程中,有一个始终起作用的基本矛盾或称基本规律的东西,在支配着戏曲电影,主导着戏曲电影的创作理念和创作思维,这就是如何处理以虚拟性为重要特征的戏曲艺术与以逼真性为重要特征的电影艺术的关系。逼真性往往会破坏虚拟艺术的美感,而虚拟性又常常会限制逼真艺术的特长发挥。在中国戏曲电影史上,伴随着戏曲电影的创作实践,在戏曲理论上至少有过四次探索:

第一次,1941年,导演费穆拍摄中国第一部彩色电影京剧戏曲片《生死恨》,在《青春电影》号外《古中国之歌》上发表《中国旧剧的电影化问题》一文,真正开启了戏曲片理论探索的大门。费穆在这篇文章中明确提出了如何"戏曲电影化"的问题,即如何运用电影手段在银幕上创造性地再现戏曲的唱念做打等程式化的、表意象征手法的艺术魅力,而不是简单的舞台记录(理论归理论,即使费穆认识到这些问题,并提出了较为理想的解决方法,但在1948年拍摄《生死恨》创作中遇到实际问题时并未能理想解决这些难题)。

第二次,1956年举行了戏曲电影专题观摩座谈会,对戏曲电影与戏曲艺术的关系及美学特点、表现方法、拍摄技巧等理论和实践问题进行了讨论,促进了戏曲电影美学和理论的发展。这个时期出现了一系列重要的文章,其中有王逸

---

① 陈荒煤主编:《当代中国电影》,中国社会科学出版社1989年版,第147—148页、第269—280页。

的《谈舞台纪录电影》、韩尚义的《谈戏曲纪录影片中的一些问题》和《戏曲影片的布景形式》、张骏祥的《舞台艺术纪录片向什么方向发展？》、徐苏灵的《试谈戏曲艺术片的一些问题》、桑弧的《谈谈戏曲片的剧本问题》、陶金的《摄制戏曲影片"十五贯"杂记》等，分别发表在当时的《光明日报》、《文艺报》、《中国电影》、《人民日报》等重要报刊上。这些文章后来被结集成册为《论戏曲电影》，由中国电影出版社出版1958年出版，这本书可以说是关于戏曲电影的第一本理论著作。这些文章就戏曲电影中的几个主要问题，如剧本的改编、导演的处理、演员的表演和布景的形式等，进行了探索和争鸣。

第三次，《中国电影》杂志1959年第6期刊登了1959年4月召开的"戏曲电影"座谈会的内容，这次座谈会的参与者以戏曲艺术家和理论家为主，有蔡楚生、老舍、陈白尘、张庚、张艾丁等人，他们对拍摄戏曲电影提出了很多意见，提出了"虚、实、繁、简的统一"、戏曲电影的拍摄要选择合适的剧目、戏曲和电影的"求同存异"等主要问题，还提出了"电影的特点是否就是真实"这样的疑问。① 蔡楚生在座谈会上总结了解放后在戏曲电影创作上的三种情况：一、纯粹的记录舞台演出的表现方法；二、采取戏曲表现的传统风格与电影表现特点相结合的做法；三、处于中间状态的，虽然突破了舞台框子，但不彻底，还留有若干原有表现形式的痕迹，戏曲与电影两种形式之间的矛盾还没有很好地解决。张艾丁则认为戏曲电影原样照拍毫无必要，既然作为电影来拍，就不应该规规矩矩记录下来，而要运用电影的艺术处理方式，尽量利用电影的特点，借以丰富戏曲艺术。

1956年与1959年的两次理论探讨，初步形成了"将戏就影"的"南派"和"将影就戏"的"北派"两种观点。"将影就戏"是以戏曲为根基的电影化，换句话说，就是以戏曲为本，在保持或不破坏戏曲叙事原则和手法的基础上的电影化，是电影迁就戏曲。这种观点多表现在拍摄程式化、虚拟化的特点更为明显的剧种如京剧时，代表作品有《野猪林》、《杨门女将》等。"将戏就影"则是以电影为根基的戏曲化，换句话说，就是以电影为本，以电影的叙事原则和手法来重新呈现戏曲样态，是戏曲迁就电影，这种观点多表现在拍摄程式化、虚拟化的特点不是很明显的剧种，如越剧、黄梅戏时，代表作品有越剧《梁山伯与祝英台》、越剧《红楼

---

① 《"戏曲电影"座谈会》，《中国电影》1959年第6期。

梦》等。

从整个电影史发展来说,上世纪五六十年代对戏曲电影研究的热情到达顶峰,是戏曲电影美学观念和理论形成的时期,其中很多都是艺术家们在进行艺术创作实践活动中的体会和经验,其研究成果虽然仍有很多值得商榷之处,但也可以说是一个巅峰,从某种程度上说,此后的戏曲电影理论研究还未能超越这一阶段所达到的高度。

此后随着文革十年浩劫的到来,样板戏电影的拍摄恪守"还原舞台、高于舞台"的指导原则,理论探索和研究也被囿于此原则的条条框框内,《还原舞台　高于舞台——革命样板戏影片评论集》①一书可以管中窥豹到当时的政治高压下学术研究表现出来的政治化的刻板风格,而对于戏曲电影艺术规律的探索基本停滞不前。

第四次,1976~1988年是新戏曲电影创作的繁盛阶段,出现了许多比较优秀的作品,例如《祥林嫂》、《七品芝麻官》、《李慧娘》、《龙女》、《五女拜寿》、《杨三姐告状》等,评论界对这些作品都投以很大的关注,发表了很多评论文章,但其研究主要集中在作品个案的分析和评论上,较少有戏曲电影艺术规律等理论性的研究,在理论上没有更多新的建树。以电影理论权威期刊《电影艺术》为例,此刊于1979年复刊后,近10年间专门探讨戏曲电影的理论性文章屈指可数:1981年第10、11期发表艺军的《电影的民族风格初探》(上、下)从电影民族化的角度对戏曲影片作了一些探讨、1983年第6期发表余仲华《戏曲与电影的"叠影"一文》、1984年第2期发表少舟的《给戏曲电影以应有的地位》、1984年第10期发表王文章的《戏曲片艺术规律初探》、1986年第5期发表余仲华的《戏曲影片漫论》。这种状况从某种程度上反映了戏曲电影理论研究的难度,需要研究者既懂得电影,也熟悉戏曲,这种跨专业要求无形之中为理论研究增添了阻碍。

这几次探索通过总结戏曲电影的创作实践,深化了关于戏曲电影创作理论上的认识,的确曾为戏曲电影的发展发挥了较大的影响,但这些认识也存在着很大的局限,具体说主要有以下两点:第一,这种认识多囿于艺术家基于直觉之上的对具体创作经验的总结,这种总结一般多涉及艺术家在创作中如何运用某一

---

① 《还原舞台　高于舞台——革命样板戏影片评论集》,人民文学出版社1976年版。

艺术形式的表现手段,而不是表现手段背后更深层次的有关艺术形式本体的认识,一旦艺术形式发生某种变化之后,就很难从艺术的规律出发来进行艺术创作;第二,由于这种认识多是一种创作经验的汇总,而创作经验又主要是从具体作品的创作中得来的,所以它就容易被具体的剧目、具体的题材、具体的表现形式所局限,而很难上升到具有普遍认识价值和指导意义的理论观念。

第四节　戏曲电影创作衰落时期的理论探索

1989年至今,是戏曲电影创作的衰落时期,但令人欣慰的是,学术界一直没有放弃对戏曲电影的研究。为了深入而系统地研究戏曲影视导演创作的规律,中国戏曲学院导演系设置了戏曲影视导演学科方向,并于2004年招收了首批戏曲影视导演方向的研究生。该方向主要研究戏曲影视发展史、戏曲影视导演理论、戏曲影视导演创作等内容。作为该校第一、二届硕士研究生的课程作业,2007年出版的《舞台与银幕之间:戏曲电影的回顾与讲述》一书对一些老艺术家(包括导演、编剧、摄影师、剪辑师、录音师、美术师)在从事戏曲电影创作过程中的所思、所想、所感进行了抢救性的采访,具有很强的客观性,为进一步的研究提供了宝贵的基础性资料。2011年出版的《戏曲电影导演技法教程》一书也是中国戏曲学院该专业的另一个研究成果,本书对戏曲电影的时空特性、意境创造技法、唱念技法、做打技法、群体调度技法、戏曲元素导演技法等7个内容进行了梳理,总结出较为系统的应用性理论。

近两年来,学术界对戏曲电影的研究有了新的拓展,研究视角也开始多元化,关于戏曲电影的艺术特质和生存发展,出现了新的思路和见解。例如2011年第1期《当代电影》中刊登了一组研究戏曲电影的文章,其中《戏曲电影式微的接受美学分析》对戏曲电影式微的现状做接受美学的分析,试图从观众接受层面找出经验教训,由此探寻戏曲电影的复兴之路;《中国戏曲电影的民族记忆》则从戏曲电影百余年的发展中,提炼出戏曲电影鲜明的民族特性:承载着国家、民族、个人的历史使命,留下了深沉的民族记忆,是对民族历史和文化传统的影像认同;《戏曲电影与歌舞类型片之比较研究》一文就戏曲电影的类型特点与歌舞片做了比较和分析。

2010年上海戏剧学院主办的"中国戏剧与中国电影互动发展"学术研讨会对戏曲电影非常重视[①]。蓝凡的《甦甦影像：戏曲片论》对戏曲片和电影结合中的种种问题做了探究，从银幕假定性、戏曲片的两种基本状态即"以影就戏"和"以戏就影"、虚实相生几个方面探讨了戏曲片如何解决戏曲叙事和影像叙事间的矛盾冲突的问题。蓝凡认为，戏曲片的发展受电影市场与叙事、戏曲剧种本身的发展状况等多方面影响，并且电影市场性和叙事性的矛盾依旧没有得到很好的解决，因此，戏曲片作为电影中唯一具有鲜明民族特色的、弘扬中国传统戏曲文化的电影类型，人们应给予戏曲电影的发展前景和发展方向更多的关注。金丹元的文章《20世纪50年代戏曲片与古装戏影像中突出"人民性"的意义》中重新梳理和评价了20世纪50年代关于"人民性"的讨论，认为这种讨论促进了戏曲片的繁荣，促进了戏曲片影像审美的新探索。高小健的《戏曲电影：一种独立的存在——谈戏曲电影的文本兼容特性》从文本的角度出发，探讨了戏曲电影文本中戏曲文本和电影文本如何共存的问题。高小健认为，戏曲以独特的结构形态存在于电影中，但又不得不被电影所改造，文章从文本的融合与转换和具体艺术呈现方面对文本究竟产生了什么样的改造、如何改造以及两者的共同规律性等问题进行了详细的解读。

在戏曲电影创作并无起色的情况下，这些多元视角的研究反映了戏曲电影正逐渐引起学术界的重视，这是一个非常可喜的现象，当然，这些新的视角仍属于一家之言，仍需期待出现百家争鸣的态势。

第五节　电影意境理论研究现状

意境是中国古典美学的核心范畴，主要是指特定的艺术形象（符号）和它所表现的艺术情趣、艺术气氛以及它们可能触发的丰富的艺术联想与幻想的总

---

① 丁璇　周爱军：《求同存异　繁荣共进——"中国戏剧与中国电影互动发展"大型国际学术研讨会综述》，《当代电影》2011年第1期。

和。① 中国的艺术意境理论,是一种东方超象审美理论,其哲学根基是一种古代天人合一的大宇宙生命理论,自唐代意境范畴诞生以来,追求意境美一直是中国古典艺术(诸如诗词、书画、戏曲、园林诸艺术门类)的最高审美标准,反映了中国古典艺术家独特的审美观。意境说的精髓,如果要用一句话来概括,那就是"境生于象外"。艺术家的审美对象不是"象",而是"境"。"境"是"虚"与"实"的统一。

电影传入中国后,当然也受到中国传统美学的影响,电影的创作者也不自觉地将"意境"纳入了电影的审美范畴,其中老一辈的电影艺术家中首推费穆、郑君里两位前辈,第四代、第五代电影艺术家中有黄蜀芹、谢飞、张艺谋、陈凯歌等已经比较注意我国传统美学中"意境"的思考和在电影创作实践中的运用,但基本上也还是分散的、片段的,换言之,这方面还缺少坚实的理论研究。中国人谈电影,在很大程度上还是在借助各种西方电影理论和电影美学的他者话语,例如爱森斯坦的蒙太奇理论、巴赞的纪实美学理论,以及各种现代电影理论和后现代电影理论等,缺乏中国自有的电影理论体系。而中国传统美学中意境理论经过几千年的孕育和发展,已经相当成熟,在以中国自己的文学艺术理论为基础来研究电影即探索意境理论与电影的联系方面,中国的电影理论工作者理应有更多的贡献。

中国电影艺术家中在探索电影意境上最自觉、成就也最显著的应该是费穆,他也是第一个将电影意境作为一个理论课题来研究并付诸实践创作的。

费穆从影后拍了20多部电影,写过20多篇文章,追求中国电影的民族风格是他的一贯主张和目标。费穆精通戏曲,并对中国的古典诗词也很感兴趣,其民族文化功底极深,这是他日后形成电影的诗化风格的最终原因。在他拍摄《小城之春》之前,他与周信芳、梅兰芳合作拍摄了《斩经堂》、《生死恨》两部戏曲片,在戏曲的电影化和电影的民族化两个方面都积累了丰富的经验,他在《中国旧剧的电影化问题》一文中说:"中国画是意中之画,所谓'迁想妙得,旨微于言象之外'——画不是写生之画,而印象确是真实,用主观融洽于客体,神而明之,可有万变,有时满纸烟云,有时轻轻几笔,传出山水花鸟的神韵,而不斤斤于逼真,那

---

① 蒲震元:《中国艺术意境论》,北京大学出版社2004年版,第1页。

便是中国画。"①并由此产生了"在电影构图上,构成中国画之风格"的想法。他的另一篇文章《略谈"空气"》可以说是他探索电影意境的最重要的文献。他所说的空气就是气氛、氛围,其实质就是意境,他讲了创造"空气"的具体的四种方法:其一,由于摄影本身的性能而获得;其二由于摄影的目的物本身而获得;其三,由于旁敲侧击的方式而获得;其四,由于音响而获得。② 费穆的"空气说"奠定了电影意境的理论基础。

郑君里是继费穆之后的另一位自觉追求电影的民族化、系统探索创造电影意境之技法的大师。他的《画外音》是其一生电影创作实践的总结,也是以自身的创作实践为文本所进行的电影理论研究的成果。郑君里总结了蔡楚生拍摄《一江春水向东流》中"经常使用中国观众所易于接受的对比、呼应等等艺术手法"创造意境。③ 在《谈谈〈林则徐〉的创作》一文中,他谈到了向古典诗词、绘画学习,创造电影意境的体会。"在导演构思的过程中,一句诗、一幅画、一片自然山水、一种联想,往往可以触发你处理某一戏的想象,使你发现处理这一场戏的适当手法"。④ 在《影片〈聂耳〉导演后记》里,郑君里系统地研究了空镜头在创造电影意境上的作用,还谈到了"把空镜头和音乐结合起来"所创造的意境,他在分析范仲淹的《渔家傲》中音乐的作用后说:"音乐、景色、人物心情,三者结合创造了这阙词的意境,缺一不可。我认为,空镜头近乎虚写,音乐往往也比较抽象,但当它们结合起来,有时能收到意想不到的效果,其中的潜台词有时比正面描绘人物还要丰富,可意会而不可言传的意境也更为深远。"⑤

郑君里还谈论了"向民族的传统艺术学习"的问题,他的话题主要集中在向戏曲学习和向古典绘画学习的两个问题上。他认为,中国的戏曲艺术在表现形式上比话剧更接近电影,戏曲表演是虚拟的程式表演,千里之遥只走一个圆场便到达,绿水青山可以通过唱词唤起观众的想象,这些程式使戏曲在表现地点和空间上有完全的自由,同时也可以把任何不同的地点和空间连接在一起,这个特点同电影通过剪辑把不同空间的片段自由地连接在一起的特点相接近。并且,他

---

① 丁亚平主编:《百年中国电影理论文选》(上册),文化艺术出版社2003年版,第292页。
② 同①,第216页。
③ 郑君里:《画外音》,中国电影出版社1979年版,第8页。
④ 同③,第84页。
⑤ 同③,第140页。

第八章　戏曲电影意境：关于国民的一种独特审美

认为戏曲的最小组成单位是"过场"，相当于电影的一个镜头，因此，戏曲可以采用同时性的和平行的叙述方法，这与电影的平行蒙太奇有相似之处。在中国电影界，从理论上如此准确阐述电影与戏曲的相通之处的，郑君里是第一人。郑君里拍摄电影还向中国古典绘画学习，从古典名画中得到一些有关电影构图和场面调度的启发，其作品《枯木逢春》中那个在一个长镜头里用横移镜头，实现了解放前后时空转换，十分富有诗意，就是受《清明上河图》内容和结构的启发。

上世纪七八十年代，随着改革开放，西方现代文化艺术观念纷纷涌进中国，在电影业引发了一场关于电影语言现代化的争论高潮，电影的民族化问题也成为一个争论的热点，罗艺军与邵牧君两位分别代表不同的观点。邵牧君认为，电影的艺术形式不存在民族化问题，电影是一种国际性的现代艺术，在探索其艺术规律与特征方面，并无本国特色可言。[①] 罗艺军则认为，东方和西方两种不同文明的土壤培植的是两种不同的美学思想体系，因此在审美问题上存在着民族差异，这种差异也就必然会体现在作为文化艺术形态的电影中。罗艺军认为中国电影的民族化风格，就是电影的抒情写意、创造意境的问题。他从电影民族化的角度，给电影意境下的定义为："主客观结合、虚实结合的一种诗化的艺术形象及其触发的艺术联想。"[②]1995年，罗艺军将他写的关于电影民族化的文章集成《中国电影与中国文化》一书。

中国香港的电影导演刘成汉也对电影意境较有研究，其《电影赋比兴》一书中明确提出了以中国古典艺术理论为基础创立中国电影理论的论点："西方的电影理论均借助其他学术为基础，例如传统的文艺理论、现象学、社会学、人类学、马克思主义、弗洛伊德心理学及语言学等……其实中国有历史远比别人长久而又极为丰富的文艺批评理论，我们大可以回顾去发掘采纳……如果不愿意落后，如果想逐渐把中国电影的批评理论提高到可以和西方并肩的国际水平，在国际电影理论上占一席位而受到重视的话，那便必须尝试创立以中国文艺传统为基础的电影理论。"[③]他对创立中国自己的电影理论很有信心，并为此确立了方向，

---

① 《电影美学随想纪要》，详见罗艺军主编：《20世纪中国电影理论文选》，中国电影出版社2003年版，第179页。
② 《电影的民族风格初探》，见罗艺军：《中国电影与中国文化》，北京广播学院出版社1995年版，第140页。
③ （香港）刘成汉：《电影赋比兴》，中国传媒大学出版社2011年版，第11页。

即以中国传统的诗学理论为基础的赋比兴电影理论,并将费穆的《小城之春》列为电影赋比兴之典范。

2000年,王迪、王志敏合作出版了《中国电影与意境》①,这部专著可以说是目前电影理论界对电影意境研究的最大成果。此书主要是以王国维的意境说为理论基础,探讨中国电影剧作的意境,集中论述了意境与中国传统诗学、西方现代诗学的关系,并探讨意境与电影时空、电影画面、电影声音、电影叙事和电影风格等各要素之间的关系,以及意境在电影中的体现方式。

这些研究大多侧重于从文化、文学或剧作的角度研究电影与意境的关系,而对于电影这种现代科学技术的产物如何也能创造意境、电影的影像本体的写实性是怎样跨越与写意性之间的鸿沟等问题,关于电影本体的问题并没有很好地得到阐释。但正如王迪、王志敏他们自己声明的那样,他们探讨的是电影剧作的意境②,"剧作"只是电影的一部分,是属于文学范畴,而无关电影本体,因此,其研究的局限性不言而喻。

时隔8年,刘书亮推出了《中国电影意境论》③一书,试图将电影的意境研究引向电影本体。此书从电影意境的物质构成因子、电影意境的境语构成因子、电影意境的生成机制、电影意境的形态和体式等方面比较全面、系统地研究和探讨中国电影意境的创造和审美,并试图建立一个系统的、体系化的理论框架。此书结合具体的电影作品,就电影的纪实再现本性与抒情写意的意境融合,进行了较深入的探讨,并提出了一些富有规律性的见解,比如:认为"景"是创造意境的母体;在电影里叙事与抒情的虚实相生也可分为两种类型:叙事与抒情两分和叙事与抒情一体,第一种类型由蒙太奇体现,第二种类型由长镜头体现。这些论断当然是否就是定论,还可商榷,但作者建立系统化理论框架的尝试,无疑把电影意境理论又推向了一个高度。

在中国期刊网上以"电影意境"为题目检索词、以"意境电影"为关键词检索词,检索不到关于电影意境研究的博士学位论文,硕士学位论文仅有3篇,其他论文文献13篇。从这些数据也可以看出,研究者寥寥,电影意境的研究还没有

---

① 王迪、王志敏:《中国电影与意境》,中国电影出版社2000年版。
② 同①,第3页。
③ 刘书亮:《中国电影意境论》,中国传媒大学出版社2008年版。

引起学术界足够的重视。

第六节　戏曲电影意境研究有待深化

据笔者目前掌握的文献资料来看，目前中国的电影理论工作者中只有极少数的人关注中国电影意境理论。王迪、王志敏两位专家合著的《中国电影与意境》一书可谓是开山之作，8年之后刘书亮《中国电影意境论》的出版，是"在电影理论这个西方文化一统天下中，民族文化自觉的一种显示"（罗艺军语）[1]。然而让笔者百思不得其解的是，这两本著作从不同的角度探究和阐发了中国电影的"意境"之美，但不约而同地对戏曲电影只字不提，似乎能找到的解释就是，戏曲电影根本就没入他们的法眼，或者他们认为戏曲电影并不能代表中国电影承担"意境"美学这一重要阐释。

从某种程度上说，戏曲电影"意境"的体现集中反映了我们民族的审美取向和独特的艺术观念，或许是探索和发展电影民族形式的一个很好的尝试。可喜的是，冉常建主编的《戏曲电影导演技法教程》[2]中专门有一章写"戏曲电影的意境创造技法"，但研究停留在技术层面，并且很多概念和表述都非常笼统，理论的探讨更是处于比较初级的阶段，不过难能可贵的是作者已经体现出对这个课题的关注和自觉研究。

笔者认为，相对于"舶来品"的电影艺术，土生土长的戏曲艺术的历史源远流长，浸润了中国文化的众多精华，因此，戏曲艺术对作为中国古典美学的核心范畴的"意境"的体现有其独特的、成熟的手段。王国维在《宋元戏曲史》中谈到戏曲意境做过这样的表述：（意境）在于"写情则沁人心脾，写景则在人耳目，述事则如其口出是也，古诗词之佳者，无不如是，元曲亦然。明以后，其思想结构尽有胜于前人者，惟意境则为元人所独擅"[3]。而对于戏曲电影这样一个独特的片种来说，"意境"美学的表达更有其不同于戏曲和电影两个母体的独特性。换句话

---

[1] 刘书亮：《中国电影意境论》，中国传媒大学出版社2008年版，第4页。
[2] 冉常建主编：《戏曲电影导演技法教程》，文化艺术出版社2011年版。
[3] 王国维：《王国维文集》，北京燕山出版社1997年版，第154页。

说，当戏曲搬上银幕，电影手段必然会损害戏曲艺术原来作为舞台艺术本身的意境，但同样，电影手段也会在某种程度上成就戏曲电影的另一种意境，而这种意境也不同于一般电影的意境，有着属于戏曲电影独有的特点。因此，戏曲电影的意境研究值得广大电影理论工作者继续深入研究。

第九章 从各取所需到整体解构：族谱研究的新进展

自上世纪二三十年代对族谱的现代学术研究开启以来，族谱研究形成两个主流的方向：一是以族谱本身为研究对象，对族谱发展史，族谱的编纂方法与内容体例、类型、功能、意义以及学术价值等进行归纳总结，是为一般的谱牒学研究；二是视族谱为重要的历史史料，服务于不同的历史研究对象和研究领域，由此激发了各具特色的专题史和新的史学领域研究的展开。

近些年来，在后现代史学的激荡下，社会史和文化史合流为社会文化史，在社会文化史视野中，对于历史文献的研究利用开始有了认识论和方法论的更新，一个十分活跃的研究方向是，通过对历史文献实施文本解构，进而获取对文献形成过程中的人们的观念和文本产生当下的社会历史事实的认识。与此相关联，一些族谱研究的学者也开始反省作为历史资料利用的族谱研究，认为将族谱割裂开来，"去伪存真"、"各取所需"的资料利用方式导致了一定的研究盲区，主张关心族谱文献本身的形成过程和整体价值，进而获得被以前的研究方式所忽视的对编纂者的意识结构和当下社会历史事实的认识。由此形成了对族谱研究利用的新视野。

第一节 一般的谱牒学研究

最早对谱牒学进行开创性研究的为潘光旦、罗香林、杨殿珣诸先生。他们继承旧谱学的成果，着手组建新谱学，对族谱的定义、族谱发展源流、族谱的编纂体例与内容、族谱的类型、功能与意义、学术价值和现实意义等初步进行了现代学科视野下的清理。

潘光旦早在1929年发表论文《中国家谱学略史》,对谱学发展历程和特点作出精辟概括。之后又发表了《家谱与宗法》等文章,对家谱与宗法的关系进行了讨论。① 杨殿珣于1945年作《中国家谱通论》,分三章介绍中国谱学沿革,家谱的名称、内容、体例和收集应用。② 罗香林对族谱的研究从上世纪30年代开始,在大陆由于政治动荡导致谱牒研究陷于停滞时,他在香港的研究持续不断到70年代,1971年出版了享有很高声誉的《中国族谱研究》,建构了中国谱牒学的理论体系,奠定了族谱学的学术地位。③

海外研究者中,日本学者多贺秋五郎取得的成就最大。1981年、1982年多贺将20余年对族谱的研究成果汇集成两巨册《中国宗谱研究》(资料篇、研究篇)由日本学术振兴会出版,并因此获得了日本学术界最高奖——学士院奖。多贺的研究严格从资料出发,阅读了大量的日本和美国等国所藏中国族谱,对中国族谱资料的搜集整理和目录学处理方面作出了前所未有的贡献,在此基础上又做了多方面的精深研究。④

而此时此刻,随着正常的学术研究环境的恢复,长期停滞的族谱研究在大陆刚刚复兴。作为"破四旧"的对象,大量谱牒在"文革"期间遭到破坏,不幸中的万幸,许多秘不示人的族谱流失到公共图书馆,也使后来大规模利用族谱开展学术研究成为可能。

自20世纪80年代以来,国家档案局、高校和社科院、图书馆等机构联合发起了数次族谱目录的编纂和整理活动。1997年出版的《中国家谱综合目录》⑤,收录家谱目录14719条,是家谱目录编纂活动的重要的阶段性成果。目前全国

---

① 参见潘光旦《中国家谱学略史》、《家谱与宗法》,均载《潘光旦文集》(8),北京大学出版社2000年版。
② 参见杨殿珣《中国家谱通论》,《图书季刊》新第三卷、新第六卷、新第七卷,1945年。
③ 参见罗香林《中国族谱研究》,(香港)中国学社1971年版。
④ 熊远报对多贺著作和研究观点做了详细介绍,参见《多贺秋五郎的中国宗谱问题研究》,《中国社会经济史研究》1994年第4期;多贺秋五郎《宗谱之研究》中译本,由周芳玲、阎明广编译,中国社会出版社2008年出版。
⑤ 国家档案局二处、南开大学、中国社会科学院等编:《中国家谱综合目录》,中华书局1997年版。

最大规模的家谱目录工具书为2009年出版的《中国家谱总目》①。全书1 200万字、共10册，总计收录了中国家谱52 401种、计608个姓氏，是迄今为止收录中国家谱最多、著录内容最为丰富的一部专题性联合目录。

与族谱目录编纂和整理活动相伴随的是谱牒学研究的恢复和逐渐走向活跃，形成丰富的谱牒学研究成果：

一是一批重要的研究论文集出版。目前台湾已陆续出版七届的亚洲族谱学术研讨会会议纪录；沙其敏、钱正民主编的《中国族谱地方志研究》展示了美国犹他家谱学会在美国盐湖城主持的国际学术会议上取得的成果；上海图书馆组织出版的《中国谱牒研究——全国谱牒开发与利用学术研讨会论文集》和《中华族谱研究——中国族谱国际学术研讨会论文集》，集中了两次大型族谱学术会议的研究成果；山西社科院家谱资料研究中心的《谱牒学论丛》至今已出版三集。这些论文集收录了30年多来谱牒学研究中的重要成果，体现了谱牒学在对族谱的源流和在不同历史时期的发展演变、族谱的编纂过程、内容体例和功能意义等多方面的研究进展。

二是产生了一批重要的谱牒学研究著作，如徐建华的《中国的家谱》、廖庆六的《族谱文献学》、王铁的《中国东南的宗族与宗谱》、王鹤鸣的《中国家谱通论》等。② 族谱本身就是宗族生产制造出来的文献，在宗族史研究的综合性或区域性著作中，族谱作为一个专门的章节是必需的。例如，钱杭在《宗族史研究入门》中、常建华在《宗族志》中均有专章介绍族谱问题。③

在一般的谱牒学研究中，讨论如何利用族谱开展学术研究是常见的一项内容，这就涉及到族谱研究的后两种进路的问题。长期以来，历史学界将族谱作为一种重要的历史史料，本着"去伪存真"的原则加以研究和利用，然而，近些年来在后现代史学的激荡下，出现了对此种研究方式进行反思的新思潮。事实上，钱杭教授在前述《宗族史研究入门》中专门讨论了"关于族谱的'真假'问题"，其实

---

① 上海图书馆等编：《中国家谱总目》，上海古籍出版社2009年版。
② 参阅徐建华：《中国的家谱》，百花文艺出版社2010年版；廖庆六：《族谱文献学》，南天书局1993年版；王铁：《中国东南的宗族与宗谱》，汉语大词典出版社2002年版；王鹤鸣：《中国家谱通论》，上海古籍出版社2010年版。
③ 参阅常建华《宗族志》第四章《族谱》，上海人民出版社1999年版；钱杭《宗族史研究入门》之五《宗族的谱牒》，复旦大学出版社2009年版。

就是对作为史料利用的族谱研究如何进行认识论和方法论更新的问题。下面详细阐述之。

第二节 作为史料利用的族谱研究

将族谱作为重要史料开展学术研究,梁启超是最早的倡导者之一,他早在上世纪20年代就发出呼吁:"族姓之谱,六朝、唐极盛,宋后寖微,然此实重要史料之一。例如欲考族制组织法,欲考各时代各地方婚姻平均年龄、平均寿数,欲考父母两系遗传,欲考男女产生比例,欲考出生率与死亡率比较……等等无数问题,恐除族谱家谱外,更无他途可以得资料。我国乡乡家家皆有谱,实可谓史界瑰宝,将来有国立大图书馆,能尽集天下之家谱,俾学者分科研究,实不朽之盛业也。"[①]

然而,切实利用族谱资料开展专题学术研究的早期实践者还是潘光旦、罗香林等学者。潘光旦的《明清两代嘉兴的望族》、《中国伶人血缘之研究》是运用族谱材料,以遗传学、优生学等社会科学理论方法对特定专题进行研究的经典案例。[②] 罗香林先生的客家研究"三部曲",《客家研究导论》《客家源流考》《客家史料汇编》是运用族谱开辟客家研究这一史学新方向的奠基著作。[③]

20世纪80年代大陆谱牒研究重新起步时,一个核心议题是重新阐释被史学界长期冷落的族谱的重要史料价值。1989年,武新立发表于《历史研究》的《中国的家谱及其学术价值》可为代表。在该文中,他重申梁启超对家谱的史料价值给予的高度评价,并着重从宗法思想、家族制度、经济史、人口史、人物传记、科举与教育史、地方史志、重大历史事件、少数民族史研究等方面,论证了"收藏宏富的家谱,是一个巨大的资料宝库"。同时,他针对一些学者对家谱作为史料"怀疑过多,甚至全盘否定"的态度,发表了看法,强调"家谱存在的主要问题往往

---

① 梁启超著、朱维铮校注:《梁启超论清学史二种》,复旦大学出版社1985年版,第479—480页。
② 潘光旦:《明清两代嘉兴的望族》,载《潘光旦文集》(3),北京大学出版社2000年版;《中国伶人血缘之研究》,载《潘光旦文集》(2)。
③ 罗香林的相关著作可以参阅:《客家研究导论》,上海文艺出版社影印本1992年版;《客家源流考》,中国华侨出版公司1989年版;《客家史料汇编》,(香港)中国学社1965年版。

第九章 从各取所需到整体解构：族谱研究的新进展

是冒认始祖和隐匿族人恶迹，这在家谱的全部内容中，只占很小部分"①。

武新立的议论，反映了当时史学界出于对族谱资料可信度的怀疑，对族谱运用于史学研究的可能性不抱乐观态度。而突破这一认识瓶颈，是利用族谱开展学术研究的前提。在此过程中，谭其骧早前作移民史研究时的看法，常被支持开展族谱资料利用的学者们称道："或曰天下最不可信之文籍，厥为谱牒，今子以读谱牒为依据，而作内地移民史，安能得史实之真相耶？曰，谱牒之不可靠者，官阶也，爵秩也，帝王作之祖，名人作之宗也。而内地移民史所需求于谱牒者，则并不在乎此，在乎其族姓之何时自何地转徙而来。时与地既不能损其族之令体，亦不能增其家之荣誉，故谱牒不可靠，然惟此种材料，则为可靠也。"②

更宽泛地理解，谭其骧所澄清的不光是移民史的研究能够利用族谱，而且显示了一种可能性：族谱作为史料如果经过一番去伪存真的甄别工作即能为史学研究所用。其后，谭其骧的学生葛剑雄、曹树基等人继承师钵，使得移民史成为运用族谱资料一个有代表性的典范③。

在其他领域，族谱也逐渐成为学者们利用的重要文献。在人口史研究中，刘翠溶《明清时期家谱人口与社会经济变迁》④是运用族谱资料进行历史人口学研究的代表性著作。在社会经济史领域，关于江南市镇、徽商等近世商业和商人群体的研究，关于基层社会里甲、赋役制度等研究，都离不开对族谱资料的爬梳。在华侨史的研究中，福建、广东等地的"侨谱"发挥了重要作用。在民族史研究领域，少数民族谱牒显示了独特的用武之地。如果从更广大的范围看，但凡属于区域社会史或历史人类学等这些史学新兴领域的课题，注意研究和利用族谱资料，已经成为一种通识。

这其中，与族谱研究和利用关系最为密切的是宗族史。族谱作为宗族建设的特殊文献，是宗族史开展宗族结构与功能、与国家、地方的互动等微观与宏观层面研究的最为基本的文献。明清以后的宗族研究更是大量的存世族谱的直接受益者，经过学者们多年的开拓和积累，依托不同地区的谱牒史料，形成了丰富

---

① 武新立：《中国的家谱及其学术价值》，《历史研究》1989 年第 6 期。
② 谭其骧：《中国内地移民史——湖南篇》，《史学年报》1932 年第 1 卷第 4 期。
③ 就此可参阅曹树基：《中国移民史》第五卷（明时期）"卷后记"中关于族谱资料的说明，福建人民出版社 1997 年版，第 564—566 页。
④ 刘翠溶：《明清时期家谱人口与社会经济变迁》，台湾"中央研究院"经济研究所 1992 年版。

的极具特色的地域宗族史研究成果。

举其大要,徽州宗族研究方面,唐力行、王振忠、赵华富、卞利、韩国的朴元高、日本的熊远报等人在此取得丰硕成果;在江西方面,钱杭对泰和县的宗族形态做了精深研究,近期又在执行"重返泰和"的研究计划;华南学派科大卫、萧凤霞、刘志伟、陈春声、郑振满对珠三角和福建两地宗族问题进行了长期耕耘;赵世瑜与华南学派遥相呼应,奔走于北方田野中,试图诠释华北宗族的传统与特质。①

与其他的专题史研究领域最大的不同是,族谱本身就是宗族生产制造出来的文献,因此可以说,族谱在宗族史研究视野中具有史料和研究对象的双重身份。而许多宗族史学者本身又是谱牒学研究专家。也正因为如此,对于如何研究和利用族谱,宗族史研究领域的学者们有着更多的自觉和反省意识。事实上,在上述地域宗族史研究中,族谱被置于具体的历史时空条件下,放置于地方社会的历史过程中,也使得研究者拥有了不同于一般专题史,将族谱肢解成若干史料、各取所需的态度,更加重视族谱作为一个整体而形成的独有的学术价值,而不局限于仅仅关注"真实之史料"。随着20世纪走向尽头,关于利用族谱开展研究的认识论与方法论问题在宗族史研究领域的学者们那里率先进行了反思。

第三节　族谱研究利用的新视野

常建华长期跟踪族谱研究的动态。② 在回顾1999—2007年的中国族谱研究的新进展中,他敏锐地注意到:"受新的学术风气的影响,学者解读族谱的方式发生了变化。关于族谱意义的讨论最具学术的突破性,在地域社会、文化学的研究上取得明显的进展。族谱的社会、文化意义不断被揭示,已突破只作为一姓、

---

① 关于宗族史的相关成果,可参阅常建华《二十世纪的中国宗族研究》,《历史研究》1999年第5期。
② 参见常建华《家族谱研究》《20世纪80年代中期中国族谱研究》《20世纪80年代后期以来的中国族谱研究》等文收入作者著《社会生活的历史学:中国社会史研究新探》一书,北京师范大学出版社2004年版;《中国族谱研究的新进展》(笔者注:1999—2007),载《传统中国研究集刊》第5辑,上海人民出版社2008年版;《中国族谱学研究的最新进展》(笔者注:2008),《河北学刊》2009年第11期。

第九章　从各取所需到整体解构：族谱研究的新进展

一族、一家记载的狭隘认识。"①

这些族谱研究的新思路大约从上世纪末本世纪初发端,引领者是数位长期活跃在族谱研究领域的学者。② 笔者将在下面比较详细地呈现几位学者的观点,因为他们的研究代表了对族谱研究和利用的新思路。

1999 年,日本学者濑川昌久所著《族谱:华南汉族的宗族·风水·移居》,由钱杭教授译介进国内。濑川在原序中十分真诚地剖析了自身对族谱认识所发生的转变过程:一开始的时候,只是把族谱当做一种田野资料的旁证资料,或是关于村落、宗族以往历史的辅助性资料来看待。10 年后在系统扫描以前田野中收集到的族谱以便长期保存时,才突然惊异地发现"族谱中反复描绘的人们历史的深度,以及由此而反映出的真实的社会意义和文化意义"③。

濑川对族谱认识历程的回顾,不光是讲述一种个人体验,实际上折射出其不满足于史学界过去将族谱作为一种单纯资料的研读方式而进行的新探索。濑川在第一章引言中,进一步回顾了史学界对族谱所持有的这种普遍性认识:"在很多情况下,对于历史学家来说,族谱的意义,在于它是一种理想的、为把握过去状况而服务的资料。我们可以从各个方面来观察近年来运用了族谱资料的一些历史学家的研究成果。如根据族谱的记载,对某一地区的移民史进行重建的尝试;利用族谱的资料,对以往的人口动态进行的分析;利用族谱的资料,对一些政治史上的和其他领域中的重要人物的出身背景的考察,等等。另外,即使在人类学家以村落调查为基础的研究著作中,为了叙述某一宗族或村落的历史背景,族谱也往往在相应的章节中发挥了重要的作用,这已经成了一个通例。"④

就此,濑川发表评论说,在研究一个个家族或宗族历史时,参考族谱这一理想资料,自然是毋庸置疑之事。然而,"族谱在成为职业历史学家进行历史研究的材料之前,本身已经是一部包含着对本族过去经历的解释与主张的'历史叙

---

① 常建华:《中国族谱研究的新进展》,载《传统中国研究集刊》第 5 辑,上海人民出版社 2008 年版。
② 类似研究成果还有零星,可参阅常建华《中国族谱学研究的新进展》"四、族谱意义的讨论",载《传统中国研究集刊》第 5 辑,上海人民出版社 2008 年版。
③ [日]濑川昌久著,钱杭译:《族谱:华南汉族的宗族·风水·移居》,濑川氏原序,上海书店出版社 1999 年版,第 10 页。
④ [日]濑川昌久著,钱杭译:《族谱:华南汉族的宗族·风水·移居》,上海书店出版社 1999 年版,第 1 页。

述',这样一种返回原点的寻根式讨论现在还很少见。"①在此,濑川把对族谱的研究和利用的视野推进到了一个新的认识层面,指出在族谱被职业历史学家分解成各取所需的材料之前,本身就是一部包含着本族过去经历的解释和主张的"历史叙述",因而主张一种返回原点的寻根式的讨论。

那么又该如何进行寻根式讨论,这种讨论的意义何在? 濑川的研究路径表明,回到原点就是回到族谱的编纂过程中去理解族谱的真实性和虚构性,更重要的是"充分地保留对于族谱记载内容真伪程度的判定,而将其内容重新理解为带引号的'事实',并力图去解明记录了这些族谱的编纂者的意识结构,以及存在于他们背后的社会性与文化性规范,这比一味纠缠族谱的真实性要有意义得多"。②

以笔者理解,钱杭教授之所以将濑川著作译介到中国,可以视为其对国内族谱研究和利用中呈现出的读法单一问题的自觉反思,他在译序中认为,将族谱的价值和意义归结于充当旁证资料和辅助性资料的做法,还未真正触摸到族谱的"本体",而"濑川昌久的这部著作至少能够使我们了解到,对族谱还可以有这样一种读法;并且这种读法无疑将在国际学术界处于领先地位"。③ 因此,钱杭教授没有止笔于翻译完成,而是在书后附录长篇"解说",实质是一篇国内学者对濑川所开拓的对族谱研究新视角的呼应、阐释和升华。

钱杭教授在解说中肯定了濑川著作超越一味纠缠于族谱的真实性层次,进一步去发掘族谱编纂者的历史意识。就编纂者的历史意识又进一步补充道:"无论是真实的还是虚构的记载,实质上都是编纂者的族群历史意识的'忠实'反映。宗族要在社会上立足,就需要有明确的世系,和一个能被文化传统所认同的宗族的历史,这是宗族给予本族成员的用以证明其社会身份和社会权利的特殊资源。而当这一切由于时间或战火的湮埋变得模糊不清时,人们就依靠本群体的力量来回忆、确认、昭示、澄清、补足,甚至重建这些资源。"④钱杭教授还认为,进入族

---

① [日]濑川昌久著,钱杭译:《族谱:华南汉族的宗族·风水·移居》,上海书店出版社1999年版,第1—2页。
② [日]濑川昌久著,钱杭译:《族谱:华南汉族的宗族·风水·移居》,濑川氏原序,上海书店出版社1999年版,第10—11页。
③ [日]濑川昌久著,钱杭译:《族谱:华南汉族的宗族·风水·移居》,译序,上海书店出版社1999年版,第7页。
④ [日]濑川昌久著,钱杭译:《族谱:华南汉族的宗族·风水·移居》,上海书店出版社1999年版,第266页。

第九章 从各取所需到整体解构：族谱研究的新进展

谱编纂者的意识结构层面能更加真切地理解现代宗族的内源性基础，这一点和其所从事的江西泰和县研究得出的结论有一致性，功能学派关于宗族建设源于安全需要和经济利益等功能主义的解读，无法合理解释现代宗族的现象，而答案需要从"汉人对自身以及自身所属群体之历史合理性和归属性的永恒追求"[①]这一内源性的意识层面来寻求。

总之，钱杭教授认为，对族谱"'读法'的转化将使'腐朽'化'神奇'，对于中国社会史和中国宗族制度史的研究来说，发现并打开一个丰富的资料宝藏，从而使研究有可能超越文本表层所描绘的现象世界，进入到文本深层所内涵的意义结构"。这不仅是对濑川著作的肯定，也是对族谱研究新路径、新方向的呼吁。

与濑川和钱杭教授所倡导的对族谱研究要转化"读法"遥相呼应的是华南学派。以刘志伟教授的相关论述为例。刘志伟较早开始反思族谱研究和利用中的认识论问题。20世纪90年代末以来，先后写成《传说、附会与历史真实：珠江三角洲族谱中宗族历史的叙事结构及其意义》、《族谱与文化认同——广东族谱中的口述传统》[②]等文章。2005年又发表《历史叙述与社会事实——珠江三角洲族谱的历史解释》[③]一文，这是作者在利用珠三角族谱开展实地研究的经验基础上就如何更新族谱研究视野所进行的理论思考。

在文中，他首先提出要对梁启超所重视的族谱的史料价值进行反思："梁启超所重视的族谱的史料价值，还只是局限于在如何利用族谱记述的事实来研究现代学术关怀的问题。其实，我们如果把族谱作为一种史书来读，从族谱作为一种历史述说的性质出发，去解读其中隐含的历史真相，对于社会史研究来说，也不失有另一种特殊的史料价值。"

刘志伟在此提出一个重要观点，即将族谱作为一种"史书"来阅读，与濑川所提出的将族谱当作宗族自身的"历史叙述"有异曲同工之妙。

刘志伟进一步解释道，在近代科学主义的影响下，很多人都相信，史学应该

[①] [日]濑川昌久著，钱杭译：《族谱：华南汉族的宗族·风水·移居》，上海书店出版社1999年版，第268页。

[②] 刘志伟：《传说、附会与历史真实：珠江三角洲族谱中宗族历史的叙事结构及其意义》，载《中国谱牒研究》，上海古籍出版社1999年版；《族谱与文化认同——广东族谱中的口述传统》，载《中华谱牒研究》，上海科学技术文献出版社2000年版。

[③] 刘志伟：《历史叙述与社会事实——珠江三角洲族谱的历史解释》，《东吴历史学报》第14期，2005年12月。以下关于刘志伟论述的引文皆见该文。

是对过去发生的真实用客观的不偏不倚的事实写下来告诉后人。于是，族谱作为史书的价值，由于其记事多虚妄不实、附会攀援而受到当代史学家质疑。但是，任何历史文献，都有两个方面的意义："一是作为历史著作，是对过去发生的历史过程的叙述，另一是作为史料，是我们赖以了解过去的资料来源。然而，从研究者的角度看，如果把史籍当作史书来读，要了解的是史书撰写人的价值观，他的政治立场，他对世界的看法，以及他通过历史叙述所表达的政治议程的话，那么，我们已经是在把史书当作史料来研究了。"

如果，我们把族谱当作一个包括历史叙述的"史书"来看待的话，就会获得两方面的意义："一个是对过去的记忆，一个是面对现代的一种表达。如果说族谱的叙事太多虚妄之言，那么我们是否应该把族谱更多地视为表达编撰时的政治议程和社会状态的史料来进行分析，而不要过多纠缠在族谱中的叙事有多少真实性上面。"

在此，刘志伟借助对史书、史料关系的辩证性认识，实现了对族谱认识论的更新，指出如果将作为史料来利用的族谱视为作为历史叙述的史书来解读的话，就会获得一种特殊的新的史料价值。"把族谱中的历史叙述，视为一种秩序，一种观念以至一种规范的表达，从族谱的历史叙述中，找寻社会事实。在这个意义上，我们把族谱当作史书来读。由此，视族谱为史书，对于今天的社会史研究，就可能有着超越梁启超所提及的几个方面的史料价值。"

与华南学派有密切关系的赵世瑜教授虽然没有专门谈族谱的研究利用，但是他所提出的用"历史记忆"的新概念来统筹在科学主义思潮下将"传说"与历史相对立的立场。这对于包含了大量祖先传说而被广为诟病的族谱来说，某种程度上，实现了对传说研究观念的改变，就意味着改变了对族谱研究和利用的视角。

赵世瑜在《传说·历史·历史记忆——从20世纪的新史学到后现代史》[①]一文中指出："在科学主义思潮的影响下，人们认为可以像自然科学那样，通过对史料的严格检验获得真正的历史。但是实际上我们所有的史料，我们重构历史所依据的唯一中介都是人们对历史的记忆。而传说、特别是历史传说，也是一种

---

① 赵世瑜：《传说·历史·历史记忆——从20世纪的新史学到后现代史》，《中国社会科学》2003年第2期。以下关于赵世瑜论述的引文皆见该文。

对历史的记忆,只不过它是在某种历史情况下,由于我们迄今为止有的弄得清楚、有的弄不清楚的原因,变得和我们的科学主义或者是现代主义科学史观支配之下的观念不同或者对立了。"他进一步说:"一直存在这样一种可能性,即我们主观上认为这个东西是虚构的,但是'思想'的意义上它们仍是'事实'。所以,我们在判断传说作为一种历史记忆是不是虚构,需要首先对自己的认识论立场、方法论立场进行反思,这就是福柯进行'知识考古'的含义。"

赵世瑜此文把对于传说的研究观念的改变,放置于后现代史学对20世纪以来的"科学史学"(不论是梁启超的进化论史观还是年鉴学派的社会科学史学)进行反思的深刻背景下,放置于后现代与现代史学观念对于历史的真实性的不同理解上。其实这也是本文所讨论的关于族谱研究和利用视野发生从作为史料到作为史书的解读方式的转化、从纠结于史料的真伪到超越之上寻求更丰富意义的研究路径的改变所依托的大背景。族谱研究和利用视角的新转换可以说是这些学者们对后现代史学理念的自觉回应。

后现代理论发端于语言学的后现代转向,而将语言学的后现代成果与历史学研究联系在一起的大师为美国学者海登·怀特。当然,作为"历史研究的研究",海登·怀特在《元史学——十九世纪欧洲的历史想象》里所要解构的对象,是19世纪8位欧洲的著名历史学家和历史哲学家的经典的历史作品。在采用文本解构方式所要获得的意义层面,海登·怀特通过解构这些经典的历史作品,认为它们的编纂过程与文学创作并无本质的差异性,因而极大动摇了现代历史学的根基,也引发了现代史学和后现代史学的激烈论战。

在此过程中,英国剑桥大学历史学家理查德·艾文斯(Richard J. Evans)的态度值得重视。他在《捍卫历史》中,一方面强调历史学是一门经验主义的学科,它更关注知识的内容,而非本质,历史学家若是足够小心谨慎,客观的历史知识既是可以期望的,也是能够获得的。同时,又指出后现代主义对历史学的冲击产生了许多有益影响:"在其更具有建设性的方面,后现代主义鼓励历史学家更贴近地阅读文献,更严肃地对待文献之表面呈现,在新的方面来思考文本和叙述;它还有助于我们开拓新的研究课题与研究领域,同时将以前看来许多已难作出新意的旧课题重新提上研究日程;它也迫使历史学家前所未有地质疑他们自己的研究方法和研究程序,在质疑中,让他们更具有自我批判的精神,这皆是非常有好处的。"①

如果接受艾文斯的观点,那么对待后现代主义史学思潮的来袭,我们不妨将精力更多放在对具体的历史文献的创新解读上,将已难作出新意的旧课题重新提上研究日程。笔者以为,历经80多年的族谱研究和利用应该主要从这个意义上来汲取后现代史学的营养。濑川、钱杭和刘志伟等学者的对族谱研究利用的新认识也只有放在这样一个历史学发展的时空坐标中才能精确定位其开创性意义。

需要具体分析的是,由于学术背景和研究旨趣的不同,濑川和刘志伟在解读族谱的具体路径上还是各有侧重:濑川特别关注族谱编纂者的历史意识——对自身归属的求解、对王朝历史和中华大世界的认同,反映的是文化人类学者的学术关怀;而刘志伟尤其关心族谱中关于祖先历史的叙事结构,强调将之放在其形成的历史脉络中解读,进而获得重构地方社会历史的事实,显示的是历史人类学者对制度史问题的独特青睐。这也启发我们,对族谱这样一部包含历史叙述的"史书",基于不同的学术理论关怀和问题意识,可以有多元的解读结果。

此外,从总体上讲,虽然他们为族谱研究提供了很有启发的崭新视角,在实践层面上并没有充分展开。例如,濑川关注族谱的编纂过程,实际上仅限于对世系编纂的考察,而对族谱之上的其他内容没有提及,其实考察诸如坟山墓图、人物志等内容对于了解编纂者的意识结构大有裨益。又例如,刘志伟认为,如果将族谱当作"史书"来说,那么"撰写人的价值观,他的政治立场,他对世界的看法,以及他通过历史叙述所表达的政治议程"都值得研究,但是实际操作中尚未见到他做过正面研究。其实,深究修谱人在族谱中表达的政治议程,是一个进入地方社会历史深层的极好切入点。

由此,近期,张爱华的博士论文《族谱话语与权力表达——明清泾县张香朱氏系列族谱研究》②,以泾县张香朱氏族谱为系列样本,以濑川、钱杭和刘志伟等学者所倡导的族谱研究和利用的新视野为理论指导,在实践层面作出了进一步

---

① [英]理查德·艾文斯著,张仲民、潘玮琳、章可译:《捍卫历史》,广西师范大学出版社2009年版,第248页。
② 相关内容参见张爱华《族谱话语与权力表达——明清泾县张香朱氏系列族谱研究》,华东师范大学博士论文(2012年)。

的拓展研究。

文章对族谱文本进行了解构式分析认为，呈现在我们面前的明清族谱文本，是致力于"敬宗收族"的特定人群按照某些"指导思想"和"编纂模式"建构出来的。这些"指导思想"和"编纂模式"中既包含了一般的诸如祖先崇拜、儒家伦理等信仰和意识形态观念以及欧苏谱法等编纂原则，也包含了特定人群自身的话语诉求。这些话语诉求折射出他们对当时之现实社会和生活的利益关怀，展示出族谱在宗族"宪章"的神圣面纱之下——世俗和功利的另一种面相。进一步，文章对族谱在明清基层社会中担当的一些特殊功能做了拓展性思考，以便深入理解上述承载了特定人群鲜明利益诉求的话语体系何以在族谱中集聚的问题。文章认为，随着宗族制度逐渐成为明清基层社会秩序的重要基础，成为区别于正式行政制度——里（图）甲制的一种非正式制度，由乡绅族老领导在基层社会或明或暗运行，族谱也就具有了超越登记世系、实现"敦宗睦族"等服务于宗族本身的一般文化意义，而与宗族制度相配合具有了服务于基层社会运行的某些溢出性功能，包括协助官方户籍管控、充当法律审判依据、参与地方文化建构等。这些在基层社会中发挥的实实在在的功能和作用，是吸引编纂者及其所代言利益群体的话语诉求进入族谱文本的重要原因。也就是，只有在宗族作为明清时期的普遍性的社会组织和基层社会制度的重要组成部分时，宗族及其支派乃至个人实施于族谱上的话语表达才变得活跃起来并衍生出实际意义。

张爱华由族谱文本之上的话语系统出发，在深入分析过程中勾连了族谱人的编纂意识和心态动机、地方社会宗族制度演变与明清社会经济发展及其与之联动的族谱性质和功能的变动，充分反映了在反现代史学影响下的族谱研究中的新进展。

第四节　简要述评

以上回顾了与族谱相关的三种不同的研究进路。从学术脉络上审视，近些年来，族谱研究和利用的新视野的出现主要是基于对族谱作为史料利用方式呈现出机械强调"去伪存真"所导致的研究盲区的一种反思，进而要求通过认识论和方法论的更新,实现对族谱学术价值的新认识。这种族谱研究和利用的新视野由濑川昌久、钱杭和刘志伟等国内外学者积极倡导。濑川著作和刘志伟文章对族谱的认识,基本共识是将族谱还原为"包含着对本族过去经历的解释与主张的历史叙述"或是作为一种历史叙述的"史书",而在研究方法上,他们都着重解构族谱特别是世系的编纂过程,将真实性和虚构性的命题放置于这一过程中考察,并试图超越其上发掘更丰富的意义。需要特别注意的是,在这种新的研究理路中,族谱从历史研究对象的资料辅助地位上升到了实施研究的中心位置,与向来以族谱为专门研究对象的一般谱牒学研究产生了交叉和碰撞。由于文本解构式的族谱研究,往往将族谱放置于特定的区域社会历史过程中进行具体而微的分析,由此又可能深化谱牒学研究中所形成的对谱牒性质和功能的一般性认识,也即某种程度上能够沟通族谱研究的前两种现代进路之间客观存在的隔阂。张爱华关于泾县张香朱氏族谱的研究由文本入手,一方面以独特的视角深入触摸到了区域社会中宗族制度和经济社会变动的问题,实现了史料研究的新突破;另一方面又揭示了族谱在地方社会中担当的特殊功能和多元性质,丰富了一般谱牒学的研究,因而成为沟通前两种现代进路方面的初步尝试。

总体来说,在后现代史学指导下进行的族谱研究工作方兴未艾,吸引了众多专家和学者在此耕耘,浩瀚的中国谱牒使得更多的突破和进展有望在近年来取得,进而为丰富区域社会史和中国大历史及其推动一般的谱牒学提供更多的活力和源泉。

第十章　出土简牍研究：先秦秦汉史研究的新机遇

引　言

简牍乃我国出土文献之一种，出土文献是对应于传世文献而言的，其性质与传世文献一样。但是，在流传过程、书写材料、装帧形式、整理与否、文献价值等方面，又与传世文献有着明显区别。传统的文献资料固然仍有待进一步发掘，但新发现、新出土的资料更需重视。由于天灾人祸和自然损耗，许多古籍已不再为后人所见，因而当时的历史便云遮雾罩，真相难明。而出土文献的发现、整理与研究，为我们越来越多地弥补了这一缺陷。

王国维认为自汉以来中国学问最大的发现有三，即孔子壁中书、汲冢书和二十世纪的五大发现。这五大发现是：殷墟甲骨文字、敦煌塞上及西域各处之汉晋木简、敦煌千佛洞之六朝及唐人写本书卷、内阁大库之元明以来书籍档册和中国境内之外族遗文。在这种背景下，王国维先生提出著名的"二重证据法"，即以出土文献与传世文献相对照。由于考古学的发达，后来有学者将二重证据法扩充为三重证据法。但无论如何，出土文献可以验证、细化已有研究，并且提供新的课题、开辟新的研究领域，在历史文化研究中，它的重要性不言而喻。

在我国古代，纸张还没有得到广泛使用之前，人们用来书写文字的材料是多种多样的：兽骨、龟甲、陶器、青铜器、玉器、石器、简牍、帛等，都曾被广泛使用。这里面有些书写载体是同时并用的，如甲骨与青铜器曾在商代、西周时期同时使用；简牍与帛曾在春秋战国以至秦汉时期同时使用，大概在西汉以后，纸张逐渐开始得到应用,但简牍与帛仍然沿用了很长一段时间;至于陶器、玉器和石器,几乎一直与其它书写载体相伴随,是使用最久的书写方式。但是,简牍作为取材最方便,价格最低廉,携带最容易的书写载体,应该说是我国古代在纸张大规模应用之前,使用最广泛、影响最深远的一种。简牍,一般来说是指竹简和木牍。竹简是截竹为筒,破筒为片,编连成册,用以书写;木牍是断木为板(多用松木),刮削而成。但也有木简和竹牍。

简牍的使用开始于什么时代,至今还不是很清楚。《尚书·多士》称"惟殷先人有册有典"。在西周文献中有更多关于"册"的记载,金文中还常常出现一种叫"作册"的官员,是周王的秘书官。甲骨文、金文的"册"字作"〖册〗",就像把若干支竹简用两道绳子编成一册书的样子。典,金文写作"〖典〗",按《说文解字》的解释,就是把"册"放在台几上。从这些情形推测,商周时大概已经开始使用简牍。不过,在古书中并没有关于商和西周典、册是用竹片或木板做成的直接证据,属于这一时期的简牍遗迹至今也还没有发现;反倒发现有若干玉片作成的玉册[①]。因而,简牍在商代、西周是否已经开始采用,目前还不能下结论。

到了西周晚期以后,我们才看到使用简牍的可靠资料。《诗·小雅·出车》大约是西周晚期的军旅诗。其中写道:"王事多难,不遑启居。岂不怀归?畏此简书。"意思是说:国家多难,不能安居,岂不思乡,只是迫于这份简书。这里的简书应该就是指写在简牍上的文献,可能是官方的军事命令,也可能是结盟时的誓辞。

《左传》襄公二十五年(前548年),齐国发生内乱,大夫崔杼杀害国君齐庄公。当时史官非常尽职,为了记下这件事,前赴后继。"大史书曰:'崔杼弑其君。'崔子杀之。其弟嗣书,而死者二人。其弟又书,乃舍之。南史氏闻大史尽死,执简以往。闻既书矣,乃还。"这里的"简",就是准备书写的空白竹简。

地下出土的简牍,目前所见最早的是在公元前5世纪后半叶,即战国早期,出土于湖北随州曾侯乙墓中的竹简。在这之后,时代属于战国中晚期、秦代、汉

[①] 《河北博物院月刊》第30期载:发现记有"乙亥王锡小臣艅囗在太室"的玉册;《文物》1978年第2期陈邦怀载文,考析商代玉版,记有甲子表。《文物参考资料》1954年第12期上,发表史树青、杨宗文章,论说抗战时河南济源县出土晚周玉简情况。此外,还先后几次发现战国时的玉册。

第十章 出土简牍研究：先秦秦汉史研究的新机遇

代、三国时期的简牍，都有大量发现。时代最晚的简是新疆罗布泊遗址、民丰尼雅遗址和吐鲁番晋墓中出土的晋简。因此，我们可以认为，在我国至迟从春秋时代开始以至汉魏，简牍是最普通的书写载体；而以各种方式出土的这一时期的简牍，则是最为珍贵的原始文献。

简牍的保存场合，也就是出土地点，大致分为遗址和墓葬两类。

出土于遗址的简牍，目前多限于汉代及其以后，且主要发现于西北地区。而墓葬出土的简牍，从西北到内地都有发现；时代则贯穿整个战国秦汉。出土战国竹简的楚墓，大多数棺椁齐全，竹简置于椁室之中。秦汉时期墓葬中出土简牍的情形有所不同。除了椁室外，也有放在棺内的。简牍入葬时，往往用丝织品包裹，有时还将包裹好的简牍放在竹笥或者木盒中。在竹简较多时，编连好的简书通常卷成一卷。但在几千年后出土时，却已经面目全非。原来的编绳，一般都已经腐烂，彼此之间失去联系。包裹简牍的丝织品、盛放简牍的容器，往往也破烂不堪，有的甚至只是留下一些痕迹。加上葬具塌陷，其他器物挤压，简牍大都移位、断裂，有的甚至残损严重。棺椁中有积水时，简牍有时飘浮在水中，有时沉积在淤泥之中。而当葬具腐朽的时候，简牍则完全被泥土湮没。因此，在发掘墓葬时，清理简牍是一件非常细致、艰难的工作。既要尽可能保证简牍的完好无损，又要尽可能准确记录各枚简牍的出土位置，以便日后顺利地整理、拼对。①

竹简出土后，需要进行清洗、脱色、脱水等多个环节的处理，才能使字迹显现，便于保存和研究。竹简刚刚出土时，竹质通常为米黄色，墨迹清晰。但暴露几分钟之后，竹质的颜色便逐渐加深以至发黑，字迹遂模糊不清。脱色即是采用化学的方法，改变发色物质的结构，使之成为无色物质，让竹简回复到起初的颜色②。文献意义上的研究，通常在脱色之后才能开始进行。简牍文献整理、研究的具体过程可以归纳为三个方面：文本复原、辞义推敲、内涵研究。

简牍的文本复原，通常是指形成释文，就是用现代汉字、标点和书写规则将简牍文本转写出来。无论是首次对简牍进行整理，还是对已有释文的进一步推敲，大致都需要经过五个环节，即释字、标点、缀合、编连和分篇。

---

① 参见《考古工作手册》，文物出版社1982年版。
② 方北松：《简牍保护概论》，打印稿；赵桂芳：《简牍保护概论》，《中国文物科学研究》2006年第2期。

接下来的辞义推敲分两个层次：首先在所释文字的层面上，通过查询辞书，求得更符合简书的义项；如果通过这一环节不能得到合适的解释，就应该进而考虑通假的可能。

内涵研究即内在联系的探究，在同一篇文档内部，同一批出土文献之间，以至大体同一时代的出土文献之间，往往存在这样那样的联系。这种联系的考察、揭示，既是正确解读简牍文献的前提，也是对资料进行科学研究的重要环节。这种内在联系的探究，必须尽可能完整地占有资料，进而尽可能客观、准确地排比、梳理，在不同资料间和不同层次上，发现各种表述和因素之间的关联，从而建立起规律性认识。这是一种在归纳基础上的分析、推理，而不是仅仅根据一两条材料就去作漫无边际的发挥。

而且，任何一批时代较早的出土文献，都会在原始资料公布之后经历一段历时较长、由较多相关学者参加的讨论过程，才能在文本复原和内涵阐释上，达到较高的水平，取得大致的共识。对于用古文字写成的先秦简牍资料来说，由于文字辨识和简序排列上的难度，尤其如此。那种毕其功于一役的想法，是不切实际的。由此可见，竹简出土之后的整理、研究，需要一个较长的时间过程。

因此，要应用简牍来研究古人的历史进程、思想文化、社会制度，首先要了解简牍出土、整理及研究的状况。我国战国秦汉简牍出土、整理与研究的历史大致可以划分为以下三个阶段：

第一节 从古代到 20 世纪以前为第一阶段

第一阶段出土的简牍都是偶然被发现的，由于受到认识的局限，简牍的价值一直没有被人们所重视，简牍出土之日，也就是其毁灭之时。这一阶段的简牍实物都没有保存下来，简牍研究也仅停留在文字考释上。

依据传世文献记载，古代出土的简牍主要有西汉孔宅壁中藏书、汉宣帝时（前 73—前 49 年）河内老屋藏书、西晋汲冢书、晋武帝元康年间（291—299 年）的嵩山竹简、南齐建元初年（479—482 年）的襄阳楚简、北周静帝宇文衍（579—580 年）时期的居延简、北宋崇宁初年（1102 年）的天都汉简、北宋政和年间（1111—

1117年)发现的东汉永初二年讨羌檄文。其中,最著名的有二:1.孔宅壁中藏书。据《汉书·艺文志》等书记载:汉武帝末年,鲁恭王"欲广其宫""坏孔子宅",从孔子故居的夹墙中"得古文《尚书》、《礼记》、《论语》、《孝经》凡数十篇,皆古文字也"。由于这批古代简牍上的文字在西汉已不流行,所以西汉人称之为"古文字"。孔子后裔孔安国将这批简书收藏起来,并进行整理、研究,整理出《尚书》、《礼记》、《论语》、《孝经》等数十种古代书籍。他还把出土的《尚书》和汉代流行的《尚书》进行对照,发现除了文字不同之外,篇目上也有很大差异(今文29篇,古文多出16篇,加上有些篇分合不同,古文共46卷、57篇)①。然而,在西晋永嘉年间的战乱中,今文、古文《尚书》全都散失。东晋初年,豫章内史梅赜给朝廷献上一部《尚书》,共有58篇,包括今文《尚书》33篇、古文《尚书》25篇。根据梅赜所献版本编修的《尚书》流传至今,已有两千多年。不过,宋、元、明、清的许多学者,对梅赜所献古文《尚书》的真伪存在疑问。清华简《尚书》的整理与研究彻底证明了古文《尚书》是伪作。2.汲冢书。晋武帝太康二年(281),汲郡(今河南汲县)有一个叫不准的人,盗掘战国时代魏襄王(或说安釐王)之墓,发现大批竹简。除了当时照明烧掉的之外,出土竹简还有数十车,是出土简牍数量最多的一次。这批竹简后来被官府接收,并组织当时著名学者如束晳、荀勖等人进行整理,获得古书16种75篇。其中有《纪年》、《易经》、《国语》、《周书》等②。汲冢书在隋唐还有流传,后逐渐散佚,传至今天的只有《穆天子传》和《竹书纪年》。

第二节 第二阶段即20世纪初至1949年

这一阶段和以往大不相同,可以说是简牍出土史上的一个转折点。以往的简牍出土,多由偶然原因发现。近代简牍出土是在科学方法指导下,有目的地进行的。简牍出土的数量,不仅比以往多,而且保存也比较完善,出土地点集中在西北地区(新疆、甘肃)。只是由于近代我国简牍的出土与欧洲的"探险家"活动

---

① 参见《汉书·艺文志》、《尚书·正义序》及杜预《春秋经传集解后序》等。
② 《晋书·束晳传》。

密不可分,因而简牍出土后,往往被运到国外,流散在各国的博物馆;留在国内的简牍,则收藏在台湾。

一、外国人获得的简牍

(一)斯坦因所获简牍。外国探险家最早在我国西北发现简牍的是英籍匈牙利人斯坦因。他于1900—1901年,1906—1908年,1913—1916年三次在中亚和我国西部进行探险、考察,劫走了大批珍贵的历史文物。

1901年1月18日,他在塔克拉玛干大沙漠发掘了丹丹乌里克遗址之后,向尼雅进发。1月22日,一名队员偶然从看热闹的村民手中发现了记有文字的木牍,精通梵语和印度俗语的斯坦因,马上认出这是用佉卢文字母写的古代文书。他雇佣这位村民为向导,前往木牍出土地,1月29日到达尼雅遗址。他花了两周时间对尼雅遗址进行了细致调查,出土了40余枚汉文简牍及524枚佉卢文木牍[1]。佉卢文是古代印度的一种文字,早先通行于古代印度西北部及阿富汗地区,公元前后几十年内,流行于西亚及我国新疆一带。公元三世纪后半叶,成为和阗、鄯善(楼兰)地区的流行文字。斯坦因这次所获文书委托给法国学者沙畹研究,沙畹在1905年把研究成果发表在《亚洲人杂志》上,1907年作为斯坦因所著《古代和阗》一书的附录,正式公布了出土文书。[2]

1906年4月,斯坦因开始第二次中亚探险。其中1907年在敦煌以北疏勒河流域汉长城遗址中发现汉代简牍704枚,这就是有名的敦煌汉简。斯坦因这次所得的简牍保存在大英博物馆。沙畹教授著作出版后,引起国内外学术界的关注。当时旅居日本的中国学者罗振玉、王国维利用这批材料,于1914年出版《流沙坠简》[3]。

1913—1916年,斯坦因第三次探险。1915年在敦煌汉代遗存中,得到汉代木牍166枚;在楼兰遗址,得到晋代简牍49枚。这些资料收藏于不列颠博物馆。斯坦因第三次所到的汉简,一般也称为"敦煌汉简",但出土地点,有的在汉代酒

---

[1] 参见长泽和俊《楼兰王国》第四章《佉卢文书》。
[2] 林梅村:《楼兰尼雅出土文书》,文物出版社1985年版。
[3] 罗振玉、王国维:《流沙坠简》(正编、补遗、考释),日本京都东山书社1914年版。

泉郡内,因此大约有一半应称为"酒泉汉简"。①

(二)斯文·赫定所获简牍。斯文·赫定是瑞典人,从1890年来我国西北地区探险,前后凡48年。就在斯坦因第一次探险发现简牍的同年3月,瑞典探险家斯文·赫定也在相去不远的地方发现了简牍。当时他在尼雅遗址东面的罗布泊北岸,发掘古楼兰遗址,发现120多枚汉文简牍和大批佉卢文木简。1903年,斯文·赫定发表了《中亚与西藏》一文,报道了他在罗布沙漠考察楼兰遗址的情况。他的正式考察报告以《一八八九——一九〇二年中亚考察的科学成果》为题于1904—1907年陆续出版。斯文·赫定所获汉文简牍委托德国学者卡尔·希姆莱研究,后因希姆莱去世,转由另一德国学者奥古斯特·孔拉第完成。1920年孔拉弟发表《斯文·赫定在楼兰发现的汉文写本及零星物品》公布了这批文书。②

另有俄日等国的探险队也曾在我国西部地区发现若干汉晋简牍。

二、西北科学考查团发现的简牍

1926年,北平中国学术协会与瑞典的斯文·赫定共同组成西北科学考察团(中方称为"中瑞西北科学考查团"),赴蒙、甘、新、宁,考察天文、地理、考古、民俗等方面的情形。在几年内陆续得到大批简牍。

(一)黄文弼发现的简牍。1930年,中国考古学家、西北科学考查团团员黄文弼在罗布淖尔(罗布泊)的默得沙尔获得木简71枚,其中有黄龙、元延年号,迄今近两千年。又在额济纳河畔一个古堡中获得汉代竹简数枚,在距吐鲁番城西20里的古交河城雅尔岩,获木牍数枚。在木札特河畔的拜城和色尔佛洞获得木牍10枚,皆古西域文书。黄文弼于1948年出版了《罗布淖尔考古记》一书,详细说明考察情况,并发表了71枚汉简③。

(二)居延汉简。1930年4月至1931年,瑞典团员贝格曼,在额济纳河流域的古居延旧地发掘出土了近一万枚汉简,这是解放前出土最多的一次。根据这批汉简出土地可能属于汉代张掖郡居延县,所以这批汉简就以"居延汉简"而闻

---

① 《英藏斯坦因第三次西域考察所获汉文文献(非佛经部分)》,上海辞书出版社2005年版。
② [瑞典]斯文·赫定:《亚洲腹地旅行记》,李述礼译,开明书店1934年版。
③ 黄文弼:《罗布淖尔考古记》,中国西北科学考察团丛刊之一,1948年。

名中外。这批汉简于1931年5月末运至北京,由刘半农、马衡等进行研究。1937年抗战爆发,整理工作中断,在上海的简牍照片毁于战火。劳干先生将留下的照相副本带到四川继续研究,1943年出版《居延汉简考释》释文之部4册,1944年出版《居延汉简考释》考证之部2册。1957年在台湾出版《居延汉简》图版之部。中国科学院考古研究所则在1957年出版了《居延汉简甲编》,1980年出版《居延汉简甲、乙编》。简牍实物在抗战爆发后,运到香港大学图书馆。1941年太平洋战争爆发,又从香港运到美国国会图书馆。抗战胜利后,由胡适交涉,居延汉简归还我国,现在这批简牍大部分收藏在台湾的"中研院"历史语言研究所,少数收藏在台北"图书馆"。台湾史语所简牍整理小组,利用红外线、电脑图像处理技术,将以前未曾发表图版的1 000多枚简牍予以公布;一些以前曾经发表,但用肉眼或放大镜无法看清的简牍,也采用新技术,得到比较清晰的图像。这些资料以《居延汉简补编》的名义在1998年出版(中研院史语所)。

(三)敦煌汉简。1944年春天,考察团沿着斯坦因走过的玉门关、阳关以及汉代防线遗址进行再调查,又得到简牍48枚。1948年发表在《新获之敦煌汉简》中。①

第三节 第三阶段即1949年至今

这一阶段简牍的出土无论从数量上还是种类的多样性方面都大大超过以前任何时期,简牍出土地点也不仅局限于西北,全国从南到北,从东到西,几乎都有简牍出土,而且出土的简牍大都得到有效的整理和研究,成为十分珍贵的历史资料。

从1950年起,政府公布了一系列的政策法令,保护我国出土的文物。国务院于1956年4月,通知各地严格注意在农业生产建设中保护文物。为防止盗走和损坏珍贵文物,文化部设立文物局领导全国的文物工作。各省市则相应成立文物管理委员会。中国科学院把考古研究所独立分开,指导各地考古研究。即使是在"文化大革命"的动乱时期,几乎所有行业都受到冲击,而考古学一枝独秀,仍出土不少简牍。新中国简牍的发现,与以前相比,有四个特点:(1)在出土

---

① 骈宇骞、段书安合编:《本世纪以来出土简帛概述》,台湾万卷楼图书有限公司1999年版。

地区上,除西北地区之外,内地许多省份也都有发现;(2) 出土数量大大超过以往;(3) 简牍的时代,除汉晋之外,还有大量秦代和战国简牍;(4) 内容上,除文书之外,还有许多书籍、卜筮丧葬记录,为研究古代思想文化和社会风俗提供了珍贵的原始资料。

一、楚简

指楚国及其附属国境内(如曾侯乙墓简)出土的简牍,有时也称楚系简牍。因为楚国在前 223 年为秦所灭,因此楚简都属于战国时期竹简,一般也称为战国楚简。楚简在湖北、湖南、河南三省都有出土。尤其以湖北江陵、荆门一带,因为是战国中期楚国中心所在(前 278 年白起拔郢,东迁),出土地点和数量最多。

楚简最早的一次发现,是 1951 年在长沙五里牌楚墓所出,为残简 38 支,内容为丧葬记录[1]。目前已知的楚简,有 30 多批,总字数约在 10 万字以上。其中比较重要的有:

(一) 信阳长台关简。位于河南省信阳市长台关西北 4 公里。1956 年,农民打井时发现,次年发掘,在 1 号墓中发现竹简 148 支。竹简分两组。第一组 119 支,出于前室东部,由于打井时的践踏,全部残断。就残存文字看,是书籍,内容是申徒狄与周公的谈话。第二组出于左后室,内容是记载随葬品的遣策[2]。

(二) 望山楚简。望山楚墓位于湖北江陵县裁缝乡,东南距纪南城约 7 公里。1965 至 1966 年发掘 1 至 4 号墓。1、2 号墓中出土比较丰富的随葬品和竹简,1 号墓中还出土有著名的越王句践剑。1 号墓竹简均已残断,经初步拼对后,有 207 支,1 000 多字。内容是一些贞人为墓主卲固举行卜筮的记录。[3]

(三) 天星观楚简。天星观 1 号楚墓位于原江陵县观音垱公社五山大队,东临长湖,西距纪南城约 30 公里。1978 年初发掘。墓虽被盗,仍残存较多随葬品,以及竹简 401 枚,约 4 500 多字。内容是卜筮记录与丧葬记录[4]。

(四) 随州曾侯乙墓竹简。曾侯乙墓位于湖北随州市区西北约 3 公里的擂

---

[1] 饶宗颐:《长沙出土战国楚简初释》,油印本,1954 年。
[2] 《信阳楚墓》,文物出版社 1986 年版。
[3] 湖北省文物考古研究所、北京大学中文系:《望山楚简》,中华书局 1995 年版。
[4] 《江陵天星观 1 号楚墓》,《考古学报》1982 年第 1 期。

鼓墩,其中出土的曾侯乙编钟是迄今发现的最完整最大的一套青铜编钟。1978年发掘。出土竹简 240 枚,约 6 600 多字。记录内容为丧葬时所用车马兵甲,分三个部分:一是记载车马和车上的兵器装备;二是人马配备的甲胄;三是驾车的马。①

(五)包山楚简。是历年出土楚简中最为重要的几批之一。出土于湖北省荆门市十里铺镇王场村的包山 2 号墓,墓地南距纪南城遗址约 16 公里。1986 年修筑荆沙铁路时发掘。这座墓的椁室分为五个,在除中室之外的东南西北四室都有简出土。共有 448 枚竹简,其中 278 枚写有文字,共 12 000 多字。另有一件竹牍,写有 154 字。简牍保存较好,字迹大多很清晰。内容有三类:一是司法和行政文书,二是卜筮祭祀记录,三是丧葬记录。这批竹简的出土,意义是多方面的。其主要意义至少有以下三点:第一,司法和行政文书首次出土,为研究战国时期楚国的政治制度及其运作、研究楚国社会提供了极为珍贵的资料。其中有多项可称为中国考古发现史上的第一,如第一次发现诉状的实物(2 件),第一次发现可能是楚王或其随员的手笔,第一次发现楚国的郡县名称(宛郡)。第二,以前出土的卜筮祭祀记录残断得比较厉害,而包山简保存较好,能比较有把握地予以编连,从而为其他类似资料(如天星观、望山)的整理、缀合提供参照。第三,以前将遣策、赠书混同,通过对包山简牍的分析,可以比较有把握地将两者区别开来。并且遣策分别放置在三个椁室中,与各室随葬品对应,又有各椁室的称谓,为研究丧葬制度提供了重要资料。另外,在包山简中,所有与户口登记有关的事情,都只涉及男性,而与女性无关。这表明当时户口登记和掌握,目的是为了兵役和劳役,是身体比较强壮的男性的事情。对女性户口予以登记,并要求对国家服务,是在这之后的事情。②

(六)慈利楚简。出土于湖北慈利县城关石板村墓地,在县城东面 3.5 公里,其西北约 3 公里有澧水流过。墓地于 1987 年发掘,墓葬年代属于战国、西汉。M36 是规模最大的战国墓,出土残简 4 371 枚,其中简头 817 个,完整时的竹简数量应不少于此数。字数有 21 000 多个字。内容是古代典籍,初步分为两

---

① 谭维四:《曾侯乙墓》,三联书店 2003 年版。
② 参见文物出版社 1991 年出版的《包山楚墓》和《包山楚简》,以及陈伟著《包山楚简初探》,武汉大学出版社 1996 年版。

第十章 出土简牍研究：先秦秦汉史研究的新机遇

类：一类可以与传世典籍对照，属于《国语·吴语》和《逸周书·大武》；另一类是无传世古籍对照者，猜测为《管子》、《宁越子》佚文。①

（七）九店楚简。原江陵县九店公社砖瓦厂，在雨台大队的施家洼建厂取土，烧制砖瓦，发现一批楚墓。1981 至 1989 年间发掘 596 座东周墓，在 56、411、621 三座墓中出土有竹简。56 号墓所出竹简 205 枚，其中完整和比较完整的有 35 枚。内容有两类：一类 12 枚，记载一些农作物的数量，含意不详；另一类是日书。既有选择时日的内容，也有相宅的内容，是时代最早的日书。621 号墓所出均为残简，共 127 枚，出于棺椁间东侧中部。字迹清晰的 32 枚，不清的 57 枚，无字简 38 枚。文字不能通读，从可以辨识的文字看，可能是书籍。411 号墓 2 枚。内容不详。②

（八）郭店楚简。出土于郭店 1 号楚墓，位于湖北省荆门市沙洋区四方乡郭店村一组，南距纪南城约 9 公里。墓葬经过多次盗扰，1993 年冬进行抢救性发掘。出土竹简 800 多枚，其中有字简 730 枚，12 000 多字。内容全部是先秦典籍，整理者分为 18 篇（一般将《老子》三篇看作一篇，故通称 16 篇）。按学派可分为三类：一是道家著作，有《老子》甲乙丙三篇和《太一生水》。二是儒家著作，有《缁衣》、《五行》、《唐虞之道》、《尊德义》、《语丛》一至三，在通常所说的 16 篇中，占有 13 篇。三是带有浓厚纵横家色彩的《语丛》四，专门论述君臣间的权谋。这是战国古籍第一次比较集中、完整的发现。传世文献已有的篇目，由于存在结构、文句、措辞上的异同，对分析其成书年代、版本源流、学术沿革，具有重要的意义。传世古书中不存在的篇目，更为了解当时的学术体系，提供了全新的资源。③

（九）上海博物馆藏战国楚简（上博简）。1994 年，香港文物市场陆续出现一些竹简。上海博物馆通过香港中文大学张光裕教授，于当年 5 月购入 1 200 余枚。1994 年秋冬之际，又一批相关竹简在香港出现，文字内容与前一批楚竹书有关联，香港的上博之友朱昌言、董慕节等多位香港人士出资收购，捐赠给上海

---

① 参见《考古学报》1995 年第 2 期。
② 参见科学出版社 1995 年出版的《江陵九店东周墓》，以及李家浩著《九店楚简》，中华书局 2000 年版。
③ 墓葬资料在《文物》1997 年第 7 期上发表；图版、释文和注释，则在文物出版社 1998 年出版的《郭店楚墓竹简》中有完整的公布。

博物馆,为第二批上博简,有497枚。这一批竹简的特征和第一批竹简相同,并可相互缀合。由于是劫余截归之物,这两批竹简出土的时间和地点已无从确认,传闻是在湖北。购得时,多数竹简和泥水胶合在一起,推测也应是出自墓葬。经上博文物保护与考古科学实验室的科学测试与比较分析,当为战国晚期楚国贵族墓中的随葬品。这些竹简约35 000余字。包含的古书约80种左右,包括原存书题20余篇,全部是秦始皇公元前213年至公元前212年"焚书坑儒"前原始的、第一手的战国古籍,涉及历史、哲学、宗教、文学、音乐、文字、军事等内容。其中以儒家类为主,兼及道家、兵家、阴阳家等,多为传世本所无。有些虽有传世本,如《周易》等,但文本也多有不同。其重要价值包括:(1)发现了战国佚书《孔子诗论》。这是我国文学史上一篇重要的儒家经典,两千多年来,它的再现为研究者认识《诗》的编次、《诗》的本义提供了最直接、最真实的史料,为研究者了解孔子思想、孔子对《诗》意的评价、孔子授《诗》的方法提供了可靠的证据。(2)发现了一部迄今为止最早的《周易》,在中国易学史上有着重要的意义。(3)发现了一部迄今为止最早的字书(《上海博物馆藏战国楚竹书·字析》,未出版),这是一部楚国官方整理、规范文字的竹书,书写工整,字形严谨。(4)发现了战国道家佚书《恒先》和目前所见年代最早的彭祖书——《彭祖》。(5)发现了战国时期的曲目竹书《采风曲目》,古音乐专家陈应时等教授称之为中国音乐史上的重大发现。(6)发现了战国时期记载的中国远古时期的帝王(《容成氏》)和孔子所述的远古帝王系统(《子羔》),等等。①

(十)清华大学藏战国竹简(清华简)。2008年7月,清华校友赵伟国向清华大学捐赠了从香港文物市场上回购的2388枚战国竹简,这批竹简于7月15日

---

① 马承源:《上海博物馆藏战国楚竹书(一至八)》,上海古籍出版社2001—2011年版。2000年8月在北京大学召开的"新出简帛国际学术研讨会"上,上海博物馆展示了《孔子诗论》、《缁衣》、《性情论》三篇较长竹书的照片,马承源先生等对内容作了介绍。2001年底,《上海博物馆藏战国楚竹书(一)》出版。第一册的内容即为2000年北京大学会议上展示的三篇竹书。随后,自2002年至2011年又先后出版了第二至八册。第二册包括《民之父母》、《子羔》、《鲁邦大旱》、《从政》、《昔者君老》、《容成氏》6篇竹书。2003年第三册包括《周易》、《恒先》、《仲弓》和《彭祖》等4种竹书。2004年第四册包括《采风曲目》、《逸诗》、《柬大王泊旱》、《昭王毁室》、《内豊》、《相邦之道》和《曹沫之陈》等7篇。2005年第五册包括《竞内建之》、《鲍叔牙与隰朋之谏》、《季庚子问于孔子》、《姑成家父》、《君子为礼》、《弟子问》、《三德》和《鬼神之明·融师有成氏》等8篇。2007年第六册包括《竞公疟》、《孔子见季桓子》、《庄王既成·申公臣灵王》、《平王问郑寿》、《平王与王子木》、《慎子曰恭俭》、《用曰》、《天子建州》(甲本)和《天子建州》(乙本)等9篇。2008年第七册包括《武王践阼》、《郑子家丧》、《君人者何必安哉》、《凡物流形》及《吴命》等5篇。2011年第八册包括《子道饿》、《颜渊问于孔子》、《成王既邦》、《命》、《王居》、《志书乃言》、《有皇将起》、《李颂》、《兰赋》和《鶹鷅》等10篇。

第十章　出土简牍研究：先秦秦汉史研究的新机遇

被运到清华大学，校方立即组织专家，用3个月时间对它们进行了清理保护。2008年10月14日，由李伯谦、裘锡圭等11位专家组成的鉴定组得出结论：竹简的年代为战国中晚期，内容大多为前所未见的"经、史"类书。从文字看似应为战国楚简。为了印证这一论断，2008年底，受清华大学委托，北京大学加速器质谱实验室、第四纪年代测定实验室对清华简无字残片样品做了AMS碳14年代测定，经树轮校正得到的数据是公元前305±30年，即相当战国中期偏晚，与由古文字学观察的结果基本一致。李学勤曾大胆猜测：如果这批竹简出自湖北，它的制成年代应是在白起伐楚（公元前278年）之前。另外，专家还请清华大学分析中心对竹简残片的含水率做了测定，结果是400%，这是曾经在水中浸泡千年才有的结果，现代人不可能做到这一点。据清理后统计，其中整简所占的比例很大，而且简上一般都有文字。简的形制多种多样，最长的46厘米，最短的10厘米左右。简上的墨书文字出于不同书手，风格不尽一致，但大多清晰。有少数简上还有红色的格线，即所谓"朱丝栏"。竹简上记录的"经、史"类书，大多数前所未见，涉及中国传统文化的核心内容，是前所罕见的重大发现，对历史学、考古学、古文字学、文献学等许多学科将产生广泛深远的影响。①

（十一）浙江大学藏战国楚简（浙大简）。2009年，一批被盗卖至海外的战国楚简，由浙大校友朱国英出资回购，得以从海外回归，并入藏浙大考古与艺术博物馆。经过两年多的整理考释，浙大文化遗产研究院常务副院长、古文字学家曹锦炎主编的《浙江大学藏战国楚简》由浙大出版社于2011年12月正式出版。据介绍，这批楚简初置于一个木胎漆盒内，经清理，共编为324号，缀合复原后完整简约160枚。字迹清晰，墨色厚重，文字抄写洒脱，颇有行草意趣。经北京大学科技考古与文物保护实验室碳14测试，推测这批竹简的年代约为公元前340年。曹锦炎说，《左传》是这批楚简的内容精华所在，这是继汉代孔壁古文《左传》出土近2000年后的第二次重大发现。涉及《左传》的竹简，浙江大学保存的是世界上现存的唯一一份。清末以来，有人怀疑《左传》为西汉刘歆之伪作，后经学者辨诬，其说渐破。之前学者的证据均为理证，今有了可信的事证，故其学术意义

---

① 《清华大学藏战国竹简（壹）》，上海文艺出版集团中西书局2010年版；《清华大学藏战国竹简（贰）》，上海文艺出版集团中西书局2011年版。

161

非同一般。① 但随后,学术界关于浙大简的真伪问题却争论不休。一篇署名为"邢文"的文章《浙大藏简辨伪》分上、下两部分先后于 2012 年 5 月 28 日与 6 月 4 日发表于《光明日报》,直指浙江大学考古与艺术博物馆收藏的楚简为"赝品",作者同时呼吁"叫停伪简"。面对质疑,曹锦炎于 6 月 18 日在《光明日报·国学》刊文《浙大楚简 毋庸置疑——从文本角度论浙大楚简的真实性》作出回应。6 月 25 日,署名"邢文"又在《光明日报》撰文《浙大藏简再辨伪——文本复原的关联性与浙大伪简再批判》作出回击。

二、秦简

秦简是一个比较宽泛的概念,既指秦代(统一之后至灭亡)简牍,也指战国时期秦地的简牍。最早发现在 1975 年,即湖北云梦睡虎地秦简。随后又有多次发现,出土地点主要在湖北,四川、甘肃、湖南也有出土。

(一)云梦睡虎地秦简。1975 年,湖北省博物馆等单位在云梦县城关一个叫睡虎地的地方,发掘了 12 座战国末至秦代的墓葬。在 4 号墓出土两件木牍,为出征士兵所写的两封家书。在 11 号墓中出土 1 150 多枚竹简,内容极其丰富。其中数量最多的是法律文书,有《秦律十八种》(十八种律文的摘抄)、《效律》(核验官府物资)、《秦律杂抄》、《法律答问》、《封诊式》(对刑事、民事案件侦破、审讯、查封中的运作规范)。此外,还有《语书》,是秦南郡太守发布的公告;有《为吏之道》,是对官吏一些规范的辑录;有《编年纪》,对秦昭王元年(前 306)到秦始皇三十年(前 217)间的国家大事,逐年记录,并记录了墓主人的生平。另外一大类是《日书》,分甲、乙两种,是选择时日吉凶的书籍。墓主的去世和埋葬,大概就在秦始皇三十年或再晚一点。这是这批竹简的年代下限。②

(二)云梦龙岗秦简。龙岗为一处秦汉墓地,也在云梦县城关,离睡虎地只有 3 公里的距离。1989 年,湖北省文物考古研究所等单位发掘,其中 6 号秦墓出土竹简 150 多枚,木牍 1 枚。竹简全部是法律条文,内容关于驰道和禁苑,与睡虎地秦律不同。律文中多次出现"黔首"的称呼。《史记·秦始皇本

---

① 曹锦炎主编:《浙江大学藏战国楚简》,浙江大学出版社 2011 年版。
② 参见云梦睡虎地秦墓编写组《云梦睡虎地秦墓》,文物出版社 1981 年版;睡虎地秦墓竹简整理小组《云梦睡虎地秦简》,文物出版社 1990 年版。

第十章 出土简牍研究：先秦秦汉史研究的新机遇

纪》记二十六年"更名民曰黔首"，因而龙岗秦简的年代应在秦始皇二十六年之后。①

（三）沙市周家台秦简。1992 年在沙市周家台 30 号秦墓出土，为竹简 387 枚。依简的长短各自成卷入葬，长简在上，短简在下。长简的整简长 29.3—29.6 厘米、宽 0.5—0.7 厘米、厚 0.08—0.09 厘米；短简的整简长 21.7—23 厘米、宽 0.4—1 厘米、厚 0.06—0.15 厘米。简文除一枚墨书于篾青之外，余均墨书於篾黄上，文字均为秦隶，大多清晰可辨，共计 5 300 余字。竹简的主要内容有历谱、日书、病方及其他文字资料。在这座墓的棺椁与挡板之间的淤泥中还发现一件木牍，长 23 厘米、宽 4.4 厘米、厚 0.25 厘米。正、背面均有墨书秦隶文字，为顶头分栏横排书写。文字大部分较清晰，共 149 字。牍文的主要内容为秦二世元年（前 209 年）的历谱，为秦牍中首次所见。②

（四）江陵王家台秦简。出土于江陵县王家台（今属荆州市郢城镇郢北村）秦汉墓地，在纪南城东南大约 5 公里。1993 年，荆州博物馆发掘，在 15 号秦墓中出土 813 支竹简和一件木牍。内容有《日书》、《归藏》、《效律》、《政事之常》。另外还有竹牍一件，内容不详。其中《归藏》简 394 枚，约 4 000 余字。《周礼·春官·筮人》说：掌三易以辨九筮之名，一曰"连山"，二曰"归藏"，三曰"周易"（传说分别为夏易、殷易和周易）。归藏是先秦三易之一。过去只能从古书中看到一些片断，这次才看到真正面貌。《政事之常》其内容与睡虎地秦简《为吏之道》中的一段大致相同，但文字按四方排列，带有明显的五行色彩。③

（五）青川郝家坪秦牍。四川省青川县郝家坪 50 号战国墓，1979—1980 年间由四川省博物馆和青川县文化馆发掘，出土两件木牍，均为战国晚期文物。其中一件字迹残损，无法辨认。另一件长 46 厘米、宽 2.5 厘米、厚 0.4 厘米。两面修治平整，均有墨书秦隶，共有 150 余字。正面是秦武王二年（公元前 309 年）颁布的，由丞相甘茂、内史郾修定的《为田律》，即"更修田律"；背面是与该法律有关的记事。木牍文字内容涉及秦国的田亩、封疆、阡陌、道路等方面的制度，记

---

① 刘信芳、梁柱：《云梦龙岗秦简》，科学出版社 1997 年版。
② 参见《关沮秦汉墓简牍》，中华书局 2001 年版。
③ 荆州地区博物馆：《江陵王家台 15 号秦墓》，《文物》1995 年第 1 期；王明钦：《王家台秦墓竹简概述》，2000 年北京大学新出简帛国际学术研讨会论文。

录了秦统一前田制变化的史实及整治田亩的具体规定,对研究古代土地制度及社会经济具有重要意义。①

(六)天水放马滩秦简。出土于甘肃天水市北道区党川乡放马滩一号秦墓,属战国晚期,1993年发掘。出土竹简461枚。大多保存完整,字迹清晰。内容主要是《日书》,分甲乙两种,与睡虎地秦简《日书》相同。此外还有内容连贯的7支简,是说一位名字叫丹的人因为伤害别人,被弃市,埋葬。三天后一只狗把他扒出来,重新复活。并因而了解到鬼神世界的一些忌讳,如死人不愿多穿衣服,在坟墓前祭祀不能呕吐,不然鬼就会被吓跑。这件简书,整理者称作《墓主记》,认为与墓主的生平有关。李学勤先生则认为与晋代的《博物志》、《搜神记》类似,是早期的志怪故事,后遂定名为《志怪故事》。由于它是在秦人发祥地——天水首次出土的典籍文献,直接为秦史、秦文化的研究提供了珍贵的第一手资料。《志怪故事》也被誉为"我国最早的志怪小说"。另外,还出土有7件绘在木板上的地图,这是目前我国考古所见最早的地图。此外五号汉墓还出土了纸本地图残片,是迄今为止我国最早的实用麻纸和纸质地图,对中国造纸史和历史地理的研究具有重大价值。②

(七)里耶秦简。里耶是湖南省湘西土家族苗族自治州龙山县的一个镇,位于沅水支流酉水岸边。在临近酉水的里耶小学一带,有一处秦代古城。2002年发掘该城址时,在1号古井中出土了36 000余枚简牍(其中有上千枚无字简牍)。除少量楚简外,绝大部分是秦代木牍和木简,约有20余万字,字体属于古隶书。由简牍内容可知现在的里耶镇是秦朝的迁陵县署所在地。北京大学考古文博学院院长高崇文认为,里耶秦简对研究秦的统一和秦文化的传播有着很重要的意义,也是研究秦王朝地方政权的一个标本。从目前公布的资料看,内容多为官署档案,包括人口、土地、物产、赋税、仓储、军备、邮驿道路、律令、吏员设置等当时社会的各项事务,为我们了解秦朝基层社会运作、百姓生活情形提供了详细的资料。年代从秦始皇二十五年(前222)至秦二世元年(公元

---

① 四川省博物馆、青川县文化馆:《青川县出土秦更修田律木牍——四川青川县战国墓发掘简报》,《文物》1982年第1期。
② 何双全:《天水放马滩秦简综述》,《文物》1989年第2期;甘肃省文物考古研究所:《天水放马滩秦简》,中华书局2009年版。

前 209 年）。①

（八）岳麓书院藏秦简（岳麓简）。岳麓简是湖南大学岳麓书院购藏的秦代简牍。2007 年 12 月从香港文物市场购回 2 098 枚。其后，2008 年 8 月，由香港一收藏家捐赠 76 枚。简的形制、书体和内容与第一批相同，似为同一批出土。竹质墨迹，少量为木质墨迹，书体为秦隶。岳麓简内容分为《质日》、《为吏治官及黔首》、《占梦书》、《数书》、《奏谳书》、《秦律杂抄》和《秦令杂抄》7 大类。对于研究中国数学史、科技史、法律史以及了解秦代历史地理和郡县研究、占梦习俗等有重要的文献价值。②

三、汉简

（一）武威汉简。1959 年，在甘肃武威磨嘴子发掘一批东汉墓。在 6 号墓出土竹木简 504 支，在 18 号墓出土木简 10 支。其中 6 号墓所出是《仪礼》，共包括 9 篇，27 000 多字。18 号墓所出是有名的"王杖十简"，大意是墓主人因为年龄超过七十，按照汉代的规定，被皇帝赐以手杖，以示荣宠。③ 武威汉简的另一处出土地点是旱滩坡。先后有两次。1972 年发掘武威旱滩坡汉墓，出土木简 92 支，内容全部是关于医药。④ 1989 年再次发掘，又获得汉简 17 枚。虽然数量不多，但属于当时实际使用的律令条文，相当重要。

（二）居延新简。1972—1974 年，甘肃省博物馆与酒泉地区考古队、当地驻军组成居延考古队，对额济纳河居延汉代遗址进行考察和发掘，试掘地点有三处，即甲渠候官（今称破城子）、甲渠塞第四燧和肩水金关，出土汉简 19 700 余枚，内容有文书、书籍和历表。这是继居延汉简之后的又一重大发现⑤。

（三）马圈湾汉简。1979 年，甘肃省和敦煌县的考古工作者组成汉代长城

---

① 参见张春龙、龙京沙《湘西里耶秦简复活秦国历史》，《中国国家地理》2002 年第 9 期；湖南省文物考古研究所等《湖南龙山里耶战国——秦代古城一号井发掘简报》，《文物》2003 年第 1 期；张春龙：《湖南里耶秦简》（一至四），重庆出版社 2010 年版。
② 朱汉民、陈松长主编：《岳麓书院藏秦简（壹）》，上海辞书出版社 2010 年版。
③ 参见《武威汉墓》，文物出版社 1964 年版。
④ 参见《武威汉代医简》，文物出版社 1975 年版。
⑤ 1990 年，文物出版社出版《居延新简》，公布前两处简牍的释文。1994 年，中华书局出版《居延新简——甲渠候官、甲渠塞第四燧》，公布了前两处简牍的图版和释文。第三处所获简牍将以《居延新简——肩水金关》为名出版。

调查组,在敦煌县西北95公里的马圈湾发现一处斯坦因考察时遗漏的烽燧遗址。在随后的发掘中,出土1 217枚木简和竹简(仅16枚)。内容有文书、律令、书籍、历谱等。①

(四)悬泉汉简。出土于甘肃敦煌悬泉遗址,位于古代中西交通大道上,是汉代规模较大的驿站遗址。1990—1992年,甘肃省文物考古工作队进行发掘,出土简牍35 000余枚。内容主要是与邮驿有关的文书和簿籍,以及私人文书。在遗址墙壁上还发现墨书题记,内容涉及诏书、医方等,与简牍相互辉映。这些资料和遗址、遗物一起,对研究汉代的邮驿系统,具有十分重要的意义。②

(五)上孙家寨汉简。1979年,青海省文物考古工作队在大通县上孙家寨村发掘178座汉墓,115号墓中出土240枚木简。内容有兵法和法令。兵法简有"孙子十三篇"、"孙子曰"等文字,所以有人怀疑这是孙子兵法。③

(六)定县汉简(八角廊汉简)。1973年出土于河北省定县40号汉墓,墓葬位于定县西南4公里的八角廊村,墓主是西汉中山怀王刘脩。大约在西汉末年,这座墓曾经被盗,盗墓人在墓中引发大火,使得竹简炭化。内容主要是儒家著作,如《论语》、《儒家者言》、《哀公问五义》、《保傅传》、《太公》、《文子》,还有日书和《起居记》④。

(七)临沂汉简。1972年,在山东临沂银雀山发掘西汉墓地。在1号墓中出土竹简4 942支。内容是古书,除失传已久的《孙膑兵法》外,还有《孙子兵法》、《尉缭子》、《六韬》、《墨子》、《管子》和《晏子春秋》。《孙膑兵法》和《孙子兵法》的同时出土,结束了长期以来关于这两部书的一些悬而未决的争议。2号墓出土竹简32枚,内容是汉武帝元光元年(前134)的历谱⑤。

(八)尹湾汉简。1993年,江苏连云港东海县尹湾村发掘一批汉墓,在6号墓中出土木牍23枚,竹简133支。墓主是西汉晚期的东海郡功曹史师饶。简牍

---

① 参见甘肃省文物考古研究所《敦煌汉简》,中华书局1991年版;吴礽骧《敦煌汉简释文》,甘肃人民出版社1991年版。
② 甘肃省文物研究所:《甘肃敦煌汉代悬泉置遗址发掘简报》,《文物》2000年第5期。
③ 参见青海省文物考研究所《上孙家寨汉晋墓》,文物出版社1993年版。
④ 河北省文物研究所定县汉墓竹简整理组:《定县40号汉墓出土竹简简介》,《文物》1981年第8期。
⑤ 参见银雀山汉墓竹简整理小组《银雀山汉墓竹简》,文物出版社1975年版;《银雀山汉简释文》,文物出版社1985年版。

中有记载随葬品的丧葬记录、名谒(相当于今之名片)、数术(古代关于天文、历法、占卜的学问)类书籍、日记、文学作品(神乌傅[赋])以及行政文书。行政文书最多,有《集簿》、《东海郡吏员簿》、《东海郡下辖长吏名籍》、《东海郡下辖长吏不在署、未到官者名籍》、《东海郡属吏设置簿》、《武库永始四年兵车器集簿》等。这是我国已发现的最早的一批汉代郡级行政文书档案,具有重要的史料价值。①

(九)阜阳汉简(双古堆汉简)。1977年在安徽阜阳双古堆1号汉墓出土,墓主为西汉第二代汝阴侯夏侯灶。有竹简、木简和木牍,简牍大部分非常破碎,但内容却很丰富,包括十多种古代书籍:《苍颉篇》、《诗经》、《周易》、《年表》、《大事记》、《杂方》、《作务员程》②、《行气》、《相狗经》,楚辞和其他辞赋、《刑德》、《日书》。③

(十)江陵凤凰山汉简。江陵是内地出土简牍最多的地区。江陵凤凰山汉简先后出土在6座墓中,它们是1973年发掘的8、9、10号墓,1975年发掘的167、168、169号墓。8号汉墓,竹简176枚,遣策。9号汉墓,竹简80枚,遣策;又木牍3枚,文书。10号汉墓,竹简172枚,田租账和商业账;木牍6枚,契约、账目、丧葬记录。167、168、169号三座汉墓所出,内容都是丧葬记录。其中168号墓因为出土一具保存完好的男性尸体而著名。④

(十一)江陵张家山汉简。张家山西汉墓地作过三次发掘,出土竹简的是1983年发掘的247、249、258号墓,1985年发掘的127号墓,1988年发掘的136号墓。1983年发掘的墓葬中,249号墓出有一些日书,258号墓出有一些历谱,247号墓出土竹简1 000多支,内容有《二年律令》、《奏谳书》、《算数书》、《脉书》、《引书》、《盖庐》、历谱和遣策。⑤ 127号墓出土竹简300多支,内容为日书。136

---

① 连云港市博物馆、东海县博物馆、中国社会科学院简帛研究中心、中国文物研究所:《尹湾汉墓简牍》,中华书局1997年版。
② 《汉书·尹翁归传》:"责以员程,不得取代。"师古注曰:"员,数也。计其人及日数为功程。"
③ 《阜阳汉简简介》,《文物》1983年第2期。李均明、刘国忠、刘光胜、邬文玲著:《当代中国简帛学研究(1949—2009)》,中国社会科学出版社2011年版。
④ 《湖北江陵凤凰山西汉墓发掘简报》,《文物》1974年第6期;陈振裕:《江陵凤凰山168号汉墓》,《考古学报》1993年第4期。
⑤ 参见《江陵张家山汉简概述》,《文物》1985年第1期;《张家山汉墓竹简(二四七号墓)》,文物出版社2001年版。《二年律令》为出土简文原有标题,单独写在一枚简上。由于这部分竹简简册同墓中《历谱》共存一处,《历谱》所记的最早年号为汉高祖五年、最后年代为吕后二年,因此学界认为《二年律令》的"二年"应为吕后二年。亦即律令应是从汉高祖五年到吕后二年时施行的律令。从中共整理出律二十七种(贼律、盗律、具律、告律、捕律、亡律、收律、补律、钱律、置吏律、均输律、传食律、田律、□市律、行书律、复律、赐律、户律、效律、傅律、置后律、爵律、兴律、徭律、金布律、秩律、史律)和令一种(津关令)。传世文献中汉代律令散失严重,这次汉初多种律令的出土,对于汉史研究具有重大意义。

号墓出土竹简 829 支,保存较好。内容丰富,有律令、养身书、历谱和《庄子·盗跖》篇①。

(十二)荆州岳桥汉简。2002 年,荆州市岳桥汉墓有 6 座墓葬出土简牍约 700 余枚,均系西汉时期遗物。依其内容,这批简牍包括文书、卒薄、历谱、编年记等。文书中有景帝前元二年(前 155 年)临江国丞相收到中央政府丞相申屠嘉下达文书的记录。卒薄记载当地适龄丁卒的数量及服役、力田等状况。历谱分上下栏书写,干支之下多有节气及某人行迹。编年记类似睡虎地秦墓竹简的编年记,所见有秦昭(襄)王、始皇帝和西汉初年的编年、史实。②

(十三)沙市萧家草场汉简。1992 年,在湖北沙市关沮乡萧家草场 26 号汉墓出土,保存较好,共 35 枚。简上保留有丝线编连的上下两道痕迹。整简长 23.7—24.2 厘米、宽 0.6—0.9 厘米、厚 0.1—1.1 厘米。简文墨书于篾黄上,字迹不够清晰,共 139 字。内容为遣策。③

(十四)孔家坡汉简。2000 年 3 月在湖北省随州市北郊孔家坡 8 号西汉墓出土,共 500 多支。主要是日书,与睡虎地日书相近。另有历谱和遣策。④

(十五)长沙马王堆汉简。1972 年,在湖南长沙马王堆 1 号西汉墓出土竹简 412 支,木牍 49 枚。墓主是轪侯夫人,竹简是随葬品的清单,一般称为"遣策"。木牍则是装放随葬品的竹箱上的楬,即标牌。1973 年,在马王堆 3 号西汉墓出土竹木简 600 多枚。墓主是轪侯的儿子。竹简大部分是遣策,大约三分之一是医书。同墓出土大量珍贵的帛书,这里不作介绍。⑤

(十六)沅陵汉简。湖南省沅陵县城关镇虎溪山,1999 年夏施工发现 2 座西汉墓,随后进行发掘,1 号墓墓主是西汉沅陵侯吴阳。在头厢、北边厢出土竹简千余支,30 000 多字。内容有黄簿、美食方和日书三种。黄簿 240 多枚(其中整简 120 支),记载沅陵侯国前往首都长安和长沙国的里程,侯国的人口、乡邑、田土、赋税等。美食方面有许多动植物食品的加工方法。日书简 1 095 枚(整简约

---

① 参见《江陵张家山两座汉墓出土大批竹简》,《文物》1992 年第 9 期。
② 参见郑中华《荆州市岳桥秦汉墓葬》,载《中国考古学年鉴》,文物出版社 2004 年版,第 251 页。
③ 参见《关沮秦汉简牍》,中华书局 2001 年版。
④ 参见《随州市孔家坡墓地 M8 发掘简报》,《文物》2001 年第 9 期。
⑤ 湖南省博物馆、中国科学院考古研究所:《长沙马王堆一号汉墓》,文物出版社 1973 年版。

500枚)。①

(十七)香港中文大学文物馆藏简牍。香港中文大学文物馆收藏有历年收购的简牍259枚,包括战国简10枚,西汉简189枚,东汉简40枚,东晋木牍1枚,另有残简8枚和空白简11枚。战国简10枚大都是文献类的楚简,多残断,内容无法系联,可考者有《缁衣》、《周易》简各1枚。西汉简又分《日书》、"遣策"、"奴婢廪食粟出入簿"等内容。"奴婢廪食粟出入簿"简69枚,其中有"元凤二年"(公元前79年)纪年,说明是一批西汉中期的简。内容为"寿"、"根"、"贝"等人给家奴廪食粟出入的情况和家奴每月食粟的多少,还记载了大、小石的换算比例等。东汉简中,"序宁"简14枚。该简亦有明确纪年,即东汉章帝建初四年(79年)。"河堤"简26枚,也是第一次看到的崭新材料,简中采用的是"秦田二百四十步为亩"的制度,有关堤长、堤宽的记载如"积"、"畴"、"实"等专门术语的出现都可与《九章算术》的记载相对应。②

(十八)天长纪庄木牍。2004年11月,安徽省天长市考古工作者在该市安乐镇纪庄(汉晋东阳古城遗址附近)发掘了一处西汉墓葬(19号墓),出土文物119件,其中有木牍34件。木牍长22.2—23.2厘米、宽3.6—6.9厘米,共有2 500字左右,整理者公布了10件(14面)木牍及文字内容,内容有户口簿、算簿、书信、名谒、药方、礼单等。根据牍文及其他出土文物得知,19号墓主人为"谢孟",是当时东阳县的一位官吏。除1号牍为官文外,其余木牍均为私人文书(包括信牍、名谒、药方、礼单等)。1号牍正背两面分别题有"户口簿"和"算簿",表明其为上计文书,属汉代"户口簿"实物形式及汉代县级上计文本的首次发现。一号木牍正面分别记载了东阳县户与口的总计数字和所属6个乡户与口的分计数字,各乡户口的分计数字相加与县的户口总数完全相同,说明这项统计是严密的。一号木牍背面自题《算簿》,记载了东阳县八、九两个月"算"和"复算"的总数以及八月6个乡的分算数,八月6个乡的分算数相加与总算数完全一致,九月缺少6个乡的分算数,当是木牍面积有限,另有记载。③

---

① 参见《沅陵虎溪山一号汉墓发掘简报》,《文物》2003年第1期。
② 陈松长整理编著:《香港中文大学文物馆藏简牍》,香港中文大学文物馆2001年出版。
③ 天长市文管所、天长市博物馆:《安徽天长西汉墓发掘简报》,《文物》2006年第11期;卜宪群、蔡万进:《天长纪庄木牍及其价值》,《光明日报》2007年6月29日。

第十一章 "进村找庙"之外：中国水利社会史研究的勃兴

对于当前中国社会史研究领域中的主流，中国人民大学杨念群教授曾用一句褒贬参半的双关语"进村找庙"加以点评，凸显出现有成果多着重探讨"宗族"和"庙宇"功能及采取"村落研究"的取向。值得注意的是，上世纪90年代中期以来，特别是进入新世纪，水利社会史研究在国内蓬勃兴起，为进一步拓展区域社会史研究的视野提供了另一平台。

第一节 问题的提出

何谓水利社会史？上海社会科学院钱杭研究员在2008年第2期《中国社会科学》上发文，对水利社会史的研究对象、研究范围、学术路径等作了明确的界定。他认为水利社会史是"以一个特定区域内，围绕水利问题形成的一部分特殊的人类社会关系为研究对象，尤其集中地关注于某一特定区域独有的制度、组织、规则、象征、传说、人物、家族、利益结构和集团意识形态。建立在这个基础上的水利社会史，就是指上述内容形成、发展与变迁的综合过程。……水利社会史的学术路径，就是对与某一特定水利形式相关的各类社会现象的社会史研究，或者是对某一特殊类型水利社会的历史学研究"[①]。这是目前国内学术界关于水利社会史的概念最为详尽和完整的界定。然而，

[①] 钱杭：《共同体理论视野下的湘湖水利集团》，《中国社会科学》2008年第2期。

第十一章 "进村找庙"之外：中国水利社会史研究的勃兴

一个概念的界定，往往不是研究活动的起点，而是对前一时期相关积累的提炼和总结。

2003—2004年，可以视为水利社会史研究成果的一个井喷期。这一年，由法国学者蓝克利等倡导组织的中法合作项目"华北水资源与社会组织"完成历时4年的田野调查，其主要成果《陕山地区水资源与民间社会调查资料集》①由中华书局集结出版，在国内外学术界引起极大的反响。无独有偶，次年8月，行龙教授召集水利社会史研究的另一路主力钱杭、赵世瑜、邓小南、张俊峰等人出席山西大学的"区域社会史比较研究"学术讨论会，并围绕"水利社会"这一专题，提交了高质量的论文，成为会议的一大亮点。

当时与会的北京大学王铭铭教授回忆，对于"水利社会"这个概念，会上不是没有争议，他私下也怀疑，社会史学家将什么东西都与"社会"挂钩，犹如人类学家将什么东西都与"文化"挂钩，有喋喋不休之嫌，但他依然敏锐地意识到从治水社会到水利社会"使区域社会史比较研究找到了一个新的切入点，为我们开拓了历史研究的新视野"。会后，他热情洋溢地撰写了《"水利社会"的类型》②一文，发表在《读书》杂志上，并指出开展水利社会类型多样性的比较研究，"将有助于吾人透视中国社会结构的特质，并由此对这一特质的现实影响加以把握"。作为水利社会史研究的倡导者之一，行龙接过王铭铭抛出话题，在《读书》上又发表《从"治水社会"到"水利社会"》③一文，认为新世纪以来，随着东西方两大阵营由敌对转化为交流，对抗转化为对话，传统的政治史、军事史、外交史转换为经济史、社会史、文化史，"治水社会"转换为"水利社会"也就水到渠成，从治水社会转换到水利社会，进入我们视野的是一片广阔无垠的学术领域。《读书》杂志上先后发表的这两篇文章是国内学者自觉地就在社会史研究中开辟"水利社会史"这一新领域发出的首次明确的呼吁。

---

① 《陕山地区水资源与民间社会调查资料集》共包括4部专集：白尔恒等编著《沟洫佚闻杂录》、秦建明等编著《尧山圣母庙与神社》、黄竹三等编著《洪洞介休水利碑刻集》、董晓萍等编著《不灌而治》，中华书局2003年版。
② 王铭铭：《"水利社会"的类型》，《读书》2004年第11期。
③ 行龙：《从"治水社会"到"水利社会"》，《读书》2005年第8期。

第二节 水利社会史研究的历史

上述王铭铭与行龙的讨论中均提出"从治水社会转向水利社会"的命题,显示了在水利社会之前主导水利史研究的分析框架。那么,"治水社会"的所指为何?在行龙的相关论述中,实际上提出了对"治水社会"的两层面的理解:一般意义上,"治水社会"是指美国汉学家魏特夫所提"治水社会"学说,在上世纪90年代初,中国学术界曾对其进行了激烈的批判。延伸开来,还可泛指以水利工程技术史为主的治水框架下的中国传统水利史研究。从治水社会到水利社会,意味着搁置10多年前那场学术与政治胶结在一起的关于治水社会的大批判,突破传统水利史研究中以水利工程技术史为主的格局和综述水利事业发展的宏大叙事。

中国水利史研究源远流长,资料丰富,著述浩繁。据水利史研究专家姚汉源先生估计,中国水利史专著有二三百种,粗略估计不下3 000万字,史籍及地方志中的资料粗估也有一两千万字,加上文集和其他文献资料,总共在5 000万字以上。再加上近现代的档案和文件等资料,字数恐怕要以亿计。①

早在先秦《禹贡》、《管子·度地》等古籍中对水利史实方面就多有记载。到西汉司马迁著《史记·河渠志》,记载了从大禹治水开始到西汉元封二年(公元前109年)的水利发展史,这是中国第一部水利通史。稍后班固著《汉书·沟洫志》,发展了《河渠书》的专业性传统,成为延续到西汉末期的水利史专著。其后从《后汉书》到《五代史》10多种史书中,均未单独就水利史实撰写专篇,但大都在其"五行"、"食货"、"地理"诸"志"以及有关的"纪"、"传"中,分别记述了各该时代水利史的有关内容。再后,《宋史》、《金史》、《元史》和《明史》,都遥继《史记》、《汉书》的传统,分别撰写《河渠志》,记述了该朝代的大量水利史实。除上举二十四史外,还有不少水利史方面的专门著述及文献,如《水经注》、《唐水部式》、《河防通议》、《禹贡山川地理图》、《治河图鉴》、《通典·食货·水利田》、《通鉴纪事本

---

① 姚汉源:《黄河水利史研究》,黄河水利出版社2003年,第8页。

末·河决之患》《文献通考·农田水利考》《行水金鉴》《续行水金鉴》等。①

但现代意义上的水利史研究还要从民国年间开始,重要著作有,郑肇经著《中国水利史》、《江苏水利全书》、《淮系年表》等。这一时期一个值得关注的事件是1936年,国民政府成立了一个以采集、整编历史文献为业务方向的机构"整理水利文献委员会",这就是今天中国水利水电研究院水利史研究室的前身。作为中国成立最早的国家级水利史专业研究机构,水利史研究室在时局动荡中曾历经更名、重组、归并、撤销等挫折,但其致力于整理水利文献,开展水利史研究的工作没有被彻底打断。

1978年水利史研究室得以恢复,水利史研究室在水利文献、水利档案的收集和整理方面和水利史的基础研究方面都取得了很大的成绩,成为水利史研究中的主力力量。代表性的通史类的著作有周魁一等《中国水利史稿》(上、中、下)、姚汉源《中国水利史纲要》、郭涛《中国水利科学技术史概论》、顾浩《中国治水史鉴》、周魁一《中国科学技术史·水利卷》、谭徐明《中国防洪与灌溉史》;专史类著作有郑连第《灵渠工程史述略》、蔡蕃《北京古运河及城市供水研究》、姚汉源《黄河水利史研究》、《京杭运河工程史》、张汝翼《沁河广利渠史略》、谭徐明《都江堰史》等。此外,由周魁一主持的国家项目《清史·水利志》正在开展,30年来还发表了300多篇水利史研究论文。水利史研究室在整编资料方面的主要成果有对国家水利档案《行水金鉴》、《续行水金鉴》、《再续行水金鉴》的整理,故宫洪涝档案抢救整理。此外还坚持对古代典籍、民国年间的水利期刊、水利专题地图、地方志等相关图书的收集。目前拥有线装书20 000多册,地方志1 000多部,水利典籍种类和数量居国内之首,占总量的70%。由水利史研究室具体筹划的江河水利史志收藏馆现正在建设中,届时水利典籍与现代江河水利志将汇为一个整体,并无偿向水利界、向社会及国内外学者开放。②

以水利史研究室为龙头的水利学界的专家学者们对水利史的研究,特色显明,他们中的大多数是专业的水利工作者,研究视角主要从科技史的角度来探求水利建设和水利科学技术发展的历史事实和规律,以求为今天的水利建设尤其

---

① 参见朱更翎《水利史研究溯源》,《中国水利》,1981年第3期。
② 参见谭徐明《水利史研究室70年历程回顾》,摘自中国水利水电科学研究院水利史研究室编《历史的探索与研究——水利史研究文集》,黄河水利出版社2006年。

是宏观问题的科学决策提供有益借鉴。值得注意的是,随着对以单纯工程技术手段征服自然的水利观念的反思,"人与自然和谐相处的现代水利"新理念逐步被人们所认识,水利史的研究在关注水利工程技术的同时,也越来越注重研究水利与自然、社会的关系。水利史研究室主任谭徐明就认为:"随着水利科学方法的综合和多元,水利科学研究将与哲学、历史、经济、法律、艺术等人文科学相互渗透和融合。"①原水利部部长汪恕诚也指出:"最高境界的水利规划、水利工程是哲理性、科学性和艺术性的结合。向历史学习,有利于丰富和完善水利工作者的哲学思维和科学文化素养,有利于未来水利技术的创新。"②特别是基于对水利与社会关系重要性的新认识,武汉水利电力大学数位专家贾征、张乾元等人主张建立一门新的学科"水利社会学",并在2000年推出专著《水利社会学论纲》③,对水利社会学的学科体系进行了初步的探讨。

中国水利事业的发展,也是历史学界的传统的研究内容,从对大禹治水的考证、黄河的防洪、到大运河的漕运、农田的水利灌溉,已经不少历史学者进行了很多的研究。但是,作为一门人文社会科学学科,它很早就开始思考从政治、经济、社会、文化等更广泛的层面去思考水利的多重意义。其中魏特夫的治水社会——东方专制主义说对中国历史学界的影响最大。

如秦晖所说:"从'治水社会'中产生'东方专制主义'本是欧洲东方观中一种源远流长的传统。从亚里士多德到亚当·斯密,从孟德斯鸠到黑格尔都或多或少地表达过这类看法。在'左'派思想谱系中,这种偏见也是从马克思、普列汉诺夫直到列宁、托洛茨基都一脉相承的。但是从学术上系统论证这种观点,并把它发展成一套完整的史学理论的,无疑还是首推'异端马克思主义者'卡尔·魏特夫。"④

魏特夫早年是德国共产党的中央委员,后被德共革除,移民美国后,长期在哥伦比亚大学、华盛顿大学主持中国史研究,1957年出版其代表作《东方专制主义》。在该书中,魏特夫力图在水利与国家形态之间建立一个因果联系:包括中国在内的东方国家专制主义制度起源于水利灌溉需要一体化协作,需要强有力

---

① 参见谭徐明《水利史研究室70年历程回顾》,摘自中国水利水电科学研究院水利史研究室编《历史的探索与研究——水利史研究文集》,黄河水利出版社2006年,第6页。
② 《历史的探索与研究——水利史研究文集·序一》,第2页。
③ 贾征、张乾元等:《水利社会学论纲》,武汉水利电力大学出版社2000年版。
④ 秦晖:《治水社会论批判》,《经济观察报》2007年2月19日。

第十一章 "进村找庙"之外：中国水利社会史研究的勃兴

的管理和控制。该书出版后在西方学界影响巨大，被认为是了解人类社会的一个重大贡献。但由于该书中夹杂着对东方国家意识形态的挑衅，也遭到了东方阵营的强烈批判。

《东方专制主义》在中国的命运同样如此，1989年其中译本①刚问世即在当时的政治气候中被指为反动受到批判。这一批评浪潮持续数年，组织文章上百篇，并于1990年和1994年在北京与上海举行了两次高规格的批魏专题研讨会。1997年，作为此次批判浪潮的总结性成果《评魏特夫的〈东方专制主义〉》一书，汇集了19位当时国内史学领军人物的15篇文章，由中国社会科学出版社出版。然而，毕竟时代不同了，对于魏特夫的该书，批判者在大力批判其理论的同时，也承认他是一位学者，一位汉学家。他对中国问题是花了功夫的。即使是《东方专制主义》这样明显反动政治意图的书，它的整体倾向和基本结论都是错误的和反动的，但也不排斥在个别的地方有合理的成分或值得注意之点。

进入新世纪，随着东西方阵营由对抗转为对话，全球化、多元化时代的到来，那场轰轰烈烈的批魏浪潮也渐渐平息。如今的学者可以更超然地从纯学术的角度来研究治水社会理论。王铭铭就中肯地指出："魏特夫的'东方暴君论'想象，在提供一种水利与社会构成之间关系的历史解释时，是有独创之处的。然而，这位忽视'暴君制度'的剩余空间的学者，企图在理论上驾驭一个难以控制的地大物博的'天下'，并误以为'天子'一样具备这种驾驭能力。魏特夫将所有的现象融为一体，当做自己论点的'支撑'，将'治水'这个古老的神话与古代中国的政治现实完全对等，抹杀了其间的广阔空间。"②还有学者开始倾向基本认同治水派学说，并利用交易成本经济学方法对该学说进行演绎，认为中国在文明早期，由于治水等跨区域公共事务供给面临高昂的合作成本，驱使国家治理利用纵向的行政控制代替横向的政治交易，以较高的管理成本为代价换取合作成本的节约，导致了大一统体制及其自我强化特征。③

无论如何，治水社会说为构建水利与社会之间的关联提供了最为宏阔的构

---

① 魏特夫著、徐式谷译：《东方专制主义：对于极权力量的比较研究》，中国社会科学出版社1989年版。
② 王铭铭："水利社会"的类型，《读书》2004年第11期。
③ 王亚华：《治水与治国——治水派学说的新经济史学演绎》，《清华大学学报》（哲社版）2007年第4期。

架，由此告诉更多的中外治学者在水利与社会间尚有广垠的空间可以想象和探索。

第三节　水利社会史研究的现状

2008年年初，行龙又推力作《"水利社会史学"探源——兼论以水为中心的山西社会》，对水利社会史的源头作了考察。他认为学界通常将魏特夫的"治水社会理论"和日本学界的水利共同体理论作为中国水利社会史的学术源头。但事实上，水利社会史的学术源流至少可以追溯到19世纪末20世纪初的法国人文地理学，随后兴起的法国年鉴学派也受其影响颇深。这一传统持续影响到近年来由蓝克利、魏丕信等法国学者对中国山陕民间水利问题的研究。[①]

笔者以为，如果将蓝克利等人的研究追溯到19世纪末20世纪初的法国人文地理学派是行得通的。但是，蓝克利等人只是当前中国水利社会研究中的一支力量，此外还活跃着许多从不同路径研究水利社会的学者。中国水利社会史的学术源头应是多元的，而不是一元的，正因为如此才形成了水利社会史研究异彩纷呈的局面。

大体而言，20世纪90年代中期是一个转折点（日本对中国水利史的研究比较特殊，容下节讨论）。之前可视为第一阶段水利社会史的萌发阶段，有一些历史学者从各自的特定的研究对象和理论兴奋点出发，将水利纳入了不同的政治、经济、文化和社会关系框架中，也有零星文章开始对水利与地方社会的关系进行探讨，但水利史研究的主流还是以水利工程技术史为主和对水利史实的一般性梳理以及对魏特夫治水社会进行批判。直接以某一特殊类型的水利社会为中心开展历史学研究，则是从90年代下半期，特别是新世纪以来才大量出现的，自觉对水利社会史研究的理论问题进行探讨即是从上述的2004—2005年相关学者在《读书》先后发文开始的。这一新时期可以称为水利社会史的勃兴阶段。

[①] 行龙：《"水利社会史学"探源——兼论以水为中心的山西社会》，《山西大学学报》（哲社版）2008年第1期。

第十一章 "进村找庙"之外：中国水利社会史研究的勃兴

一、水利社会史的萌发阶段。这一时期有代表性的著作和文章主要有以下几种

（一）水利与基本经济区

历史学家冀朝鼎的《中国的基本经济区与水利事业的发展》一书完成于1935年，最初由英文写作在美国出版。冀朝鼎在当时的研究已经达到了很高的水平，以至于李约瑟这样评价道："这一著作，也许是迄今为止任何西文书籍中有关中国历史发展方面的最卓越的著作。"[①]该书由朱诗鳌于1981年翻译成中文出版。在水利社会史研究中，有学者将之视为治水社会说的附庸，没有给予充分的重视。实际上，该书是一本思路严谨、论证严密、立论公允、视野深远的学术著作，它巧妙地以中国水利事业的发展为突破口解释中国历史上的大问题，不仅与魏特夫所要竭力考察的东方专制主义国家形态没有瓜葛，而且其细密的研究思路也与魏特夫的天马行空的议论大相径庭。

作者通过对隐藏于地方志、中文"水利专著"以及正史中大量未被接触过的原始水利资料的分析研究，得出中国历史上出现了若干基本经济区，进而影响了中国的统一和分裂关系。他将公元前255年到公元1842年的中国经济史划分为5个时期：第一个统一与和平时期，包括秦汉两代。这一时期，以泾水、渭水、汾水和黄河下游为其基本经济区。第一个分裂与斗争时期，包括三国、晋和南北朝。在这一时期中，因为灌溉与防洪事业的发展，使得四川与长江下游逐渐得以开发，因而出现了一个能与前一时期的基本经济区所具有的优势相抗衡的重要农业生产区。第二个统一和和平时期，包括隋唐。这一时期，长江流域取得了基本经济区的地位，大运河也同时得到了迅速的发展，从而将首都与基本经济区的连接起来了。第二个分裂与斗争时期，包括五代、宋和辽、金。这一时期，长江流域作为中国显著的基本经济区在进一步发展着。第三个统一和和平时期，包括元、明、清三代。在这一时期，统治者们多次想把海河流域发展为基本经济区。

按照杨念群的中层理论的说法，冀朝鼎在该书中可以说提出了"基本经济区"这一中层概念，而水利是他得以深入考察这一概念的切入点，要回答的问题

---

① 冀朝鼎：《中国的基本经济区与水利事业的发展》，朱诗鳌译，中国社会科学出版社1981年版。

是中国历史上的统一和分裂之谜。如他所说:"对水利史的原始资料进行分析研究的结果,就产生了一种新的概念,这种概念转而又可用来规定水利事业发展的进程。然而,一种概念就像一盏灯——一经点燃,就不会只照亮房间的一角,基本经济区的概念也必然会将其光辉投射到中国历史的每一个基本问题上。"①

(二) 水利与宗族

英国人类学家弗里德曼在研究华南社会宗族时,对农业灌溉与宗族的关联进行了探讨。在其两本代表性专著《中国东南的宗族组织》、Chinese lineage and Society:Fukine and Kwangtung② 中,他认为华南社会宗族存在的原因是由4个变量造成的,即水稻栽种需要水利的灌溉、稻作农业导致财富的剩余、边疆地区国家不在场以及从北方地区带来的宗族理念。

对弗氏假说强有力的挑战来自他的弟子巴博德。关于水利灌溉系统可以促进宗族团结这一点,他通过对台湾两个村落的田野考察认为,必须看灌溉的性质及其土地分布的情形而定。例如,"中社"(Chung-she)村在嘉南水利系统建成前,灌溉池塘促成宗族的团结;相反,"打铁"(Ta-tieh)村的水利系统却促成非血缘间的联合。在另一篇文章中,巴博德进一步阐述了他的"水利社会学"思想。他感兴趣的问题是"一个社会的水利系统怎样影响到该地社会文化的模式,例如,冲突和合作、劳力的供给和需求以及家庭的规模和机构"。通过研究他发现,在依赖雨水和小规模灌溉的时期,冲突和合作较少,即使有冲突,解决的办法靠的是面对面的关系来调节,而随着灌溉规模的扩大,冲突和合作也随之增多,于是就出现了跨地域的联合组织;在出现大规模灌溉前,劳力比较紧张,人们更喜欢组成联合家庭,之后,劳力需求相对来说要缓和一点,大家庭的数目也随之减少。③

(三) 水利与权力的文化网络

美国学者杜赞奇《文化、权力与国家》一书1988年由斯坦福大学出版社出版,中译本1994年由江苏人民出版社推出。在该书中,水利组织被用于服务杜

---

① 冀朝鼎:《中国的基本经济区与水利事业的发展》,朱诗鳌译,中国社会科学出版社1981年版,第3、1页。
② 《中国东南的宗族组织》有中译本,刘晓春译,上海人民出版社2000年版;Chinese lineage and Society:Fukine and Kwangtung,Published by The Arhlone Press Universty of London,1966。
③ 转引自石峰《"水利"的社会文化关联——学术史检阅》,《贵州大学学报》(社科版)2005年第3期。

氏的理论架构"权力的文化网络"。通过对邢台地区的水利管理组织的考察,他旨在说明"文化网络是如何将国家政权与地方社会融合进一个权威系统(机构)的"。他对水利组织的讨论对水利社会史研究的进一步展开有良多启发。

一是区域水利社会的范围与市场圈、行政区划有重合和交叉的复杂关系。杜认为,"就水利管理来讲,流域盆地是一个自我调节的区域"。同时,与村庄及市场(集镇)体系并不是截然分开的。比方说,"集镇和强大的村庄能够利用其组织资源控制闸会",行政界限在合作体内可能造成某种裂缝等。二是注意考察与水利组织相并行的祭祀体系。杜指出,"与水利管理体系基本上相并行的是供奉龙王的祭祀体系","水利管理组织的这种宗教仪式在中国十分普遍。"祭祀体系的重要性在于,使水利组织神圣化,赋予其更大的权威,进而起到动员和组织成员的作用。由于祭祀体系与不同层次的水利组织相适应,考察其变化可以反映水利组织之间及其内部分裂合作的倾向。杜还指出,龙王体系是国家承认的权威体系,借助这一媒介将自己的权威延伸乡村社会,只有在竞争超出神权的管辖范围时,"国家政权作为行政力量,而非象征因素介入闸会组织之中"。① 值得思考的是,许多水利组织的祭祀体系未必是被国家承认的龙王体系,而是由地方偶像组成。此种类型的祭祀体系,无疑使国家与地方,神权与行政权间的关系格局更加复杂化,需要我们更加细致入微的考察与辨析。

(四) 明清长江流域农业水利研究

武汉大学历史系经济史学者彭雨新、张建民合著的《明清以来长江流域农业水利研究》出版于1993年。这是历史学界研究明清区域农业水利的沿革、发展及相关问题的最早的一部专著,也是一部比较全面的水利史。既包括水利工程技术建设概况,又包括水利设施的维护管理,同时也涉及区域内的不同的水利类型、人口变动、社会经济和阶级关系以及国家在水利建设中的作用等。

这一阶段,水利社会方面的专篇文章也有少量出现。例如,台湾的研究起步很早,讨论的话题也十分前沿。谢继昌在1973年就发表《水利与社会文化之适应——蓝城村的例子》②一文中,从水利与宗教、水利与武馆、水利与政治三方面

---

① 参见杜赞奇《文化、权力与国家》,江苏人民出版社2001年版,第17—23页。
② 见台北"中央研究院"《民族学研究所集刊》1973年第36期,转引自上述石峰同篇文章。

探讨了社会文化对水利发展之适应问题。当地人因缺水,就产生了以"水"为中心的两种宗教崇拜,一为拜妈祖,二为拜溪头。蓝城村居于水尾,水田中是否有足够的水关系到村民的重大生活问题。实行轮灌制以来,为了防止上游偷水,该村很早就开设了武馆,后来随着管理的日渐完善,武馆也衰落了。该村的内部凝聚力因争水而加强,因水得到保障而趋向减弱。

在大陆,厦门大学的郑振满较早将农田水利问题纳入福建地方社会史研究视野中考察。他在《明清福建沿海农田水利制度与乡族组织》[①]一文中指出,历史上的农田水利制度,不仅是反映了农业生产力的发展状况,而且反映了农业生产过程的组织形式,应当成为社会经济史的重要课题。他认为明清福建沿海的水利组织有"官办"、"民办"两种形式。大型的水利设施一般是"官办",而规模小且分散的水利系统则由民间乡族自行组织兴修和管理。而且"官办"有向"民办"逐渐过渡的趋势,原因是由于地方官府缺乏财政所致,从某种意义上,"说明了明清时期政府的作用不断削弱,而乡族组织的势力却日益壮大"。此外,熊元斌对清代浙江地区水利纠纷的发生、特征与解决等方面,揭示了该地区的水利状况及社会结构方面的问题,对江浙地区农田水利的经营和管理进行了探讨。[②] 即使在批判魏特夫的论战中也有颇多学术性的研究,如有论者认为唐宋以后政府不仅水工有限,水事管理职能萎缩,主要灌区的用水分配、水权纠纷等都依靠民间自治来解决。[③] 实际上指出了水利与地方社会、民间组织的密切联系。

二、水利社会史的勃兴阶段

水利社会史在上世纪 90 年代中期开始兴盛,一方面与当时社会史向区域社会史的转型是分不开的,一些学者们在下沉到不同区域的民间和基层进行考察时,水利与社会的之间丰富的关联自然而然进入他们的视野。另一方面,还得益于历史地理学、社会学、人类学、民俗学等多学科的研究者的共同参与推动。在此过程中,水利社会史研究突现出若干热点区域和数支比较活跃的研究力量。

[①] 《中国社会经济史研究》1987 年第 4 期。
[②] 熊元斌:《清代浙江地区水利纠纷及其解决办法》,《中国农史》1988 年第 4 期;《清代江浙地区农田水利的经营和管理》,《中国农史》1993 年第 1 期。
[③] 秦晖:《治水社会论批判》,《经济观察报》2007 年 2 月 19 日。

第十一章 "进村找庙"之外：中国水利社会史研究的勃兴

（一）北方地区是当前水利社会史研究的热门区域，而山陕地区又是热中之热

在山陕地区汇集了来自中国及其海外的研究队伍。早在1995年，法国远东学院的学者蓝克利、魏丕信等人就到陕西关中考察郑白渠，1998—2002年，又与北京师范大学民俗典籍研究中心组织中法合作项目"华北水资源与民间社会"，聚集15位历史学、人类学、民俗学、地理学、考古学、水利学和金石文字等学科的学者共同对关中东部和山西西南部6个县份进行了田野考察，直接成果就是2003年出版的《陕山地区水资源与民间社会调查资料集》。这一成果实际上充分反映了水利史作为一门交叉的边缘学科，所独具的多学科交融的魅力。集子中包含了地理学家、水利学家、考古学家对郑白渠等重大水利遗迹的科学考察、测量绘图，不过，最让水利社会史研究受益的还是其中收集的大量碑刻、文书等民间水利文献，《不灌而治》一书中所称的研究目标，由县以下的乡村水资源利用活动切入，并将之放在一定的历史、地理和社会环境中考察，了解广大村民的用水观念、分配和共用水资源的群体行为、村社水利组织和民间公益事业等，在此基础上，研究华北基层社会史，也广为水利社会史研究者认同。2004年6月，法国远东学院举办Water Control and Social Organization in Northern China国际研讨会，使此项水利社会的研究的国际影响力进一步加大。会后，台湾王秋生联络蓝克利等诸多海外学者，决定开展大型研究项目"历史视野中的中国地方社会比较研究：中国村落中的宗族、仪式、经济与物质文化"，并将水利与社会作为比较的一个重要框架，目前这一项目正在进行中。

此外，参与上述中法项目的许多中国学者如董晓萍、邓小南等从各自的专业背景进行了深入研究，先后有重要文章发表。董晓萍在《陕西泾阳社火与民间水管理关系的调查报告》[①]一文中指出，调查发现，在泾阳存在着以社火办水事的风俗。不管是对"官水"或是"民水"的管理，社火都参与其中。邓小南在《追求用水秩序的努力——从前近代洪洞的水资源管理看"民间"与"官方"》中，对水利的规约、自治组织、地方精英、官方干预等进行逐一考察，认为民间与官方二元对举的分析框架，至少不完全适合讨论传统地方社会，围绕洪洞用水秩序的考察，使我们得以观察到

---

① 见《北京师范大学》2001年第6期。

在传统中国农村社会中衔接"官"与"民",激活两者互动的力量及其动作的方式①。

山西大学的行龙从1999年就启动了对山西水利社会的研究,并申请了两个国家社科基金项目"明清以来山西水资源匮乏及相关问题调查研究"(2000),"明清以来山西人口资源环境与社会变迁"(2004),带领学生张俊峰、王长命等人完成多项有质量的成果。②行龙等人关于水利社会史的研究主要从四个方面展开:一是对水资源的时空分布特征及其变化进行全面的分析,并以此作为划分类型和时段的基本依据。他们将水利社会的类型分为"流域社会"、"泉域社会"、"洪灌社会"、"湖域社会"四种类型,以求为水利社会史的进一步开展提供分析工具。二是对以水为中心形成的社会经济产业的研究。三是以水案为中心,对区域社会的权力结构及其运作、社会组织结构及其运作、制度环境及其功能等问题开展系统研究。四是对以水为中心形成的地域色彩极浓厚的传说、信仰、风俗文化等社会日常生活的研究。行龙总结其学术路径在于,"以水为中心、勾连起土地、森林、植被、气候等自然要素及其变化,进而考察由此形成的区域社会经济、文化、社会生活、社会变迁的方方面面"③,以实现对山西区域社会发展变迁的整体性把握。

北京师大赵世瑜关于山西水利社会的研究虽只是小试牛刀,但其成果为人瞩目,在其《分水之争:公共资源与乡土社会的权力和象征》④中,他分析了汾河

---

① 邓小南:《追求用水秩序的努力——从前近代洪洞的水资源管理看"民间"与"官方"》,载行龙、杨念群《区域社会史比较研究》,社会科学文献出版社2006年10月版。

② 行龙:《明清以来山西水资源匮乏及水案初步研究》,《科学技术与辩证法》2000年第6期;张俊峰:《水权与地方社会——以明清以来山西省文水县甘泉渠水案为例》,《山西大学学报》(哲学社会科学版),2000年第6期;张俊峰:《明清以来晋水流域之水案与乡村社会》,《中国社会经济史研究》2003年第2期;张俊峰:《介休水案与地方社会——对泉域社会的一项类型学分析》,《史林》2005年第3期;周亚、张俊峰:《清末晋南乡村社会的水利管理与运行——以通利渠为例》,《中国农史》2005年第3期;张俊峰:《明清以来山西水力加工业的兴衰》,《中国农史》2005年第4期;行龙:《多村庄祭奠中的国家与社会:晋水流域36村水利祭祀习俗个案研究》,《史林》2005年第8期;行龙:《从共享到争夺:晋水流域水资源日趋匮乏的历史考察——兼及区域社会史之比较研究》,行龙、杨念群:《区域社会史比较研究》,社会科学文献出版社2006年10月版;张俊峰:《明清以来洪洞水利与社会变迁》,山西大学2006博士论文;王长命《水案发生的文化衰落分析》,《沧桑》2006年第1期;张俊峰:《明清时期介休水案与"泉域社会"分析》,《中国社会经济史研究,》2006年第1期;王长命:《明清以来平遥官沟河水利开发与水利纷争》,山西大学2006年硕士论文;行龙:《明清以来晋水流域的环境与灾害——以"峪水为灾"为中心的田野考察与研究》,《史林》2006年第2期;张俊峰:《率由旧章:前近代汾河流域若干泉域水权争端中的行事原则》,《史林》2008年第2期等。

③ 行龙:《"水利社会史"探源——兼论以水为中心的山西社会》,《山西大学学报》(哲社版)2008年第1期。

④ 见《中国社会科学》2005年第2期。

第十一章 "进村找庙"之外：中国水利社会史研究的勃兴

流域的广泛流传的几则分水传说中权力和象征的意义，解释了这些故事实际上反映的是一个以某种巨大代价建立相对公平使用公共资源秩序的事件。尽管"三七分水"制度有可能是拥有霸权地位的一方用来加固这一地位、强化这一地位合法性的工具，但它却不失有用的工具；而其之所以有用，就在它在无法确定所有权归属的情况下，确定了使用权的归属。然而，这些传说故事的产生本身又标志着相对公平地利用公共资源状态的打破。作者认为，许多论者将水利纠纷频繁归结为资源短缺，实际上问题的关键还在于水资源的公共物品特性以及由之而来的产权界定困难。赵世瑜的此番讨论实际上把水利纠纷的关键原因归结为水权问题。清华大学社会学系张小军通过历史上山西洪山泉的水权个案提出"复合产权"这一概念。他认为前近代的水的产权形态十分复杂。水权的资本权属可以分经济、文化、社会、政治、象征五种。① 英国学者沈艾娣的《道德、权力与晋水水利系统》②一文，具体分析了道德如何通过某群体中流传的故事建构起来，又如何在特定的体制中落地生根，进而说明，不同的道德理想是植根于不同的农业体系的不同权力结构之中的。

对关中的研究，除上述中法团队外，较早的还有萧正洪，他所关注的课题也是水权问题，对水权关系的特点、原则和管理等做了总结。此外，还有厦门大学钞晓鸿及其弟子佳宏伟均有研究成果发表，钞晓鸿在文章《灌溉、环境与水利共同体——基于清代关中中部的分析》③，通过分析关中中部的渠堰灌溉及水利社会，认为森田明等日本学者的观点水利共同体的解体是明末清初大土地所有制发展的结果未必正确，地权的相对分散也会出现共同体内部权利与义务的脱离，各地水利共同体的解体时间未必统一于明末清初。水利组织包括水利共同体的变化，背后存在一些根本性的机制问题，如河流径流量不稳定、水权所有权和使用权的矛盾、上下游区位差异性、共同体系统内外的冲突等。西北大学胡健2007年硕士论文对近代陕南地区农田水利纠纷解决与乡村社会也进行了研究。

---

① 张小军：《复合产权：一个实质论和资本体系的视角——山西介休洪山泉的历史水权个案研究》，《社会学研究》2007年第4期。
② 见《历史人类学刊》2003年第1期。
③ 见《中国社会科学》2006年第4期。

北京大学的韩茂莉对山陕地区的地理环境、水权保障系统、基层管理体制进行了考察，认为水权保障系统形成以渠系和村落为基点的地缘水权圈和以家族为基点的血缘水权圈，两个圈层相互交织，融社会习俗和社会惯性为一体，在乡村社会中占十分重要的地位。①

复旦大学的王建革聚焦河北和河套地区，先后发文《河北水利与社会分析（1368—1949）》、《清末河套地区的水利制度与水利适应》。② 在河北的研究，他选取了天津地区的农业灌溉与滏阳河上游相比较，认为在天津地区，国家权力是明显的，渠道的建设和管理都由政府来负责；而在滏阳河，首先是可分性水权与争水，其次是渠道社会组织与行政区划不一致。在河套的研究显示，制度的成功在于其适应能力。地商制度充分适应了河套的生态环境和汉蒙杂居的社会环境，而官营水利忽视对基层社会的适应，最终归于失败。

此外，有特色的研究，还有胡泽英的水井研究。作者通过对山西、陕西、河南等地的水井的田野调查，勾画了北方乡村社会用水的情景，论证了水井在乡村社会中构建社区空间、规定社会秩序、管理社区人口、营造公共空间、影响村际关系等方面的作用。③ 谢湜对河南北部的水利灌溉及县际关系进行了分析。该文围绕明清时期济源和河内两县的水利开发，讨论县际行政、地方权势及其二者的相互联系，如何对不同时期的引水技术、灌溉利益、农田开发等方面产生影响，从而揭示16、17世纪豫北灌溉水利发展史中的制度转换和社会变迁。作者认为，"水利共同体"的结构分析模式限制了水利社会史研究的时空尺度，主张通过对地域联系拓展过程的动态考察，开阔华北水资源和社会组织的研究思路。④ 王培华则对河西走廊地区的水利纷争和分水制度进了研究。⑤

（二）江南地区、长江中游及两湖流域等区域的水利社会史研究

在江南地区，钱杭的湘湖水利社会史研究引人注目。自2004年以来，已发

---

① 韩茂莉：《近代山陕地区地理环境与水权保障系统》，《近代史研究》2006年第1期。
② 分别见《中国农史》2000年第2期、《近代史研究》2001年第6期。
③ 胡泽英：《水井与北方乡村社会——基于陕西、山西、河南省部分地区乡村水井的田野考察》，《近代史研究》2006年第1期。
④ 谢湜：《"利及邻封"——明清豫北的灌溉水利开发和县际关系》，《清史研究》2007年第2期。
⑤ 王培华：《河西走廊的水利纠纷及其原因》，《清史研究》2004年第2期。

第十一章 "进村找庙"之外：中国水利社会史研究的勃兴

表多篇论文①，其课题《走向解体：萧山湘湖水利共同体的兴衰史》，获 2005 年国家社科基金项目资助。钱杭的问题意识在于全面研究湘湖水利共同体的形成、兴盛、衰落、解体史，将为探索中国区域社会发展的类型，理解中国传统社会在处理生存发展、权利与正义等重要问题、实现社会的近代化转型面临的特殊困难，提供典型范例。为此，作者在收集和整理大量地方文献的基础上，对湘湖史上的重要人物和事件、冲突纷争，水利共同体的制度基础、意识形态、秩序规则等逐一进行破解，进而重描了湘湖水利社会的变迁轨迹及最终走向解体的命运。湘湖何以走向解体？作者认为，受传统公私伦理熏陶支撑的湘湖水利集团成员及其代言人——地方乡绅、乡官，只从既定的道德道义立场以及狭小的同质性成员圈子出发维护既得利益，把后者一概视为异类，本可加以适当调整、兼顾的利益关系被完全对立化，丧失了重建秩序的许多机会，加剧了湖体之淤，消解了湘湖之利。中国基层社会中许多"民间秩序"都在不同程度上存在于与湘湖类似的问题。这些"秩序"无论在结构上设计得多么精致细密，其实都非常脆弱僵化，大多不能容纳多元的需求，也难以主动整合与所处区域社会间的关系。其维护原则的基础，不是开放多元，而是封闭单边；公共利益总是表现为对私人权益的覆盖。这一倾向被儒家理论强化、深化后，即凝聚为一个强大的传统，成了脱离实际利益的道义壁垒。缺乏协调各种利益纠纷的基本制度、主观愿望、方法机制和舆论导向，是中国传统社会许多根本性痼疾的根源所在。

在研究湘湖个案的基础上，钱杭讨论了"库域社会"这一水利社会新类型、水利"共同体"与水利社会一组关系。他认为，与基于自然条件（海洋、江河、湖泊、大泉）的水利社会不同，"库域型"水利社会是因人工水库而形成的水利社会。两类水利社会最核心最具前提性的差别表现为：前者围绕自然环境而形成的人类

---

① 钱杭：《湘湖恩怨：利益共同体与地方乡绅》，载熊月之主编《明清以来江南社会与文化论集》，上海社会科学院 2004 年版；《湘湖不了之局的开端》，载唐力行主编《国家、地方、民众的互动与社会变迁》，商务印书馆 2004 年版；《"均包湖米"——湘湖水利共同体的制度基础》，《浙江社会科学》2004 年第 6 期；《真实与虚构之间的历史授权——萧山湘湖史上的〈英宗敕谕〉》，2004 年第 6 期；《烈士形象的建构过程——明清萧山湘湖史上的"何御史父子事件"》，《中国史研究》2006 年第 4 期；《用地方资料构筑的区域社会史——萧山湘湖史的资料基础》，《传统中国研究集刊》第二辑，上海人民出版社 2006 年版；《利、害博弈与历史恩怨——萧山湘湖社会史的变迁轨迹》，《历史人类学学刊》第五卷第一期，2007 年 4 月；《论湘湖水利集团的秩序规则》，《史林》2007 年第 6 期；《共同体理论视野下的湘湖水利集团——兼论"库域型"水利社会》，《中国社会科学》2008 年第 2 期。

社会，"自然环境"不是劳动的产物，他们的所有活动都在此"自然"平台上平等地展开，所有人对该平台都不存在经济学或法学意义上的权利关系；后者就其基本性质而言，水库是劳动的产物，参与创造水库的人们与水库之间，存在着建立在创设维护所付成本基础上的权利关系。这层关系构成了库域型水利社会史的基本逻辑。因此，库域型水利社会史，就可能比据于自然环境的水利社会史更集中地展现出小社会和大社会的政治、经济、文化特质，同时也将更集中地展现出此一环境下人们之间的依存和对抗关系。对于研究所引用的共同体理论，作者倾向于将之主要视为一种关注某类社会关系、互动方式的研究策略和方法。可以不去过多顾及共同体理论的概念体系，而是把握住共同体理论的核心范畴——共同利益，运用共同体理论的分析方法——结构、互动，深入到中国历史上的那些实实在在的水利社会中。水利"共同体"以共同获得或维护某种性质的"水利"为前提，而水利"社会"则将包含一个特定区域内所有已获水利者、未充分获水利者、直接获水害者、间接获水害者、与己无关的居住者等各类人群。

复旦大学冯贤亮从观察浙江平湖县横桥堰为中心的区域背景入手，解析与江南众多的水利设施相似的横桥堰及其周边社会，特别是将环境变化置于自然和社会两方面进行考察，分析其对水利设施周期性兴废的影响，详细说明社会各阶层、特别是官绅阶层与乡村水利的诸种关系，府官、县官两级政府官员的更替出现与影响，也在此过程中得以展现，从而构建起一个小地方的水利社会史。作者在文后特别指出，横桥堰的事例，清晰地展现了清代后期跨区域的政府联合行为，而今天，地方保护主义依然严重，对整个社会以及自然生态系统的发展和稳定不利。[①]

陆敏珍对8—13世纪的宁波地区的水利建设进行了概述，并讨论了与区域社会的关系。在文中，作者还对南北方不同的水利社会形态进行了比较。作者认为北方渠系所浇灌的土地往往呈线形分布，而且水资源相对有限，争水是地域社会常见的冲突。在这种水利灌溉形态下，争水时国家政权介入，但是具体的管理以民间组织为主。而南方的水利灌溉成面形分布，民众争地多于争水，为了保

---

① 冯贤亮：《清代江南乡村的水利兴替与环境变化——以平湖横桥堰为中心》，《中国历史地理论丛》2007年第3期。

第十一章 "进村找庙"之外：中国水利社会史研究的勃兴

护自己的耕地往往将水害嫁祸于他人的地区，这一地区的水利事务更多地通过政府与地方势力进行管理，形成一个紧密的水利共同体。①

在长江中游及两湖流域，武汉大学杨国安根据民间水利文献《华陂堰帐簿》，在鄂南水利社会变迁的大背景下，对崇阳县华陂堰的灌溉系统、祭祀系统、组织体系、冲突纠纷作了综合考察。② 周荣对晚清、民国湖北天门县历编水利案牍所折射出的本地利益和全局话语进行了解读。③ 邓永飞对近代洞庭湖区的湖田围垦与水利纠纷作了分析。④ 廖艳彬则对江西泰和搓滩陂进行了研究。⑤

此外，在四川盆地，四川大学谢继华的硕士论文⑥对民国时期的都江堰堰区的水费和水利纠纷作了考察，马友惠的硕士论文⑦聚焦黄龙溪水利社会。复旦大学胡其伟的博士论文⑧则对淮河支系沂沭泗流域的环境变迁与水利纠纷进行了研究。

第四节 结　　语

综上所述，从水利社会研究的区域分布来看（就大陆而言），北方特别是山陕地区是当前的热门区域，而江南地区、长江中游及两湖等地区也积累了不少成果，相对而言，华南地区的水利社会史虽起步较早，但缺乏后续研究，在水利社会史研究取得丰硕的成果之时，显得有些落寞了。人们对西北地区、西南的水利建设十分关注，有了许多研究，但还没有出现社会史的转向。而在东北地区，虽然有着相对丰富的水资源，然而无论是一般性水利史研究，还是水利社会史，均不

---

① 陆敏珍：《8—13世纪宁波地区水利建设与区域社会体系构造》，载包伟民主编：《浙江区域史研究》，杭州出版社2003年版。
② 杨国安：《塘堰与灌溉——明清时期鄂南乡村的水利组织与民间秩序——以崇阳县华陂堰帐簿为中心的考察》，《历史人类学学刊》第五卷第一期，2007年4月。
③ 周荣：《本地利益与全局话语——晚清、民国天门县历编水利案牍解读》，《历史人类学学刊》第五卷第一期。
④ 邓永飞：《近代洞庭湖区的湖田围垦与水利纠纷——以沅江白水涘闸堤案为例》，《历史人类学学刊》第五卷第一期。
⑤ 廖艳彬：《江西泰和县搓滩陂水利与地方社会》，南昌大学2005年硕士论文。
⑥ 谢继华：《民国时期都江堰的水费与水利纷争》，四川大学硕士论文。
⑦ 马友惠：《黄龙溪水利社会(1706—1949)》，四川大学2007年硕士论文。
⑧ 胡其伟：《民国以来沂沭泗流域的环境变迁与水利纠纷》，复旦大学2007年博士论文。

活跃。区域社会史的兴盛很大程度源于中国区域类型的多样性,欲实现对整体史的学术理想,需要针对不同的区域类型进行研究、比较、整合。水利社会史的研究同样如此,只有加强对薄弱区域的水利社会研究,充分认识水利社会的多样性和复杂性,才可能进一步拓展对水利社会史研究的广度和深度。

活跃在水利社会史研究一线的学者们,虽然对水利与社会的关联表现出共同的兴趣,对于由水利入手深化对基层社会的认识有相当的认同。但是,由于各个学者的学术背景不同,治学方法相异,因而对水利社会的研究形成了多样化的研究路径。

比较典型的有行龙的研究,站在区域社会整体史的立场,注重水利与人口、资源环境的互动,进而探索区域社会变迁的内在理路。赵世瑜对水利社会的研究,依然保持着一贯对民间传说的高度敏感,进而剖析其中蕴含的权力和象征的意义。钱杭重新诠释和改造了共同体理论,以其为指导,对湘湖水利"共同体"的微观基础和宏观环境均作了细致入微、观点独到的分析。

上述学者均专业治学于社会史研究领域,还有许多学者来自不同学科,研究路径更是带有了明显的学科色彩。这其中最引人注目的现象是,历史地理学的"社会史"转向。王振忠早在1997年就发文,讨论社会史与历史社会地理学研究的关系。[①] 常建华在2007年《中国社会历史评论》中也指出,复旦大学等高校历史地理学的一些学者似乎发生了社会史的转向。[②] 在水利社会史研究中,我们观察到的现象也是如此,如北京大学历史地理学的韩茂莉,复旦大学史地所的王建革,邹逸麟的博士生胡其伟,西北大学历史地理学的王社教的硕士生王恺瑞,陕西师范大学史地所李令福的硕士生周亚等都在对水利进行传统的历史地理学之外,涉足水利社会的研究。其中韩茂莉提出的"地缘水权圈"、"家族水权圈"的理论分析工具给人启发。社会学的张小军,则为水利社会史的研究贡献了复合产权的概念。更重要的是人类学家王铭铭敏锐地率先发文,呼吁加强对水利社会史的研究。

由于社会史与历史地理学、社会学、人类学等学科一贯地保持着紧密的沟通

[①] 王振忠:《社会史研究与历史社会地理》,《复旦学报》1997年第1期。
[②] 常建华:《跨世纪的中国社会史研究》,《中国社会历史评论》第八卷,2007年。

第十一章 "进村找庙"之外：中国水利社会史研究的勃兴

和合作，出现上述多学科交融于水利社会史研究中的现象本不足为奇。值得关注的问题是，从事水利社会史的研究者与从事传统水利史的水利学界的学者们尚缺乏广泛的交流和沟通。尽管研究水利社会史的不可避免要去了解水利工程的基本情况，水利史研究专家也发出未来应与人文社会科学交融的预测，但双方基本上仍处于自说自话的状态，既没有定期的会议联系机制，共同合作研究的机会又少之又少。这方面，蓝克利等人组织的中法合作项目给我们启示，他们同时约请了水利史研究室的周魁一、谭徐明等水利史研究专家协同参与考察，在水利资料获得、与水利学家同仁沟通方面都得到了很大的帮助。当前，水利史研究室正在筹建大型的水利史资料馆，水利社会史研究者应主动与之沟通，以实现水利资料的共享和研究的共赢。

其实，与水利学界的隔膜也影响了历史学界与日本中国水利史研究会的联络，进而造成我们对日本的中国水利社会史研究状况了解不够。自上世纪 80 年代初，日本中国水利史研究会就与水利史研究室等机构保持密切的联系，包括会议机制、人员互访、合作研究等，与历史学界的沟通则很少。众所周知，日本的中国水利史研究起步很早，成果丰富。姚汉源曾经不客气地说，日本的中国水利史研究会成员都为史地学者。从社会科学角度研究中国水利史，他们的力量比我国强。[①] 据日本学者松田吉郎介绍[②]，日本的中国水利史研究始于冈崎文夫编写《江南文化开发史》（弘文堂，1940 年）和池田静夫编写《支那水利地理志研究》（生活社，1940 年）。后来，他们的学生佐藤武敏等加以继承，日本的中国水利史研究由此得以发展。日本的中国水利史研究会成立于 1965 年，至今已取得丰厚的成果，主要有日本中国水利史研究会编《中国水利论集——佐藤博士还历纪念》、《中国水利论丛——佐藤博士退官纪念》，国书刊行会 1981 年版；佐久间吉也著《魏晋南北朝水利史研究》，国书刊行会 1984 年版；吉冈义信《宋代黄河史研究》，（御示）茶の水书房 1978 年版；长濑守著《宋元水利史研究》，国书刊行会 1978 年版；森田明《清代水利史研究》，亚纪书房 1974 年版；森田明《清代水利社会史研究》，国书刊行会 1990 年版；森田明《中国水利史研究——中国水利史研

---

① 姚汉源：《黄河水利史研究》，黄河水利出版社 2003 年版，第 6 页。
② ［日］松田吉郎：《日本的中国水利史研究会的历史和现状》，《历史的探索与研究——水利史研究文集》，黄河水利出版社 2006 年。

究会创立三十周年纪念》、国书刊行会 1995 年版;森田明:《清代的水利与地域社会》,中国书店 2002 年版;好并隆司《中国水利史研究论考》,冈山大学文学部1993 年版;西冈弘晃《中国近世的都市与水利》,中国书店 2004 年版等。

  令人遗憾的是,上述著作大陆学界尚没有一部中文译本,森田明的《清代水利社会史研究》,虽有一个台湾的译本①,但能看到的人不多。除少数学者可以直接阅读日文文献外,多数研究者或通过伊懋可对日本中国水利史研究状况介绍的英文本了解有限信息②,或相互转引摘抄,或干脆将之简单归结为水利共同体理论不加理会。如果连自己的学术起点在哪里都不甚了了,又如何对我们的当前的学术研究保持一种自信? 笔者写下这些文字旨在呼吁,有关的中文译本能尽快出版,相信必将大力推动水利社会史的研究。

  最后,笔者想说明两点:一是水利社会史的勃兴并非否定"进村找庙",实际上在水利社会史研究中村落形态和祭祀体系往往也是研究的重点,两者都是区域社会史"眼光向下"的研究中找到的借力点,双方的学术旨趣是"相投"的。二是水利社会史的研究也应有现实关怀。例如,华中师范大学的贺雪峰、罗兴佐③等人揭示了当代乡村社会的水利这一公共物品遭遇国家供给不足、乡村无力担当的困境,在我们的水利社会史研究中是否也应加以关切,运用历史资源给予回应? 不言而喻,对现实世界的持久关怀,是一个学科维系常青的"源头活水"。

(本文原刊于《史林》2008 年第 5 期,收入本书时略有改动)

---

  ① 该书由郑樑生译,(台湾)"国立编译馆"1996 年版。
  ② Mark Elvin, Japanese Studies on the History of Water Control in China: A Selected Bibliography. The Institute of Advanced Studies, Australian National University, 1994.
  ③ 贺雪峰、罗兴佐:《论乡村水利的组织基础》,《学海》2003 年第 6 期。

www.ingramcontent.com/pod-product-compliance
Lightning Source LLC
Chambersburg PA
CBHW080224170426
43192CB00015B/2745